MINYINGQIYE DAXUESHENG YUANGONG
ZHIYE LIXIANG YANJIU

民营企业大学生员工
职业理想研究

魏永强　著

華中師範大学出版社

新出图证(鄂)字 10 号

图书在版编目(CIP)数据

民营企业大学生员工职业理想研究/魏永强著. — 武汉：华中师范大学出版社，2021.7

ISBN 978-7-5622-5791-2

Ⅰ. ①民… Ⅱ. ①魏… Ⅲ. ①大学生—职业选择—研究—中国 Ⅳ. ①G647.38

中国版本图书馆 CIP 数据核字(2021)第 144435 号

民营企业大学生员工职业理想研究

编辑室：综合编辑室　　**电话**：027-67867370

责任编辑：苏　睿　　**责任校对**：王　炜　　**封面设计**：罗明波

出版发行：华中师范大学出版社有限责任公司

社址：湖北省武汉市洪山区珞喻路 152 号　　**邮编**：430079

销售电话：027-67861367/1549　　**传真**：027-67863291

网址：http://press. ccnu. edu. cn　　**电子信箱**：press@mail. ccnu. edu. cn

督印：刘　敏　　**印刷**：武汉市籍缘印刷厂

开本：710mm×1000mm　1/16　　**印张**：14　　**字数**：238 千字

版次：2021 年 7 月第 1 版　　**印次**：2021 年 7 月第 1 次印刷

定价：68.00 元

欢迎上网查询、购书

前　言

民营企业大学生员工是我国市场经济体制改革、民营企业发展和高校毕业生就业制度改革下的综合产物。作为民营企业知识创新型人才，他们是推动民营企业发展的主体力量。民营企业大学生员工既不同于大学生“蚁族”群体，也不同于青年农民工群体，他们有着自身的群体特性。当前，这一社会群体未能引起学界的重视，因此把该群体作为研究对象有着重要的现实意义。

职业理想是引领个人发展的目标和推动个人走向成功的精神动力，是个体的人生观和价值观在职业方面的集中体现。民营企业大学生员工成长于社会转型时期，他们是“改革开放的一代”和“市场经济的一代”，个体的竞争意识和主体意识增强，在职业理想及价值取向上体现了与计划经济时代的人们不同的特征。例如，职业选择的个体化，职业价值取向的功利化，职业的内在意义缺乏，等等，在这种职业价值观的主导下，一些民营企业大学生员工频繁跳槽、职业道德缺失、敬业精神不足等现象频发。究其原因，这与现代社会转型密切相关，也与民营企业的管理制度、组织文化有很大关系；与大学生员工成长的家庭环境有关，也与大学生员工的兴趣爱好、性格特征等关系密切，更与他们在民营企业的生存体验和职业实践有着必然关系，是多种因素交互影响、综合作用的结果。但是，如果他们片面追求职业带来的物质利益，忽视职业理想的崇高性和超越性，就容易使职业理想世俗化、功利化和物质化，从而陷入精神空虚和价值虚无之中，缺乏对企业、社会和他人的社会责任。这既不利于个人的职业发展，也不利于企业的创新发展及社会和谐稳定。基于上述问题的考虑，本书把民营企业大学生员工职业理想作为一个现实的理论和实践问题进行思考和研究。

本书的创新之处主要体现在如下方面：一是把民营企业大学生员工这一社会群体作为研究对象，并对“民营企业大学生员工”这一概念作了界定，提出了“入职民营企业”“知识”“青年”“员工”是这一概念的基本属性。认为民营企业大学生员工是市场经济体制改革、中国高等教育大众化和高校毕业生就业制度改革的综合产物。二是把职业理想作为一个概念体系，丰富了职业理想的内涵。提出了职业理想具有心理意识、价值目标和精神信念三个不同层面的内涵，它是个体的心理意识、价值目标和精神信念的统一体。三是借助于普遍主义和特殊主义的人际关系理论和霍夫斯泰德的权力距离理论，分析了民营企业内部的人际关系，认为由于深受家族文化的影响，民营企业存在着低信任的人际关系，对“圈内人”较为信任，而对“圈外人”缺乏信任。这种低信任的人际关系影响了大学生员工对民营企业的归属感和忠诚意识，进而影响到他们的职业态度、职业选择和职业发展。四是提出了民营企业大学生员工职业选择个体化的观点，并借助于西方社会个体化理论和风险社会理论，对他们职业理想个体化的成因进行分析，提出大学生员工职业选择个体化是现代社会转型的结果。

目 录

导 论

一、问题的提出

现代社会，职业与人们的生存紧密联系，它是影响人们生存状态的重要因素。在劳动尚未分工的野蛮国家，一切东西都是为了满足人类的自然需要。但在国家开化和劳动分工以后，人们所获得的给养就更加丰富。正如亚当·斯密把劳动分工看作野蛮国家和文明国家的重要区别性标志一样，劳动分工是体现社会发展文明程度的一项重要的指标。随着社会进一步发展，在当代社会，劳动分工愈来愈专业化，角色职能愈来愈社会化，人们的生存与职业更密不可分。贝克指出，在工业时代，工资劳动和职业已成为生活的轴线，这条轴线与家庭一起形成这个时代中生活的两极坐标。“早在孩童时期，虽然还完全附着于家庭，孩子就已经通过父亲将职业体验为一把走向世界的钥匙。后来，教育仍旧在其所有阶级都与不在场的‘他人’的职业相联系。成年人的经验完全由工资劳动所左右，这不仅是因为工作本身按时做出要求，而且也在工作之处、之前和之后，人还要花费时间来考虑它和筹划它。即便是‘老年’，也通过无职业来加以界定。”甚至“两个陌生人相遇并问对方：你是谁？他们并不是以爱好如‘鸽迷’，或信仰如‘天主教’，或有关美的理想如‘虽然我是一个红头发，但我有副热心肠’，而是以他们的职业如‘西门子公司的技工’来回答。在这里，职业已成为一种区分或互相辨识的模式，凭借它我们可以估价个人的需要和能力以及经济社会地位”①。也就是说，现代社会职业不只是成年人的生存活动，而且与社会中的儿童和老年人发生联系；它不仅是个人生存资料的重要来源，也是个人社会化的重要媒介，是现代人与集体、社会、国家密切交往的链接点。人生的希望在这里升起，生命的意义在这里得到诠释，职业成为现代人身份辨识的主要标准，成为个人权力、财富和声望的重要来源，成为“划分社会阶级和阶层的最重要的决定性因素”②。人类进入了一个以职业为中心的时代。

---

① [德]乌尔里希·贝克著，何博闻译：《风险社会》，译林出版社2004年版，第169—170页。
② [美]丹尼尔·贝尔著，高铦等译：《后工业社会的来临》，新华出版社1997年版，第17页。

(一)就业难和频繁跳槽的社会悖相

职业既然是人们赖以生存的手段,职业生活是现代社会人们生活的中心。依此逻辑,人们应该热爱职业、敬畏职业和忠于职业,把职业作为毕生的追求和奉献对象,这对于刚入职场的大学生员工来说,更应该珍惜这份通过激烈竞争而得到的工作。吊诡的是,一方面是高校毕业生就业难,为谋取一份理想职业出现千人竞岗的壮观场面。例如,2011 年全国大学生毕业人数为 660 万人,麦克思公司发布的《2012 年中国大学生就业报告》显示,在 2011 年毕业的大学生中,近 57 万人处于失业状态,10 万多人选择"啃老";工作一年的大学生对工作的满意率只有 47%。与此同时,全国高校毕业生人数逐年增多,如,2012 年全国高校毕业生人数为 680 万,被誉为"史上最难就业年";2013 年全国高校毕业生人数为 699 万,2014 年全国高校毕业生人数为 727 万;2015 年全国高校毕业生达到了 749 万[①]。为解决这一世纪性难题,自 2009 年起,国务院连续多年下发了专门通知,通过行政手段促进大学生就业。同时还要求地方各级政府拓宽就业渠道,通过取消城市落户限制、消除就业性别歧视、鼓励到基层到中小民营企业就业创业等措施,千方百计地解决大学生就业难问题,高校毕业生就业问题俨然成为政府、社会、学校和家庭共同面对的问题。因为该问题能否得到有效解决以及解决程度如何关涉个人发展、家庭幸福、社会稳定乃至党的执政基础稳固的问题。另一方面,民营企业大学生员工频繁跳槽[②],从而导致企业员工队伍不稳、岗位空缺,直接增加企业的运营成本,甚至有的员工还带走企业的核心技术,广为企业主诟病。频繁的职业流动还直接影响到个人的职业道德和职业声誉,给个人的职业发展带来消极的影响。诚然,职业流动有其深刻的时代背景,现代社会是流动性社会,流动性和不确定性是现代社会的特征,也是一个社会脱离封闭状态走向开放和充满活力的体现。正常的职业流动有利于增强社会组织的活力,给个人和企业都会带来更大的发展机遇和空间。但对于个体来说,频繁流动一定意义上则是缺乏明确的职业规划的体现。透过大学生员工频繁跳槽的现象,反映出大学生职业定位的模糊性、职业选择的随意性和职业目标的短期性,也反映出大学生职业道德和敬业精神的缺乏。

(二)三聚氰胺奶粉事件的道德拷问

2008 年 8 月河北省爆发了三鹿奶粉事件,引起全国震惊,至今余波未平。

---

① 新华网:2015 年中国高校毕业生人数将达 749 万。http://edu.people.com.cn/n/2014/1204/c1053-26150760.html.

② 跳槽是员工自愿离开原企业到另一家新的企业就职,属于企业外部流动,它不同于企业内部的轮岗。

事情的结果:其一,产生大批的“三鹿宝宝”。截至2008年9月21日8时,全国报告因食用该品牌婴幼儿奶粉正在住院接受治疗的婴幼儿共有12892人,其中较重症状的婴幼儿104人,死亡3人。其二,三鹿集团破产。2009年2月12日,这个经历了50多年的打拼,总资产为15.61亿元的中国奶业巨头却因为三聚氰胺轰然倒下。其三,企业相关责任人受到法律惩罚。三鹿集团原董事长被判处无期徒刑,其他三名高管分别被判处有期徒刑15年、8年和5年。集团被判处罚金4937万元。其四,石家庄市委书记等一批政府官员被免职,时任国家质检总局局长辞职。同年9月,时任国务院总理温家宝在出席联合国相关会议时致歉,并保证政府加强制度建设,加强对生产每一个环节的监督和检查,切实保证消费者的利益。事后,人们对该事件进行了深刻反思,从政府到企业,从监管部门到消费者,讨伐质检机构监管不力者有之,指责企业职业道德沦丧者有之,埋怨消费者维权意识不足者有之,而唯独缺少对企业生产者(即产品研发和质检人员)应有的关注与反思,他们直接负责产品研发、生产和检验。如果企业员工恪守职业道德的话,那么三鹿奶粉、大头婴儿、苏丹红等挑战道德底线的事就不会发生。因此,我们不应仅把注意力集中在政府、媒体和消费者身上,还应关注到企业主及员工的职业道德建设上来。为何企业员工明知产品有危害却不自觉消除或检举,而让产品流向市场危害消费者利益,其根本原因在于企业员工缺少基本的职业道德。人是自利的,也是利他的,是“经济人”,也是“道德人”。制约职业道德生成的因素究竟有哪些?现代人为何缺乏对职业的热情和敬畏?这显然与个体缺乏职业理想有关。由于现代人缺乏崇高职业理想的正确指引和精神激励,才失去了对工作的热情和敬畏,缺乏道德自律。而社会道德一旦失范,社会将最终走向失序和紊乱。

(三)民营企业思想政治工作乏力

当前我国高校思想政治工作,无论在理论研究还是实际工作上都形成了一套规范的体系和工作机制,在机构设置、学科建设、教材编写、课程设置、教学内容、队伍建设和经费保障等方面取得了较大的成就。特别是中共中央国务院《关于进一步加强和改进大学生思想政治教育的意见》(中发〔2004〕16号)发布以来,大学生思想政治教育工作取得长足进展。相比而言,随着以经济工作为中心的社会导向,企业的思想政治工作逐渐弱化,特别是民营企业的思想政治工作,因其产权私有,加之受企业主个人诸多因素影响始终得不到应有的重视。即便一些规模较大的民营企业设立了专门的党群组织,负责企业的党建与思想政治工作,或者依托企业工会、人力资源部门开展企业员工思想政治工作,但因人员、经费、时间等诸多条件限制，思想政治工作流于形式而成效甚微。近年来，为了适应非公企业快速发展的需要，我国多数省市成立"两新"组织负责指导非公企业的党建工作，同时浙江等沿海经济发达地区率先创办了《非公企业党建》等刊物，配合宣传非公企业党建和思政工作中的先进人物事迹。在政府大力推动下，民营企业党建和思想政治工作取得了有效进展。但总体上说，这仍然与我国非公企业的规模、数量和发展不相匹配，企业的党建和思想政治工作跟不上企业快速发展的需要。仍有部分企业在思想政治工作的方式方法、内容载体上，尽管比之前有所创新、发展，能够与企业文化和员工的娱乐生活有效对接，体现了思想政治工作人文关怀的情感魅力，但同时也走向另一极端，忽视对企业员工思想政治的引导，把思想政治教育活动化、简单化、娱乐化和庸俗化，片面地认为民营企业思想政治工作就是到歌厅唱歌、开生日派对和游山玩水等。

值得注意的是，民营企业员工包括大学生员工因社会诸多因素的影响，呈现政治冷漠化倾向，这类似于20世纪50年代美国社会学家赖特·米尔斯所说的"白领"阶层。"白领"政治冷漠、物质至上、沉溺感官、个人主义。当然，鉴于国情、制度和文化的不同，我国民营企业大学生员工有着自身的特点，不能简单地套用西方社会的理论模式，简单或片面地认为他们是"垮掉的一代"。需要指出的是，随着市场经济深入发展和大学生就业市场化深入推进，发展和壮大民营经济是我国经济发展的必然趋势。民营经济在国民经济占有越来越重要的比重和地位，民营企业也成为解决大学生就业的主要渠道和组织空间，民营企业大学生员工的数量也将进一步增大。作为民营企业发展的人才资源，他们是正在培育和壮大中的中产阶级，是影响社会结构变化的重要变量，他们的未来发展关系到中国社会秩序的稳定发展。作为知识青年群体，他们肩负着中华民族的强国梦、富民梦和复兴梦，是建设中国特色社会主义，实现中华民族伟大复兴的重要力量。他们的职业理想追求、职业价值取向等在社会转型时期有何新的特点和变化；在从学生到企业职业人的角色转化中，他们的职业追求经历了怎样的转变，这些问题值得研究。

二、国内外研究现状概述

（一）关于民营企业大学生员工的研究

关于企业大学生员工，国内现有研究多把其归为企业职工或青年群体进行整体研究，而把他们作为一个特殊社会群体进行专门研究比较少见。21世纪以来，随着高等教育大众化和大学就业市场化深入推进，大学生入职民营企业成为社会发展的常态和趋势。尽管“民营企业大学生员工”这一概念尚未得到学界界定，但这一称谓在坊间通行已久。国内学界较早使用“大学生员工”一词的是2002年邹益民等发表的《饭店企业大学生员工流失现象的分析和对策研究》一文，但该文并未对“大学生员工”这一概念进行界定。通过对现有研究成果的梳理，研究特点如下：从研究涉及的行业部门来看，现有研究主要关注旅游酒店、纺织行业等，其中涉及酒店行业的相对较多，也有文章涉及邮政等行业。如张园园的《论邮政企业青年大学生员工的思想教育》(《邮政研究》，2012年第1期)。从研究内容看，研究重点关注大学生员工流失问题的原因及对策分析，也有少数论及大学生员工职业道德问题，如张朋的《浅析饭店大学生员工忠诚缺失现象》(《网络财富》，2010年第16期)。上述研究多从企业管理学视角出发，而从思想政治教育学和社会学角度研究相对不足。研究方法以问卷调查、个案访谈等实证研究居多，理论分析不足。研究成果以期刊论文为主，也有少数硕士学位论文，而相关的博士学位论文或专著尚未发现。

需要指出的是，国内廉思团队研究的“蚁族”与大学生员工这一群体相关，二者在研究对象上有相融之处。廉思团队在《蚁族——大学毕业生聚居村实录》一书中把“蚁族”定义为“大学毕业生低收入群体”。因该群体具有高智、群居、弱小等与蚂蚁相似的特点，故被称为“蚁族”。他们是继农民、农民工和下岗职工之后的第四大弱势群体。“蚁族”受过高等教育，拥有大专或大专以上学历水平，年龄主要集中在22—29岁，是以90后大学毕业生为主体的“高知群体”；“蚁族”是从事技术类和服务类岗位，以营销、餐饮、教育培训等临时性工作为主，有的处于失业或半失业状态，月均收入在2000元以下的低收入群体(2009年统计标准)；“蚁族”绝大多数成员来自经济欠发达地区的农村或小城镇中低阶层的家庭，希望毕业后依靠自己的劳动所得回报父母，他们大多数没有劳动保险和劳动合同，基本上不能享有城市的各项社会福利，缺乏有效的社会辅助和社会支持，是缺少社会保障的弱势群体；“蚁族”主要居住于人均月租金411元、人均居住面积不足10平方米条件简陋的城乡接合部或近郊农村；“蚁族”总体心理健康水平低于全国平均水平，处于亚健康状态，他们大多数对生活状态不满意，社会支持较低，社会政治控制力相对较高，有一种心理层面的相对剥夺感，这与该群体较高的生存压力、频繁更换工作或找不到理想工作现状密切相关；“蚁族”是国家就业政策调整、就业形势严峻、户籍制度、聚居村、大学毕业生本身等诸多因素综合的结果①。本书的研究对象指就职于民营企业并拥有一份正式而非临时性的工作，

① 廉思著：《蚁族》，广西师范大学出版社2009年版，第33—43页。

研究对象也不局限于来自经济欠发达地区的农村或小城镇中低阶层的家庭，还包括来自城市或干部家庭，等等，这些与廉思团队的“蚁族”明显不同。余楠的《民营企业思想政治工作及其价值研究》一书中对民营企业员工有所论及，但他所研究的民营企业员工是以中青年农民工和国企下岗职工为主体，他们类似于16—18世纪英国工业革命前期和日本工业革命前期从土地变迁中转移出来的农业工人。在余楠看来，多数民营企业员工文化程度不高，未受过系统的教育和正规培训，就业质量相对较低。由原来农民或相对稳定的国企突然被卷入体制机制完全不同的私营或个体企业，从小生产者或理论意义上的企业主人变为受人剥削的“打工仔”，职业和地位的转换致使他们产生心理上的冲突[①]。而本书的研究对象是接受过普通高等教育的青年大学生群体，显然，这与本书研究对象有着明显的区别。

西方社会没有“民营企业大学生员工”这一概念。因为西方没有民营企业一说。一定意义上说，中国民营企业大学生员工类似于西方社会中的白领阶层。白领是20世纪50年代美国社会学家赖特·米尔斯提出的社会学概念。依据米尔斯的观点，白领指处于雇佣地位、主要从事脑力劳动的管理者、工薪专业工作者、销售员和办公室职员等。在社会结构中，米尔斯把他们列为不同于美国早期以农场主、店主和小企业家为主的老式中产阶级的新中产阶级[②]。白领在经济上被雇佣，属于经济无产者；白领精神空虚，异化劳动使工作失去意义，或受管理人员指使，或受科层制度控制，几乎人人沦为毫无生气和个性，失去工作价值感和创造性的挣钱机器；白领政治冷漠，他们是“政治的后卫”，他们不相信现实的忠诚和未来的期望，不关心本阶级的利益，更不关心国家的前途。对于白领阶层的社会意义，米尔斯认为，白领的崛起将引起社会格局的重新划分和社会责任的重新配置，引起社会政治、经济和文化格局的结构性变动，对国家生活产生全面的影响。中国现代社会中的白领，具有良好的教育背景和工作经验，喜欢追求高品质、多样化的生活方式，普遍存在心理焦虑，关注个人职业发展，具有职业的高流动性和强烈的务实主义精神。

（二）职业理想研究

早在20世纪80年代，美国哲学家L. J. 宾克莱在《理想的冲突——西方社

---

① 余楠著：《民营企业思想政治工作及其价值研究》，厦门大学出版社2007年版，第109—110页。

② [美]C. 赖特·米尔斯著，杨小东等译：《白领——美国的中产阶级》，浙江人民出版社1987年版，第325—336页。

会中变化着的价值观念》一书中就全面分析了20世纪70年代以前西方社会各种对立的理想面相。他认为，西方人对待理想的立场和观点主要是相对主义、实用主义、虚无主义和个人主义。他把人性作为洞察和判断一切问题，特别是理想问题的根本出发点，深刻分析了相对主义、实用主义、虚无主义和个人主义的理想[①]。概括地说，这些理想有着共同特征，即它们都否认人类历史的变化是有规律的，是一个自然的历史过程，否认理想的建构、理想的价值判断与选择是有客观标准可循的。在它们看来，历史不过是偶然事件的堆砌，是人的不受任何限制的任意创造。这种观点显然是违背历史唯物主义的。这种观点发生的哲学根源在于西方对人和人性的理解上，把人看作脱离现实的抽象的人。由于西方把理想看作一种任意的，凭借主观意志、情感、经验而转移的不确定的东西，因此，国外研究理想的著作和论文较为少见，散见于心理学或道德教育中。关于职业理想研究则更为零散，体现在管理学或宗教信仰研究中，并呈现重微观、重实证的特征。现择取主要理论如下：

职业选择理论。美国心理学家霍兰德1959年在其《如何选择你的职业》一书中提出了具有广泛社会影响的人职匹配理论，这一理论的精髓是择业者的人格特点与职业类型的适应。这一理论首先根据择业者的兴趣和倾向，把个体划分为现实型、研究型、艺术型等六种主要类型，任何一种职业大体可归为其中的一种或几种类型的组合[②]。人们倾向于寻找与其个性类型相匹配的职业，追求其才能的充分施展和价值实现，扮演令人愉快的工作角色。

职业发展理论。这一理论的代表人物有金斯伯格、萨帕和格林豪斯。该理论的核心观点是人的职业心理具有阶段性。人在童年时期就孕育职业选择的萌芽，并随着年龄、资历和教育等因素的变化，人的职业选择的心理也随之改变。因此，个人在择业过程中，除了考虑人的心理特征和职业的合理匹配之外，还应该注意到个人不同的职业生涯阶段对职业选择的影响。简言之，人的职业选择是一个动态的持续发展过程。金斯伯格把个人职业发展划分为三个阶段：幻想期（11岁之前）、尝试期（11—17岁）和现实期（18—20岁），在不同的时期人的职业选择的标准有所不同。早期耽于幻想、偏重兴趣，到了后来逐渐意识到个人能力、价值观与职业的关系。萨帕的自我概念理论认为，职业选择和发展是前进动态的过程，个体在探索和担任某种职业角色的过程中，自我概念也得到发展。他把职业发展分为认知阶段（0—14岁）、探索阶段（15—24岁）、确定阶段（25—44

---

① [美]L. J. 宾克莱著，马元德等译：《理想的冲突——西方社会中变化着的价值观念》，商务印书馆1988年版，第6—19页。

② 王来顺：《霍兰德职业选择理论及其现实运用》，《求索》2009年第7期，第160—162页。

岁)、维持阶段(45—64 岁)和衰退阶段(65 岁以后)[①]。然而,人的职业生涯是一个连续的过程,各阶段并无明确的时间界限,每一阶段历时长短也受个人条件和环境变化等因素影响而有所不同。

职业锚理论。职业锚是美国职业指导专家埃德加·施恩提出的以个人角度为出发点的职业选择理论。它是人们在选择和发展职业时所围绕的中心,是个体在职业选择时始终奉守的东西或价值观,包括人们在工作实践中通过自省发现的自身的能力、动机和价值观[②]。施恩最初把职业锚分为技术型、管理型、创造型、独立型和安全型五种类型,后来增加管理型、技术职能型等而成为八种类型,不同类型职业锚主体无论在职业兴趣还是职业能力上都差异显著。作为个人的动机和价值观模式,职业锚在个体职业生涯和组织的事业发展过程中有着重要的价值。

由于历史原因,我国职业理想问题研究起步较晚,国内较早研究职业理想的是 1979 年韩进之等人对我国青少年的职业理想进行的实证调查研究。随着改革开放和市场经济发展,职业活动对个人和社会的影响日益显著,对职业理想的研究也相继兴起,出现了一些研究专著和论文。如宋长生的《职业理想导论》,该书依据社会主义初级阶段基本国情,结合高校毕业生分配改革和学生思想的实际,通过对职业形成的一般考察和职业理想概念界定,从岗位选择、职业环境、职业生活中的人际关系、职业实践、职业道德评价等方面回答了大学生在未来职业生活中将遇到的问题,其主旨偏重于对大学生进行职业指导。这是国内较早的一部对职业理想进行研究的专著。周中之的《理想与现实的冲突》,该书第七章简要论述了职业理想确立的心理机制和价值取向,分析影响职业理想确立的外部条件与内在因素,确立职业选择的标准以及职业目标实现的途径。彭定光的《理想论》(中国青年出版社,2001 年)、叶泽雄的《社会理想论》(武汉大学出版社,1998 年)、王荣发的《职业发展导论——从起步走向成功》(华东理工大学出版社,2004 年)等著作的章节中对职业理想有过简要论述,但总的来说,论述过于抽象简疏,呈现碎片化特征。

20 世纪 90 年代,我国职业理想研究对象主要集中在学生等青年群体领域。如张嘉玮的《改革开放形势下初中学生职业理想的调查研究》(《心理发展与教育》,1990 年第 4 期);曲克敏的《青年多元职业理想与系统趋向》(《青年研究》,1994 年第 1 期),卢正芝的《高师学生职业理想的培养》(《浙江师范大学学报:社

---

① 王荣发主编:《职业发展导论——从起步走向成功》,华东理工大学出版社 2004 年版,第 34—39 页。

② [美]埃德加·施恩著,北森测评网译:《职业锚:发现你的真正价值》,中国财政经济出版社 2004 年版,第 1—5 页。

会科学版》,1998 年第 1 期)等。21 世纪以来,随着学界对职业理想研究关注持续增强,职业理想研究领域专门化,出现一批针对特定职业群体的职业理想研究的论文。如刘建军的《试论思想政治教育博士生导师的职业理想》(《思想教育研究》,2013 年第 12 期);宋维君、仰枫帆、张艳的《浅议教师的职业理想》(《山西师范大学学报》,2013 年第 S4 期);郭文武的《论现代高职教师职业理想的构建》(《教育与职业》,2005 年第 21 期)等。此间,关于职业理想实证研究也取得有效进展,学者在借鉴西方职业价值量表的基础上,通过自编量表和调查问卷展开针对不同行业、群体职业理想的实证研究,形成一批调研报告和论文。如刘西华的《90 后大学生职业理想信念问题研究——以山东大学为例》(《山东青年政治学院学报》,2013 年第 1 期);王华敏、黄良勇的《免费师范生职业理想现状调查与对策思考》(《学校党建与思想教育》,2011 年第 4 期)等。

随着大学生就业问题的凸显和职业理想研究细化深入,作为对当代大学生职业理想的价值引导,马克思的职业理想思想引起学者关注并取得相关成果。陈玉君、黄利秀认为,青年马克思在中学毕业时就确立了为人类的解放而奋斗的价值理想,并指出了实现这一理想的路径是选择最能为人类的幸福而工作的职业[①]。杨金洲认为,马克思职业观集中体现在:自由是职业的生命,思考是职业的基础,独立冷静严肃的思考是每一个年轻人选择职业的首要责任;人类的幸福是马克思选择职业的目标和理想[②];等等。这些研究为大学生就业及其职业理想教育提供了理论指导。

通过对学界现有成果的梳理,当前职业理想研究主要集中在以下领域:

第一,侧重职业理想的内涵、特征和功能等基本理论研究。宋长生认为,职业理想是关于未来专业、工作部门、工作种类及事业成就的追求。青年职业理想具有时代性、阶级性、阶段性和个体差异性,它是青年走向社会的向导、建功立业的动力和实现人生价值的起点。张继延认为,职业理想是人们对未来职业生活的构想,包括将来从事何种职业、取得成就及达到何种境界的设想,是人们的世界观、人生观和价值观在职业奋斗目标上的体现。职业理想具有超越性、差异性、稳定性、动态性和时代性,有着导向作用、激励作用、提升作用和支撑作用[③]。职业理想功能是

---

① 陈玉君,黄利秀:《青年马克思的价值理想及对当代青年的启示——读〈青年在选择职业时的考虑〉》,《教学与研究》2011 年第 5 期,第 63—68 页。

② 杨金洲:《对马克思〈青年在选择职业时的考虑〉的当代解读》,《学校党建与思想教育》2008 年第 2 期,第 65—66 页。

③ 张继延,万勇华:《试论职业理想及其实现途径》,《学校党建与思想教育》2010 年第 35 期,第 77—78 页。

青年走向社会的向导、建功立业的动力和实现人生价值的起点[①]。

第二,关注职业理想的形成过程、特点、阶段及路径研究。周小明认为,大学生职业理想的形成是一个受个体心理机制和价值取向等因素主导的多向度和多阶梯的过程,是一个由抽象到具体、由波动到稳定,主观与客观相结合的过程。它一是形成于个体对现实生活的体验和总结,二是形成于个体对历史文化遗产的继承[②]。周中之把职业理想确立分为朦胧时期、幻想时期、职业选择预备期和选择职业时期四个阶段,不同时期对应着个体的不同生理年龄阶段,并依据不同的标准进行职业选择。在朦胧时期,儿童通过游戏活动角色扮演进行职业体验;幻想时期,由于少年逻辑思维尚未形成,职业理想受具体形象的影响;职业选择预备期,根据个体的成长阶段,分别依据兴趣、能力和价值观进行职业选择[③]。张继延指出,职业理想不仅是精神层面的问题,更是实践领域的问题,个体只有将职业理想与社会需要、自身素质结合起来,树立执着的信念,并通过持之以恒的职业实践,才能实现职业理想。

第三,集中职业理想形成的影响因素分析。概括地说,影响职业理想形成的因素分为外部条件与内在因素。内在因素是指个体的兴趣、爱好、性格等个性和能力因素;外部条件包括家庭、学校和社会等环境因素。目前学界研究基本上围绕这两方面进行,其差别主要体现在对不同因素的强调与偏好上。如彭定光在其《理想论》一书中把影响人确立理想的主观因素和客观因素分为主体因素、社会因素和文化因素。其中,主体因素方面,个人自我意识的成熟是理想形成的基本前提;个人的社会实践活动和物质生活条件是个人理想形成的根本条件。社会因素主要是生产力和生产关系。父母、他人等榜样及社会文化环境对个体理想的形成也有着重要影响,生活在不同的文化环境,人的理想也不同[④]。尽管这都是影响人的理想的重要因素,但对于人的职业理想同样适用,因为职业理想是理想的组成部分。周中之认为,社会经济、文化和教育环境直接制约青少年职业理想的确立。不仅大的社会环境、社会关系,而且小的社会环境、社区人际交往也会对青年职业理想产生影响。不仅生产方式的变化引起职业理想的变化,而且由于意识形态的相对独立性,传统习惯、文化教养、风气舆论及习惯意识形成

---

① 魏永强,魏思琪:《回顾与评价:我国职业理想理论研究进展》,《煤炭高等教育》2016年第1期,第36—40页。

② 周小明:《论大学生文化修养与职业理想的塑造》,《煤炭高等教育》2006年第5期,第102—104页。

③ 周中之著:《理想与现实的冲突》,工人出版社1988年版,第156页。

④ 彭定光著:《理想论》,中国青年出版社2001年版,第67—70页。

的传统信息也会影响青年的职业理想，尤其在环境封闭的偏远地区，这种影响甚至是根深蒂固的。就学校的影响因素来说，教师的品德、兴趣、知识和专业造诣甚至情感特征，学校的培养目标、教学活动和结构体制等因素都与青少年的职业选择密切相关。无疑这些研究成果对于本书有着重要启示和指导意义。

第四，职业理想和生活理想、道德理想、社会理想的关系研究。职业理想、社会理想、道德理想和生活理想相互促进、渗透，共同构成人的理想结构系统。社会理想是对未来社会政治制度的构想和追求，道德理想是人们所向往的理想人格和做人标准，生活理想是对未来美好生活的憧憬和追求[①]。就它们的关系而言，社会理想位于理想结构顶层，制约着人的道德理想等其他理想。职业理想是社会理想实现的基础和途径，社会理想以职业生活为现实支点并植根于职业理想之中。职业理想是生活理想的动力，生活理想的实现离不开职业的支撑。不同职业背景的人们所获得的经济报酬不同，直接影响着他们的生活方式和对生活理想的追求。职业理想还是道德理想的实践基础，道德理想贯穿人的整个职业生涯当中并通过职业理想来体现。道德理想对职业理想有着促进作用，道德理想崇高的人一般具有崇高的职业理想和高尚的职业道德。关于职业理想、社会理想、道德理想、生活理想的研究还处于经验描述阶段，缺乏系统的理论分析，研究有待深化。总的来说，我国职业理想研究体现如下特点：

第一，从研究对象来看，研究对象泛化，并不断分化、细化。如果将职业理想研究分为从普遍意义出发的基础层面研究和从特定行业或群体出发的具体层面研究的话，对职业理想研究的关注点越来越集中于特定群体的具体职业理想研究。研究对象逐渐由以大学生为主体的青年群体，开始细化到包括普通高中生、师范生、女大学生、高职师生、幼师生、中专生、医学生等在内的特殊学生群体，以及教师、新闻工作者、医生、律师等在内的一般社会群体。

第二，从学科视角来看，主要从心理学和德育视角进行研究。心理学视角方面研究主要通过量表、问卷调查和样本分析对青少年群体职业理想进行实证研究。目前此类研究相对较多，其优点在于通过实证研究可以清晰描述某一群体的职业理想现状特征，并以此为据提出相应的建议和对策。然而这一类型研究存在不可忽视的缺陷：一方面是样本信度和效度问题，即特定群体的职业理想是否具有普适性问题。另一方面，对于职业理想形成的影响因素分析过于宏观抽象，不够具体深入。德育视角下的研究主要关注中专、职专和技校学生群体，其特

---

① 范高社，郑冬芳主编：《思想道德修养与法律基础教案》，西安交通大学出版社 2010 年版，第 39 页。

点侧重两种倾向：一是把职业理想等同于青少年群体的职业理想，而忽略其他社会群体的职业理想，以致职业理想研究对象领域窄化；二是把职业理想教育变为道德说教，职业理想研究学理性不足。从广泛意义上说，职业理想是人类特有的一种精神现象，现实的具体的人都具有职业理想，甚至所谓的自由职业者也不例外。

第三，从研究方法看，采取量表和问卷调查等实证研究方法。统计学意义上的实证研究对于社会学或经济学研究是一个重要的分析工具，然而对于人文精神学科，实证研究的科学性和有效性有待商榷。因为实证研究是建立在客观主义立场基础之上的，在客观主义的逻辑思维下，人是没有自由意志或有限意志的，人的行为是被某种客观规律所支配，个人如此，群体和社会也是如此。然而，人又是有自由意志的。诚如恩斯特·卡西尔所言，即便我们把所有统计学、经济学的法则应用到人的身上，也仍然不会对“看清”人的这个特殊方面有任何帮助。因为“我们不能把意义的范畴简单地归结为存在的范畴”①。尽管卡西尔是针对历史研究来说的，但对于职业理想这一人的观念研究来说同样适用。他指出，“要理解人，我们必须和人面对面”。因为“只有我们在与人的直接交流中，才能发现人的特性”②。职业理想属于人的观念系统，隐藏于人的内心深处，不易被外界直接观察。因此，除采取量的研究外，还要运用访谈等质的研究方法来补充。

第四，从学术成果的表现形式看，研究成果以期刊论文和调查报告居多，间或少数硕士学位论文，关于职业理想博士学位论文和专著并不多见。对于大学生就业指导和职业发展规划的论文和专著较多，论文的学理性不足。此外，现有研究队伍以高职院校教师、高校辅导员和高校就业指导中心工作者等实务工作者居多，研究成果多数属于实际工作的经验总结，研究同质化倾向严重。

综上，当前学界关于职业理想研究的主要问题如下：其一，对职业理想的一些基本概念、范畴尚未厘清，对一些基本理论问题缺乏应有的辨析和讨论。首先，对于职业理想这一核心概念尚未达成共识性观点，对职业理想的本质内涵缺乏深度挖掘。现有研究仅把职业理想作为人们对未来职业的想象和追求。笔者以为，职业理想不仅是一种职业目标和价值追求，还是人们对职业的执着信念，以及在从业过程中所表现出来的对职业的热情、责任和精益求精的精神。其次，对于职业理想的要素结构缺乏应有的分析。再次，对于职业理想的“家族概念”缺乏必要的辨析。例如，如何区别职业理想、职业观、职业价值观？在理论研究和现实生活中职业理想和职业价值观经常混用。最后，对职业理想的一些基本

① [德]恩斯特·卡西尔著，李化梅译：《人论》，西苑出版社 2009 年版，第 196 页。

② [德]恩斯特·卡西尔著，李化梅译：《人论》，西苑出版社 2009 年版，第 9 页。

问题缺乏明确的辨析。职业理想的生成和建构，职业理想生成的条件、方式和路径等，学者仁智见丛，尚未形成共识。

其二，研究理论资源借鉴不足，学科视野不够开阔。首先，现有研究多借鉴现代西方现代管理学理论，偏重于不同群体的职业价值观的实证研究，而对于我国传统文化资源和西方社会职业观思想资源发掘不足，这无疑是当前学界研究中的缺憾。其次，研究学科视野窄化。研究多从心理学、管理学等学科视角出发进行特定群体的职业理想或职业价值观的实证调查，缺乏从哲学、社会学、思想政治教育学等学科视角的探讨分析。职业理想是复杂的系统问题，牵涉到人的价值观念和精神层面，不是某一单一学科所能解决的，应该借鉴人学等理论资源，采取多学科交叉视角综合研究。首先，现代学科的分化与发展为进行多学科视角研究提供了基础。其次，采取多学科视角交叉研究是现代学科研究和理论创新的要求。再次，研究取向发生偏向。现有研究一个很大特点就是把职业理想教育变为职业生存教育或职业道德教育，要么过度降低，要么无限拔高，而缺少从人的价值、精神等职业理想的内涵规定进行研究，缺乏从哲学层面考察职业理想对于个人和社会发展的意义。众所周知，仅仅从一般意义上泛泛谈论职业理想的价值功能，而不具体深入职业理想自身的逻辑结构，深入时代变迁的宏阔背景下进行探析，是难以取得理论创新的。

其三，研究对象以大学生职业理想居多，对企业大学生员工职业理想关注不够。在当今经济全球化背景下，在全球文化交流、交融和碰撞中，大学生个体意识和主体意识日益增强，更加理性务实，其理想信念主流是健康的、高位的，但也呈现价值观世俗化趋向，表现在职业理想上就是彰显个人价值，在价值选择标准上趋向自身的爱好和兴趣，注重个人能力发挥和个人价值的彰显。由于青年正处于人生观和价值观形成与发展的关键时期，缺乏完善的知识体系和丰富的社会生活经验，这种凭借自身兴趣而确立的职业理想易受自身认知的限制，缺乏预见性，选择具有盲目性。总之，就笔者目前所掌握的资料来看，学界对于民营企业大学生员工关注不够，研究对象总在大学生群体内兜圈子，研究对象定域化，不利于学科发展和学术繁荣，因为社会每个阶层、每一群体都应该纳入学者的研究视野，并成为他们的研究对象，这也是社会公平的体现。

三、研究重点、难点和创新点

（一）研究重点

本书的重点是民营企业大学生员工的生存境遇考察和民营企业大学生员工

职业理想现状调查。

第一，考察民营企业大学生员工的生存境遇。通过个体访谈、参与观察，从职场、生活和心理三个维度考察民营企业大学生员工的生存境遇。经访谈与观察发现，民营企业大学生员工工作时间长，职场压力大；人际交往短暂，生活压力大，上网是他们的主要休闲娱乐方式；心理压力大，自我认同较低。

第二，调查和认知在社会转型时期民营企业大学生职业理想呈现的新特点、新问题。社会转型时期是社会阶层分化、利益矛盾冲突和社会结构调整的重要时期，社会思潮激荡，价值取向多元，社会风险加剧，在这种时代背景下，民营企业大学生员工的职业理想面临多样的选择，充满各样的矛盾，呈现出新的特点。如职业选择自主性突出，呈现个体化；重视职业经济收入，社会责任意识淡化，职业价值取向功利化；重视职业外部价值，忽视职业的内在意义；职业理想理性务实以及职业理想目标呈现短期化。正确认识这些特点，为下一步进行其原因分析提供了前提和基础。因此，本书把认知民营企业大学生员工职业理想的新特征作为研究重点。

(二)研究难点

一是民营企业大学生员工的问卷调查。由于民营企业大学生员工来自不同地区、家庭，个体的成长经历、知识结构、生活体验以及所在企业的产业性质、规模等差异很大，尽管有着高等教育的背景和民营企业员工共同的角色身份，但他们基本上属于异质性群体，需要一定的区别对待。同时，在问卷设计和实施中，如何科学确定问卷的具体要素，如何确定问卷的内容，采用什么样的方法检验问卷的信度和效度，在保证问卷科学性的基础上，如何抽取样本、发放问卷才能保证取样的科学性和全面性。针对不同性别、学历层次、年龄阶段的民营企业大学生员工在统计的过程中如何区别对待？进行统计分析采取何种角度才能深度发掘其职业理想的特点和问题？这些都比较难以把握。

二是对民营企业大学生员工的个案访谈。尽管笔者有着民营企业的切身经历和职业体验，与一定的研究对象有着近距离的亲密接触，但在访谈的过程中也遇到过拒绝、抵触和不配合的情况。再者，职业理想属于人的价值观念及精神层面的范畴，有的被访者出于这样或那样的顾虑，并未敞开胸怀，坦陈自己的观念和想法，因此需要时间和精力与被访者进行前期沟通和交流，取得他们的信任和积极配合。同时，还要对访谈的材料进行整理、甄别，去伪存真，去粗存精。此外，由于笔者缺乏国有企业的工作经历，在对民营企业和国有企业大学生员工的比较分析上可能有欠全面深入，这是研究中回避不了的问题。

(三)研究创新点

一是研究领域创新。把民营企业大学生员工这一青年社会群体作为研究对象,并对民营企业大学生员工这一概念作了界定,提出"入职民营企业""知识""青年""员工"是这些概念的基本属性,认为民营企业大学生员工是市场经济改革、高等教育大众化和高校毕业生就业制度改革下的综合产物。

二是研究概念创新。把职业理想作为一个概念体系,丰富了职业理想的内涵。提出了职业理想具有心理意识、价值目标和精神信念三个层面的内涵,它是个体的心理意识、价值目标和精神信念的统一体。

三是借助于普遍主义、特殊主义的人际关系理论和霍夫斯泰德的权力距离理论,分析民营企业内部的人际关系发现,由于深受家族文化的影响,民营企业存在着低信任的人际关系,对圈内人较为信任,而对圈外人缺乏信任。这种低信任的人际关系影响了大学生员工对民营企业的归属感和忠诚意识,进而影响到他们的职业态度、职业选择和职业发展。

四是提出了民营企业大学生员工职业选择个体化的观点。认为民营企业大学生员工在职业选择上体现了鲜明的自主意识、权威影响消失和个体主义倾向,并借助于西方社会个体化和风险社会理论,对他们职业理想个体化的原因进行分析,提出大学生员工职业选择个体化是现代社会转型的结果。

四、研究思路、内容框架和研究方法

(一)研究思路

本书是按照"问题提出—实证调查—现状分析—基本对策"的逻辑思路展开的。在回顾关于民营企业发展政策演进和高校毕业生就业制度演变的基础上,通过参与观察、深度访谈等实证研究,运用社会角色认同理论、社会需要理论等对民营企业大学生员工职业、生活和心理状态进行描述、分析和评价,结合对民营企业大学生员工职业理想现状调查,概括、提炼民营企业大学生员工职业理想的基本特征。针对影响民营企业大学生员工职业理想的现实因素,提出大学生职业理想实现的支持条件。

(二)内容框架

按照研究内容的内在结构及分析的逻辑顺序,本书除导论和结语以外,共六章内容。

第一章,回顾和梳理改革开放以来我国发展民营企业的主要政策法规和高校毕业生就业制度的演进,呈现国家对民营企业、高校毕业生就业制度的态度和政策变化,为民营企业大学生员工职业理想研究提供宏观的历史背景。

第二章,民营企业大学生员工职业理想概述。本章首先对民营企业大学生员工、职业理想等核心概念进行界定和解析;之后,从个体、企业和社会三个方面阐述民营企业大学生员工职业理想的价值意义;最后,阐释社会角色理论、马斯洛的需要层次理论,为本研究提供理论依据。

第三章,民营企业大学生员工生存境遇考察。从民营企业大学生员工职业生存、生活状态和职业心理状态三个方面,运用参与观察和个案访谈等方法揭示民营企业大学生员工的职业生存境遇,为民营企业大学生员工职业理想研究提供现实基础。

第四章,通过问卷调查、深度访谈和比较研究等方法,对民营企业大学生员工职业理想实证调查,从大学生员工自我认知、薪酬待遇、声望地位、个人成就、职业发展、职业环境等八个方面调查分析,在此基础上,提炼、概括大学生员工职业理想的基本特征。

第五章,分析民营企业大学生员工职业理想的影响因素。从个体、家庭、企业和社会四个维度分析影响民营企业大学生员工职业理想的主要因素。

第六章,民营企业大学生员工职业理想实现的支持条件。基于对影响民营企业大学生员工职业理想的主要因素分析,从个体、家庭、企业和社会四个方面提出民营企业大学生员工职业理想实现的支持条件。

(三)研究方法

任何社会现象或事件都是由多种因素组成的复杂总体,因此,对复杂总体的研究,必须从多种角度、运用多种手段和方式进行研究。对民营企业大学生员工职业理想研究亦然,需要运用多种具体方法多视角、多渠道、全方位考察。

一是比较分析法。在第四章实证研究中,对民营企业不同学历层次、家庭背景、年龄、性别和经济收入水平的大学生员工职业理想进行比较,同时与国有企业大学生员工进行比较。通过比较研究,总结他们在职业理想方面的异同,并展开相关讨论分析,从中得出基本的结论。

二是参与观察法。参与观察法是社会学、人类学和民俗学等人文社会科学较为普遍采用的实证主义研究方法。这种研究方法的特点在于,研究者通过参与观察研究对象的日常生活,体验调查对象的生活经验,并通过与调查对象近距离或零距离的接触、交谈、互动，走近调查对象的内心生活世界，体验感受他们的精神生活，从而得出较为客观的研究结论。为获得研究第一手资料，笔者于2012年入职江苏省某民营企业从事人力资源和党务工作。4年以来，作为观察者和体验者、“剧中人”和“剧作者”，通过长期观察和体验民营企业的生活，密切接触民营企业大学生员工，同他们建立亲密友好的信任关系，发现他们在职业生活中的遭遇、困惑和期冀，以期探求影响其职业理想的外部条件和内在因素，尝试寻求职业理想实现的基本条件。

三是访谈法。访谈法是本书主要采取的研究方法。作为质性研究的方法之一，访谈法通过面对面的交流，从而获得更多的研究资料。本书通过对选取的16个不同学历、职位、年龄、性别和岗位的民营企业大学生员工进行深度访谈。访谈前根据研究内容设计好访谈提纲，确定好访谈的地点和时间等。

四是问卷调查。理论的每一次进步都根源于实践。本书对民营企业大学生员工职业现状进行实证考察，通过对国有企业和民营企业不同产权性质的大学生员工问卷调查，掌握了第一手资料。并对调查数据统计分析，直观民营企业大学生员工职业理想现状特征，分析影响他们职业理想的主要因素，为探寻他们职业理想实现的条件奠定了坚实基础。

第一章　民营企业大学生员工职业理想的背景分析

民营企业是中国改革开放和市场经济体制改革的结果。改革开放以来，随着党和政府对民营经济认识不断深化，从计划经济时期对民营企业的限制发展和公有制经济的有益补充到社会主义市场经济的重要组成部分，民营企业的地位和作用发生了根本性变化，目前已经成为国民经济增长的重要力量以及解决劳动力就业的主要场所。同时，伴随着改革开放和市场经济体制的改革，我国高校毕业生就业制度也发生了巨大的变革，经历了从早期"统分统包"到"一定范围的双向选择"，再到"自主择业"的政策转变。这些国家政策和制度的深刻变化对高校毕业生的就业观念产生了重要的影响。鉴于此，为了对民营企业大学生员工职业理想的宏观社会背景有个整体把握，有必要对改革开放以来国家关于民营企业的政策、法规的演进，以及高校毕业生就业政策的历史变革做一简要梳理和分析。

第一节　民营企业的概念分析

在现实生活中，民营经济和民营企业这两个概念经常被人们混淆使用。事实上，民营经济和民营企业是两个不同的概念和范畴。二者差别主要在于，前者通常是指一种经济活动或经济组织形式，后者指的是一种法人组织。也就是说，民营企业是民营经济的组织空间和运作载体。为了明晰二者的关系，有必要对民营经济和民营企业的概念作一简要的界定和区分。

一、民营经济的内涵

民营经济一词最早出现于1931年出版的《经济救国论》一书中，其作者王春圃首次使用"民营"一词，他把由国民政府经营的企业称为"官营"企业，把由民间人士经营的企业称为"民营"企业。这里的"民营"是与"官营"相对应的概念，强调的是一种与经营有关的经济形式，是民间经营的一种经济形态。毛泽东也有过"民营""民营经济"的说法，针对抗战时期边区政府经济困难的实际，他指出，

“只有实事求是地发展公营和民营的经济，才能保障财政的供应”。“如果不发展人民经济和公营经济，我们就只有束手待毙。”①这里，毛泽东也是把“民营”与“公营”相对使用。把共产党领导下的军队、学校和机关创办的工、农、商业称为公营经济，把人民群众办的农业、畜牧业、手工业等称为民营经济。由于当时革命没有取得胜利，根据地没有国有经济，只有公营经济，但其实质就是国营经济。

客观地说，民营经济是中国特色的一个经济概念，西方市场经济国家没有民营经济这一名词，因为民营是市场经济活动的主体。当前，国内理论界对民营经济这一概念尚未形成统一的表述。代表性观点有：一是从所有制性质和关系的角度来界定民营经济。该观点认为，民营经济是非国有经济，与国有经济相对应，是公有和私有混合的经济，包括新型集体经济、部分乡镇经济、个体经济、私营经济、联营经济、股份制经济、外商和港澳台胞投资经济等。例如，刘伟认为，民营经济主要是私有制经济，只是出于意识形态的缘故，才用民营经济代替私有经济②。二是从经营主体角度界定民营经济。民营经济不是一个所有制的概念，而是与资产经营相关的概念。周志纯认为，民营与官营相对，民指民间、民众，而非私人。民营是经营主体不是产权主体，其形式包括民有民营、国有民营和财产混合所有三种形式③。盛毅认为，民营经济不是财产所有制概念，而是一种经营方式。其主体范围包括个体工商户、私营企业、集体企业、外资企业和混合所有制企业④。三是从企业理论角度界定民营经济。认为民营经济是依据商业原则和市场规律进行经济运作的微观经济组织。民营经济具有以营利为目的、产权明晰、灵活的用人与分配机制等特征。四是从所有制形式和经营方式相结合的角度界定民营经济⑤，这其实是前两者观点的综合。

二、民营企业的界定

民营企业是民营经济的运作载体和组织形式。概括地说，国内学界对民营企业的界定代表性的观点有：(1)民营企业是除国有经济之外的所有非公有制企业。即除国有独资和国有控股外，其他类型的企业只要没有国有资本参与，均属

① 毛泽东著：《毛泽东选集》(第3卷)，人民出版社1991年版，第848页。

② 刘伟著：《中国经济的盛世金言》，广东经济出版社2000年版，第210页。

③ 周志纯：《解放思想 抓住机遇 实现民营经济第二次创业》，《理论月刊》1999年第3期，第23—26页。

④ 盛毅：《论民营经济是经济属性还是经营方式》，《社会科学研究》2003年第6期，第28—32页。

⑤ 海鸣著：《中国民营经济发展研究》，研究出版社2011年版，第7—8页。

于民营企业。其大体包括:个体私营企业、乡镇企业、民营科技企业、股份合作制企业、“三资”企业、混合型集团股份企业、国有民营企业等[①],这是对民营企业的广义的界定。(2)民营企业是指不包括国有企业和外资企业的非公有制企业。也就是说,除国有企业、外资企业以外,其余非公有制企业均属民营企业的范畴。与前者观点相比,该观点将民营企业的范围相对缩小了,把外资企业从民营企业的范畴中去除。在本书的研究中,民营企业是指个体、私营企业及由私人控股和运营的各种组织形式的企业[②],但不包括外资企业和我国港澳台地区企业。由于民营企业规模大小、产业性质和行业类别差别极大、情况复杂,为了便于研究,本书的民营企业指员工人数在1000人以上,资产总额5000万元以上的民营企业。

第二节　改革开放以来国家发展民营企业的政策演变

党和政府对民营企业政策的变化,直接影响民营企业的社会地位和政治属性的变化,关乎社会公众对民营企业的认知与评价,进而对民营企业的成长和发展有着重要影响。这反过来又影响到大学生对民营企业的认识和评价,对他们未来职业选择起到重要的指导作用。因此,考察国家关于民营企业政策的变化,可以为民营企业大学生员工职业理想研究提供宏阔的时代背景。

新中国成立之初,中国的个体和私营经济有过短暂的发展,但由于与中国计划经济社会主义公有制相对立而被改造和取缔,到了1956年社会主义改造基本完成之后,私营经济接近绝迹,这种情况一直延续到改革开放以前。据有关统计数据显示,“到1978年全国私营经济已经丧失殆尽,个体劳动者全国仅有14万人”[③]。党的十一届三中全会以后,随着改革开放不断推进,中国经济体制开始从计划经济向市场经济逐步转变,个体经济、私营经济也逐步获得政府的默许和政策支持,其合法地位也得以渐进式地确立和巩固。在这样的政策背景下,中国的个体和私营经济不断地发展和繁荣起来。

一、允许民营企业发展阶段(1978年—1987年)

从1978年党的十一届三中全会到1987年党的十三大这段时期,社会主义计

① 李研:《从经济史角度看我国民营经济的产生与发展》,《求索》2006年第2期,第30—32页。

② 余楠著:《民营企业思想政治工作及其价值研究》,厦门大学出版社2007年版,第1页。

③ 海鸣著:《中国民营经济发展研究》,研究出版社2011年版,第10页。

划经济大一统的局面逐渐被打破，社会主义商品经济开始得到发展，与之相适应的是国家对个体经济发展的鼓励和支持，这以 1982 年宪法修正案的通过为标志。但这段时期政府对私营经济的发展政策并不明确，其态度是既不鼓励也不反对。

（一）对个体户的政策演变

党的十一届三中全会决定把工作重心转移到社会主义现代化建设上来。十一届三中全会公报指出，社员自留地、家庭副业和集市贸易是社会主义经济的必要补充[①]，这实际上是在一定范围和程度上允许商品经济的存在，为以后个体经济发展奠定了基础。1979 年，国务院批准各地可根据当地市场需要允许一些有正式户口的闲散劳动力从事修理服务和手工业，这是改革开放后第一个允许个体经济发展的文件。为了缓解返城知青和城市待业人员的就业压力，1980 年，中共中央把发展个体经济作为解决就业问题的重要途径，提出“鼓励和扶持城镇个体经济发展”。党的十一届六中全会提出了“一定范围内的个体经济是公有制经济的必要补充”，肯定了个体经济的地位。党的十二大报告则明确提出了“鼓励劳动者个体经济在国家规定范围内和工商行政管理下适当发展，作为公有制必要的有益的补充”[②]。1984 年中共中央《关于经济体制改革的决定》要求，“为个体经济发展扫除障碍，创造条件，并给予法律保护”[③]。从党的这些正式文件中可以看出，个体经济的地位有所提高，国家政策环境逐渐对个体经济发展体现出保护和鼓励的态度。

在党对个体经济政策发生变化后，国家宪法也随之作出了一定的调整。1982 年宪法修正案规定，“城乡个体劳动者经济是社会主义公有制经济的补充，国家保护个体经济的合法的权利和利益”[④]，正式确立了个体经济的合法地位。在此基础上，《中华人民共和国城乡个体工商业户所得税暂行条例》(1986 年)和《城乡个体工商户管理暂行条例》(1987 年)相继出台，进一步从法律上规范了个体经济的发展。一系列国家政策和法规的出台和实施，极大地刺激了个体经济的发展，其从业人员从 1979 年的 31 万人增长到 1980 年的 80.6 万人，到 1981 年底，

---

① 中共中央文献研究室编：《十一届三中全会以来重要文献选读》(上)，人民出版社 1987 年版，第 8 页。

② 中共中央文献研究室编：《十二大以来重要文献选编》，人民出版社 1986 年版，第 20—21 页。

③ 中共中央文献研究室编：《十二大以来重要文献选编》，人民出版社 1986 年版，第 578 页。

④ 中共中央文献研究室编：《十一届三中全会以来重要文献选读》(上)，人民出版社 1987 年版，第 584 页。

全国乡镇个体经济发展到183万户，从业人员227万人；1984年底个体经济从业人员超过1300万人[①]。

（二）对私营企业的政策演变

与城乡个体工商户相比，中国私营企业起步相对较晚。中国私营企业发展始于农村。1983年，中共中央《关于当前农村政策的若干问题》中指出，“对于雇请较多帮工的农村个体工商户，不应提倡，不要公开宣传，也不要急于取缔”[②]。这个文件对私营企业不提倡、不阻止，引导其向合作经济发展。1983年，邓小平在同国家计委、国家经委和农业部门负责同志谈话时强调，“有个别雇工超过了国务院的规定，这冲击不了社会主义”。“农村、城市都要允许一部分人先富起来，勤劳致富是正当的。”“要把各项工作是否有助于社会主义建设、有利于人民的幸福，作为衡量做得对或不对的标准。”[③]这为私营经济发展指明了正确方向。

这段时期，包括党的十二大报告在内的政策文件中所指的发展多种经济形式，除了国有经济以外，只是包括集体所有制的合作经济和个体经济，从明确的中央文件来看，在政策上中央对私营企业的发展态度并不明朗，实际上希望引导私营经济走向合作经济。因此，这一时期私营企业并未获得法律上的合法地位，只是以个体工商户的名义存在。当然，政府的默许对私营企业的发展还是起到了保护作用，而当时对个体经济的宽松政策及对集体经济发展的优惠政策客观上促进了私营经济的发展[④]。

二、鼓励民营企业发展阶段（1987年—1991年）

1987年至1992年间，中国虽然没有正式提出建立社会主义市场经济的目标，但实际上在这一时期，中国的市场化改革进程已经启动。政府对私营企业的发展采取承认和肯定的态度，并开始建立相应的法律法规体系来规范和促进其发展。其间，1989年春夏之交的政治风波之后，中国市场化改革进入低谷，政府的民营经济政策进入了一个徘徊期，这种局面直到邓小平的南方谈话后才被打破。

---

① 张厚义，明立志主编：《中国私营企业发展报告（1978—1998）》，社会科学文献出版社1999年版，第32页。

② 中共中央文献研究室编：《十二大以来重要文献选编》，人民出版社1986年版，第260页。

③ 中共中央文献编辑委员会编：《邓小平文选》（第3卷），人民出版社1993年版，第23页。

④ 张军，王如胜，詹宇波等著：《转型、治理与中国私人企业的演进》，复旦大学出版社2006年版，第397—398页。

1987年8月，国务院发布的《城乡个体工商户管理暂行条例》指出，“个体经营者可以雇请一、二个帮手，有技术的可带三、五个学徒”①。党的十三大报告对私营经济发展做了进一步肯定，提出私营经济是公有制经济必要的和有益的补充。把计划和市场都作为经济发展的手段，强调私营经济发展有利于促进生产、活跃市场，扩大就业，满足人民多方面的生活需求。认为“目前全民所有制以外的经济，不是发展得太多了，而是还很不够”②。党的十三大报告充分表明了党对私营经济发展的态度由默许转变为鼓励和引导。

1988年，第七届全国人大《中华人民共和国宪法修正案》肯定了私营经济的法律地位。“私营经济是社会主义所有制经济的补充”，“国家保护私营经济的合法权利和利益”③。这是从国家宪法的高度对私营经济予以规定和确认，从根本上解决了私营经济在中国的法律地位问题，使私营企业的发展有了可靠的法律保障。

三、支持民营企业发展阶段(1992年至今)

1992年，邓小平南方谈话解决了长期困扰中国市场经济发展的意识形态问题，他指出中国需要私营经济的发展，提高社会生产力。南方谈话使人们从长期姓“资”姓“社”的思想束缚中解脱出来，重新确立了中国经济发展方向和模式。从此，鼓励和支持私营经济发展的一系列政策相继出台和颁布，民营企业的社会地位得到不断提高。

1992年，党的十四大确立建立社会主义市场经济体制的目标，提出了个体经济、私营经济等多种经济成分与公有制经济长期共同发展④，这表明民营经济开始获得了与公有制经济平等的地位，其长期以来受歧视的局面开始改变。1993年，中共中央指出，国家依法保护法人和居民的一切合法收入和财产，允许个人资本等生产要素参与收益分配⑤，私营企业主的合法收入获得了保护，这一

① 中共中央文献研究室编:《十二大以来重要文献选编》，人民出版社1986年版，第1237页。

② 中共中央文献研究室编:《十三大以来重要文献选编》(上)，人民出版社1991年版，第26—32页。

③ 中共中央文献研究室编:《十三大以来重要文献选编》(上)，人民出版社1991年版，第216页。

④ 中共中央文献研究室编:《十四大以来重要文献选编》(上)，人民出版社1996年版，第19页。

⑤ 中共中央文献研究室编:《十四大以来重要文献选编》(上)，人民出版社1996年版，第535页。

政策解除了私营企业主的后顾之忧，也表明政府长期发展民营经济的态度和决心。党的十五大报告提出了民营经济是“社会主义市场经济的重要组成部分”，明确了“以公有制为主体，多种所有制经济共同发展的基本经济制度”。民营经济由体制外到体制内，由社会主义经济必要的有益补充转变为市场经济的重要组成部分，被赋予平等的市场经济主体地位，这极大地推动了民营企业的发展。2001 年，江泽民在庆祝建党 80 周年大会上的讲话中把私营企业主定位为中国特色社会主义事业建设者，在政治上应当一视同仁，平等对待。这是党第一次对社会主义初级阶段私营企业主阶层社会地位作出的重要论断。讲话中还提出要把他们中“经过长期考验，符合党员条件的优秀分子吸收到党内来”[①]。这一讲话从承认个体、私营的经济形态上升到承认人的高度，表明国家长期支持个体经济和私营经济发展的战略决心。

2002 年，党的十六大报告进一步表明了鼓励和支持个体、私营经济发展的态度，提出了“两个毫不动摇”，放宽民间资本的市场准入领域，在投融资、税收等方面给予政策优惠，实现公平竞争[②]。这在很大程度上鼓励和刺激了民营企业的发展。2005 年，国务院发布了《关于鼓励支持和引导个体私营等非公有制经济发展的若干意见》(因文件内容共 36 条而被简称为“非公经济 36 条”)，这是新中国成立后第一部全面促进非公经济发展的重要文件。2007 年，党的十七大报告提出了发展非公经济的“两个平等”的重要论断，是党对所有制理论的创新发展和民营经济理论的深化突破，为民营企业的发展扫除体制上的障碍，为其提供了更为广阔的发展空间。2015 年，国务院再次发布“非公经济新 36 条”，进一步刺激了民营企业的发展，标志着民营经济进入了一个新的机遇期。

党的十八届三中全会提出了“公有制经济和非公有制经济都是社会主义市场经济的重要组成部分，都是我国社会发展的重要基础”的论断，重申了非公经济市场主体地位，在党的文件中首次把非公经济置于同公有制经济同等重要的地位。会议还提出了激发非公经济活力和创造力，积极发展混合所有制经济的重大决定，这表明了党对民营经济发展的立场和态度。

随着党和政府发展民营经济政策的确立，一系列保护和鼓励个体、私营经济发展的法律法规相继出台。首先是宪法的调整。1999 年的《中华人民共和国宪法修正案》规定，在法律规定范围内的个体和私营经济是社会主义市场经济的重要组成部分，国家保护私营经济的合法权利和利益，并对其引导、监督和管理。

---

① 江泽民著：《江泽民文选(第三卷)》，人民出版社 2006 年版，第 286 页。

② 江泽民著：《江泽民文选(第三卷)》，人民出版社 2006 年版，第 547—550 页。

这使得民营经济在法律和制度上实现了与公有制经济的平等地位。2004年的《中华人民共和国宪法修正案》再次规定了对个体经济、私营经济合法权益的保护,鼓励、支持和引导非公有制经济发展。其次,这一阶段中国的立法标准也发生了改变。1994年以后,全国人大先后通过了三部规范市场主体的法律:《中华人民共和国公司法》(1993年)、《中华人民共和国合伙企业法》(1997年)和《中华人民共和国个人独资企业法》(1999年),这三部法律的通过标志着中国立法开始由所有制标准转向以投资方式和责任形式为标准,表明在法律上民营经济获得了与公有制经济平等的地位①。随着党和国家关于促进非公有制经济的政策、法律法规的形成和不断完善,民营经济获得了空前的发展机遇,其在社会经济地位中的作用也发生了历史性变化。据统计,"到2012年底,全国个体工商户已达4059万户,从业人数约8000万人,资金总额1.98万亿元。私营企业1086万户,从业人数超过1.2亿人,注册资金超过31万亿元"②,"吸纳了80%的城镇就业人口和90%的新增就业人员,为1.8亿以上从业人员提供工资性收入,带动3.6亿以上家庭人口解决了生计问题"③。

上述表明,改革开放以来,随着党和国家对民营经济认识的不断深化及随之政策调整,民营企业经历了从无到有、从小到大、从少到多不断发展和壮大的过程。从改革开放初期的"不宜提倡、不公开宣传、不急于取缔"的默许和允许发展,到后来"鼓励、支持和引导"的态度和政策转变。私营经济的地位也历经从"公有制经济的有益的必要的补充"到"社会主义市场经济的重要组成部分"的重大转变,并在立法上得到了确认和保护。与此同时,民营企业主也从社会边缘群体成为中国特色社会主义的建设者,他们中的优秀人员进入相应的人大、政协,被赋予一定的政治身份和政治待遇。随着民营企业的社会地位上升,社会公众对民营企业的评价也悄然发生变化,对民营企业的从业人员从以前的轻视④到宽容、接纳,再到其积极主动到民营企业就业。总之,国家关于民营企业的政策制度变化对于当代大学生的职业选择和职业理想有着重大的影响。

---

① 张军,王如胜,詹宇波等著:《转型、治理与中国私人企业的演进》,复旦大学出版社2006年版,第40页。

② 张卓元:《混合所有制经济是什么样的经济》,《求是》2014年第8期,第29—31页。

③ 李鸿忠:《支持非公有制经济健康发展》,《求是》2013年第23期,第9—12页。

④ 20世纪80年代中期计划经济向市场经济转变的时期,个体和私营企业从业人员社会地位低下,社会上广泛流传"一国营二集体,不三不四干个体"的说法。当时尽管个体户收入高,但做生意最被人看不起,没有别的选择的人才会做生意。

第三节 改革开放以来高校毕业生就业政策的变革

民营企业大学生员工既是民营经济发展的结果，也与国家关于高校毕业生就业政策的变化密切相关。国家关于高校毕业生就业政策的变化客观上促进了大学生就业观念的转变，特别是传统计划经济体制下“统分统包”的就业政策被废除，转变为市场调控模式，大学生就业市场化使得更多的高校毕业生进入民营企业成为一名普通员工。因此，回顾与梳理国家关于高校毕业生就业政策的变革以及由之带来的大学生就业观念的转变，有助于从整体上把握民营企业大学生员工职业理想的社会背景。总体来说，改革开放以来国家关于高校毕业生的就业政策变化可分为三个阶段。

一、统分统包阶段(1978年—1985年)

从改革开放到1985年，我国实行“统分统包”“包当干部”的高校毕业生就业政策，即国家负担大学生的培养费用，大学毕业生由国家按照计划以国家干部的身份分配到行政事业或全民所有制单位。这一时期毕业生就业政策的特点是高度集中，个人服从国家分配，这种分配模式有其历史的惯性因素。新中国成立以后，各行各业建设都需要人才。为了统筹兼顾，国家实行了“统分统包”“包当干部”的就业政策。1950年中央人民政府政务院发出《为有计划地合理分配全国公、私立高等学校今年暑期毕业生的工作通令》，提出了毕业生“政府招聘和地区调剂相结合”的就业政策。由于国家急需恢复经济和对人才的需要，1951年中央人民政府政务院在《关于一九五一年暑假全国高等学校毕业生统筹分配工作指示》中决定，取消大学生招聘或自谋职业的就业政策，规定大学生毕业后实现地区调剂，以适应国家的经济工作①。这标志着“统包统分”就业政策的正式确立。“文革”期间，虽然形式上是“统分统包”，但基本上是“社来社去、厂来厂去，哪来哪去”的就业政策，大学生基本上返回原来的单位和地区工作。

1977年，全国恢复高考后，也恢复了高校毕业生的就业分配制度。1981年，国务院转发了国家计委、教育部、国家人事局、国务院科技干部局《关于1981年度毕业研究生和大专毕业生分配问题的报告》，国家计委、教育部、国家人事局《关于改进1981年普通高等学校毕业生分配工作的报告》，教育部、国家计委、国

---

① 邱吉，王易，王伟玮著：《轨迹——当代中国青年价值观变迁研究》，人民出版社2012年版，第139页。

家人事局联合发布了《高等学校毕业生调配派遣办法》,这三个文件是这一时期高校毕业生就业分配制度再次确立的标志。

“统分统包”是国家在计划经济体制下实行的就业政策,它有效保证了国家建设对人才的需要,一定程度上缓解了地区人才需求的不平衡状况,有助于国家对人才流向的宏观调控和社会安定。但这种就业政策实行伊始就有着自身的局限性,它抑制了大学生择业的主体性。这一阶段,大学生就业依靠国家统一分配,本人基本没有选择职业的权利和范围。作为国家出资培养的精英,他们要服从国家安排和社会需要,职业价值取向呈现明显的社会本位特征。在国家、集体和个人的关系的处理上,他们普遍认为国家和集体利益高于个人利益,表现出报效祖国和服务社会的强烈愿望。在职业选择上,他们更看重职业的政治因素和社会地位;在择业意向上,偏重政治和社会地位较高的行业和岗位,追求的理想职业是政府官员、科学家和工程师等,而不愿意从事农、商行业。

二、双向选择阶段(1986年—1997年)

1985年到20世纪90年代中后期,国家对高校毕业生实行“一定范围内的双向选择”的就业政策。1985年,《中共中央关于教育体制改革的决定》提出了改革大学招生计划和毕业生分配制度,实行在国家计划指导下本人选报志愿、学校推荐和用人单位择优录用的制度①。这是国家首次以公文的形式对高校毕业生分配政策作出的重大调整,结束了长期以来计划经济指令下的政府分配制度,为今后进一步深化大学生就业制度改革拉开了序幕。1989年,《高等学校毕业生分配制度改革方案》提出要逐步实行毕业生自主择业、用人单位择优录用的“双向选择”制度,把竞争机制正确引入高等教育,增强高等学校主动适应经济和社会发展的活力与动力,通过改革逐步将高校毕业生计划分配就业制度改为社会选择就业制度。这一政策的变革极大地增强了高校主动适应市场经济和社会发展的能力,促进了用人单位对知识和人才的尊重②。这是我国高校毕业生就业制度史上的一次重大变革,这一方案被称为“中期改革方案”。随着社会主义市场经济制度的确立,为了满足社会经济发展对人才流动的需要,1993年国务院印发的《中国教育改革和发展纲要》提出了改革高校毕业生“统包统分、包当干部”的就业政策,实行少数毕业生由国家分配,多数自主择业的就业政策。除对

---

① 中共中央文献研究室编:《十二大以来重要文献选编》(中),人民出版社1986年版,第762页。

② 邱吉,王易,王伟玮著:《轨迹——当代中国青年价值观变迁研究》,人民出版社2012年版,第142页。

少数师范生等实行定向就业外，多数毕业生通过人才市场自行择业。这是高校毕业生就业制度的又一重大变革，扩大了高校办学自主权和毕业生自主择业权，强化了毕业生就业的市场意识和竞争观念。同时，《中国教育改革和发展纲要》的印发也标志着高校毕业生就业已经进入自主择业的市场化阶段。20 世纪 90 年代中后期，为了适应市场经济的快速发展，国家对大学生就业政策作了一些新的调整。1995 年国家教委要求各高校在 2000 年基本完成毕业生就业制度改革。1997 年的《普通高校毕业生就业工作暂行规定》，首次把“毕业生分配”改为“就业”，明确国家、高校和毕业生的权利、义务关系，这意味着高校毕业生分配制度的终结。总体来说，这一阶段的就业政策是“学校推荐，毕业生和用人单位双向选择”，市场在毕业生就业中发挥了基础性和指导性的作用。

在这种就业政策引导下，大学生就业观念呈现出新的特点：一是择业倾向由单一被动走向多样主动。由于高校毕业生数量不能有效满足社会需求，大学生就业市场还未形成，高校在毕业生就业过程中依然扮演着重要角色。与此同时，毕业生和用人单位在一定范围内的双向选择，跨部门、跨地区就业现象凸显，跳槽和职业流动出现，毕业生就业观念悄然发生了变化。但由于毕业生就业的终审权仍然把控在政府部门手中，满足国家需要是其首要任务，因此计划经济和精英模式的色彩依然浓厚，多样化主动性就业倾向尚未形成主流。二是择业价值取向从政治本位走向经济利益。随着市场经济体制改革深化，社会利益分配格局和评价机制也发生了重大变化，大学生的就业观念从以往重政治和社会地位转向看重物质利益，把经济收入作为择业的主要标准①。就业岗位也由偏重政治和社会地位高的行业和岗位转向偏重经济收入高的行业和岗位。经济特区和沿海地区成为他们热衷的去处，大学生择业观呈现务实化倾向。北京社科经济研究所 1988 年对北京、上海等十大城市 1300 多名大学生调查结果显示，希望毕业后到沿海地区工作的占近 40%；“三资”企业、合资企业被排在职业选择的第一位。在行业和岗位选择上，到传统优势单位，如党政机关、科研部门等单位就业的比例大幅减少②。“不求高学位，只求高收入”已成为当时社会的普遍现象。

三、自主择业阶段(1998 年至今)

随着市场经济体制不断地完善与发展，我国对高校毕业生的就业政策再次

---

① 阎大伟:《改革开放以来大学生就业观念的变迁》,《淮阴师范学院学报》2009年第5期，第580—584页。

② 刘成斌:《改革开放 30 年与青年就业观念的变迁》,《中国青年研究》2008 年第 1 期，第 5—7 页。

作出了重大调整，即依靠市场机制调节，实现毕业生自主择业。同时政府针对高校毕业生在就业过程中遭遇的就业难问题进行宏观指导，并通过提供政策优惠、服务、援助等帮助毕业生顺利就业。

2000年，教育部将高校毕业生“派遣证”改为“全国普通高等学校本专科毕业生就业报到证”，这表明了大学生就业自主地位的确立，标志着大学生“统分统包”就业制度历史的终结，从而转向以市场为导向的新阶段。1999年，全国高校扩招使得在校大学生数量陡然剧增，加剧了高校毕业生就业的难度。面对人才市场供大于求的就业现实，大学生逐渐丧失了职业选择的权利。“不是我找什么样的工作，而是什么样的工作能要我。”为了应对严峻的就业形势，缓解大学生就业压力，自2002年起，政府出台了一系列政策法规促进大学生充分就业。

2002年，国务院就深化高校毕业生就业制度改革的意见印发了专门通知，提出要完善毕业生就业工作管理体制，鼓励他们到基层就业等重要指导思想。2003年，教育部把毕业生就业率作为评议高校设置的主要依据和参数，把毕业生工作作为高校领导干部政绩考核的重要内容，运用行政手段予以干预。这说明高校毕业生就业形势严峻以及政府对高校毕业生工作的高度重视。2004年，国务院通知要求，地方政府要从社会稳定的政治高度，认识做好毕业生就业工作的重要性和紧迫性，要把高校毕业生就业作为一项政治任务来抓。2005年，中共中央办公厅、国务院办公厅印发的《关于进一步引导和鼓励高校毕业生面向基层就业的意见》中提出了政策激励与舆论引导相结合，尊重毕业生个人意愿和组织选派相结合的就业引导机制。之后，国家几乎每年都出台关于高校毕业生就业工作指导意见或专门通知，千方百计地促进大学生就业创业。同时，国家还通过制定和出台西部计划、三支一扶、应征入伍、大学生村官、特岗生、选调生等各项政策措施，多渠道促进和帮助大学生就业。

这一时期，随着市场经济的深入发展和就业政策的深入调整，大学生就业观念有了深刻变化。一是择业倾向自主化。随着国家对高校毕业生统一分配政策的终止，高校毕业生就业市场化最终形成。大学生改变了原来就业中的“等、靠、要”思想，积极主动地到市场谋求职业，择业自主性凸显。二是职业评价个性化。在职业评价上，职业的政治色彩更加淡化，经济色彩有所弱化。随着大学生主体意识的提高，他们逐步形成了以能力为本位的就业观，在兼顾个人与社会协调发展的基础上更看重适合个人发展的职业。三是职业选择多样化。随着经济组织形式和职业种类的多样化，大学生职业选择的途径也从单一走向多元。特别在当前就业的巨大压力下，民营企业、基层乡镇、偏远地区乃至农村已经成为大学生就业的主要场所。四是自主创业成为大学生普遍接受的新观念。由于国家对大学生自主创业的鼓励和政策支持，再加上普遍就业难的社会现实，自主创业也成为一些大学生的职业选择。

可见，国家关于高校毕业生就业政策的变化是随着经济体制改革而不断调整与变化的。这是因为教育是为经济建设服务的，教育改革必须与当时国家经济发展状况相适应。早期的“统分统包”政策是适应社会主义计划经济体制的需要。这一时期，为了保证国家各项建设对人才的需要，实行了高校毕业生统一分配制度。随着经济体制改革发展，国家对高校毕业生的就业政策作出了重大调整和部署，缩小了国家计划分配的范围，改变早期“统分统包、包当干部”的就业政策，扩大高校和地方分配的自主权，扩大毕业生自主择业的权利和范围，逐渐过渡到“一定范围内的双向选择”的就业政策。同时，大学毕业生就业的主动性和自主性显著增强，择业倾向从政治型逐渐转向经济型。到了 20 世纪 90 年代中后期，随着社会主义市场经济制度的确立、高校并轨和高等教育大众化，国家不再统包分配，高校毕业生自谋职业，大学生就业真正进入市场化阶段，这些政策的调整和变化直接影响到高校毕业生对未来职业的选择和职业理想的确立。

第二章　民营企业大学生员工职业理想概述

概念界定是理论研究的逻辑起点。只有对研究对象、研究范围有了明确的界定，准确有效地把握概念的内涵和边界，进而聚焦和诊断问题，才能为研究的跟进、展开奠定坚实的基础。基于此，本章首先从大学生员工、职业、理想、职业理想和民营企业大学生员工职业理想等基本概念的界定入手，阐释它们的基本内涵和主要特征。其次，从个体、企业和社会三个维度阐释民营企业大学生员工职业理想的现实意义，从而为本研究后续的展开做好理论铺垫。

第一节　民营企业大学生员工概念阐释

"民营企业大学生员工职业理想"是一个复合短语，它包括三个基本概念，即民营企业、大学生员工和职业理想，明晰这三个概念的基本内涵，厘清它们之间的关系，是研究进行的基本前提。鉴于前文已对民营企业进行了解读，本节着重对大学生员工和职业理想两个概念进行阐释。

一、民营企业大学生员工定义

尽管学界研究中已有"大学生员工"这一说法，但均未对其明确地界定。本研究所讨论的"民营企业大学生员工"，是指"全日制高校毕业后入职民营企业的知识青年员工"。"入职民营企业""知识""青年""员工"等关键词是这一概念的基本属性。具体地说，其基本内涵包括：

第一，大学生员工是知识型员工。何谓知识型员工？国外学者大多是从管理学视角定义的。依照美国管理学大师彼得·德鲁克的观点，知识型员工是那些掌握和运用符号与概念，利用知识或信息提高工作效率，具有较强学习知识和创新知识能力的人[①]。著名管理学家库伯认为，知识型员工是有着良好的教育背景和工作经验的人，主要包括医生、教师、护士、建筑师等，并随着信息发展，知

① [美]彼得·德鲁克著，朱雁斌译：《21世纪的管理挑战》，机械工业出版社2018年版，第87页。

识型员工数量激增，扩大到各行各业。在麦克奇看来，知识型员工不仅仅局限于有创新知识能力，还是能通过处理和传播信息来创造价值的人。一般认为，知识型员工是相对非知识型员工或体力型员工而言的，主要区别在于：前者拥有知识资本这一生产资料，投入工作主要依靠脑力劳动，体力劳动相应减少；后者偏重于体力劳动和操作性技能劳动。总体来说，知识型员工具有高学历、较强的自主意识、较高的成就期望和较强的自我实现等群体心理特征。具体地说，知识型员工不同于体力劳动者或从事行政性、操作性工作的白领（这只是理想类型，现实生活中多数大学生员工从事行政性和销售服务工作），他们一般从事创造性工作，倾向于自主的工作环境，厌恶刻板的工作方式，排斥上司的专制管理，重视工作中的自我引导和自由安排，有着较强的创新性和工作自主性。与体力型劳动者相比，知识型员工有着明确的工作目标和价值追求，他们的工作目的不仅仅是为了获得物质财富，还有着成就事业和实现自我价值的理想追求，体现出较强的成就意识。知识型员工敢于冒险，喜欢从事有挑战性的工作，把克服困难作为工作的乐趣和自我价值的体现。知识型员工流动频繁，注重个人的职业发展，出于对个人未来职业发展的考量，他们不愿意终生厮守同一个组织，他们更忠于自己所从事的事业，而非雇主。与传统社会的工人相比，知识型员工不崇尚权威，他们依靠自身的知识和能力获得在组织中的价值和地位。与从事简单、重复性工作的体力劳动者相比，知识型员工的工作具有复杂性，这主要表现在劳动过程的复杂性和工作价值难以量化①。也有学者把知识型员工概括为 10 个特征，即自主性和独立性、劳动的能动性、劳动过程的不可控性、劳动成果不易计量、强烈的成就动机、蔑视权威、流动意愿强、强烈的学习动机、角色的互动性和成功越来越依赖组织资源②。

第二，大学生员工属于青年群体。青年是现代社会一个年龄群体概念，不同国家、不同地域的组织机构有着不同的划分标准。关于青年群体的年龄阶段划分，世界各国、国际组织和我国尚未有明确统一的规定。主要参考指标有：(1)国际组织有关界定。世界卫生组织把 44 岁以下的人定为青年人。联合国教科文组织的界定：14—34 岁为青年人口（1982 年）。联合国人口基金会的界定：14—24 岁为青年人口（1998 年）。(2)我国的有关界定。国家统计局的界定：15—34 岁为青年人口（人口普查）。共青团的界定：14—28 岁为青年人口（《中国共产主

① 王文惠，何有麟：《东方管理学视角的企业知识型员工的管理》，《企业经济》2013 年第 5 期，第 34—37 页。

② 孙新波，樊治平，秦尔东著：《知识员工激励理论与实务》，经济管理出版社 2006 年版，第 31—32 页。

义青年团章程》)。青年联合会的界定:18—40 岁为青年(《中华全国青年联合会章程》)。港澳台地区的界定:10—24 岁为青年人口(香港特别行政区青年事务委员会、澳门特别行政区统计暨普查司以及台湾地区相关部门)①,如表 2-1 所示。当前,国内关于青年研究一般采用国家统计局有关人口普查的统计口径。本研究考虑研究对象的学习和工作时间,参照上述有关青年年龄的界定,把大学生员工划定为 20—34 岁年龄群体,并重点考察 22—30 岁这一年龄群体。基本依据

表 2-1 青年年龄划分表

国际组织			中国			
世界卫生组织	联合国教科文组织	联合国人口基金会	国家统计局	共青团	青年联合会	港澳台地区
44 岁以下	14—34 岁	14—24 岁	15—34 岁	14—28 岁	18—40 岁	10—24 岁

在于:第一,符合国家统计局关于青年的界定标准。第二,社会界定青年年龄的上限和下限,一般综合分析其自然属性和社会属性。对青年下限年龄的界定主要依据生理学理论,对上限年龄的界定主要依据社会学理论。考虑到研究对象受教育周期,按照 18 岁进入高校,22 岁大学本科毕业,25 岁硕士研究生毕业,28 岁博士研究生毕业,加上进入社会组织后职业适应期 3—5 年,从理想类型来说,其最大年龄也接近于 33 岁。考虑到 80 后和 90 后大学生员工多数是独生子女,因受家庭环境和社会环境的影响,他们的社会心理相对于上一代青年群体成熟较晚,加之他们进入企业后还要有一定的职业适应期,一般工作 3—5 年以后,职业生涯才趋于稳定。同时,顾及他们在企业工作时间过长,作为大学生群体属性因被企业组织化而就不明显了,进而失去研究价值。此外,博士研究生毕业一般在 30 岁左右,他们的心智和价值观念相对成熟,与本科生和硕士生相比,在民营企业就业所占比例相对较少,因此,本研究不把他们列入主要研究对象。第三,大学生员工是受雇于民营企业的基层员工。受聘于民营企业,为私营雇主和股东服务,是民营企业员工的基本特征。也就是说,大学生员工与民营企业是以劳动契约形式存在的雇佣关系。在这种劳动契约关系中,大学生员工作为劳动力供给主体,向雇主出卖自己的劳动;雇主作为劳动力的需求主体,向劳动者支付相应的工资。劳动契约的签订过程是雇佣双方就各自的权利、义务、责任和利益达成的过程。作为用工方的民营企业来说,根据劳动契约要求员工履行职责,维护企业利益,但也必须依照劳动契约履行其应尽的义务和职责;作为受雇佣的

① 吴新颖著:《当代青年价值观的构建》,湖南人民出版社 2008 年版,第 85 页。

大学生员工来说，在履行应尽的职责后，有权利要求企业尊重自己的合法权益，获得企业给予的报酬和补偿等。国有企业大学生员工受雇于产权国有的企业，一定意义上说，他们具有较强的心理归属和组织归属。随着国有企业市场化改革，传统意义上的国有企业员工的主人公地位逐渐削弱，企业员工的心理优越感也逐渐消失。第四，大学生员工是新时期的产业工人群体。大学生员工是市场经济体制改革、高等教育大众化和高校毕业生就业制度市场化等诸多因素共同作用下的产物，也是中国现代社会转型的结果。由政府主导的市场经济体制改革催生了民营经济的蓬勃发展，为民营企业大学生员工提供了就业的组织空间。高等教育大众化改变了传统精英教育模式，在提高国民素质，推进教育均等化的同时，也催生了数量庞大的大学生劳动力大军。高校毕业生就业制度市场化改革直接把大学生推向劳动力市场，迫使他们参与市场经济竞争，此种情况下，相当部分大学毕业生入职民营企业成为企业的一名普通雇员。

二、民营企业大学生员工的类型

客观地说，民营企业大学生员工是异质、分化的职业群体。不同的年龄阶段、家庭出身、经济收入、生活经历、个性特征、成长环境和知识结构等形成了他们不同的思想观念。有的位于社会下层(刚就业、经济收入低的大学生群体)，有的位居社会中层；性别上有男女之分，婚姻上有已婚、未婚、离婚和单身之别；他们中有的来自大中城市和沿海经济发达地区，有的来自内陆小城镇；有的来自干部、农民家庭，有的来自工人、个体户家庭等；有的政治身份是共产党员、共青团员，有的是普通群众；有文、理、工、管、农等不同的学科专业背景和知识结构；学历有专科、本科及硕士和博士研究生之分，学历层次参差不齐；他们来自普通高校、高职高专和民办院校等不同规模层次的高校，教育素质差异明显。从行业类别和职业岗位来说，有的从事加工制造业、房地产建筑等制造产业，有的从事商业百货、金融保险、旅游酒店、农产品物流等服务行业。岗位有管理、技术、销售和服务等岗位差别。民营企业规模也有大型民营企业、中型民营企业和小型民营企业不同的规模类型。由于不同行业类别和层次规模的民营企业在市场竞争中所占据的资源优势不同，大学生员工也因其所在的不同类别企业而表现出不同的心理取向。此外，有的是大学毕业后直接入职民营企业，也有的是从国企或其他组织跳槽到民营企业。以上内容仅仅是对民营企业大学生员工的结构类型粗线条勾画，社会现实情况更为复杂。当然，他们也有着共同点，例如，他们成长于社会转型时期或市场经济发展时期，供职于民营企业，接受过高等教育，属于知识青年工人群体。他们中的多数属于企业基层管理或技术人员，是企业发展的基本依靠力量。有着这几点，也就足以归纳出他们的共性。诚如卡尔·曼海姆在研究知识分子时所言："尽管知识分子的内部差别很大，但所有知识分子的群体之间仍然存在一条使之连贯的纽带，这就是教育。正是教育使知识分子参与到一种共同的传统中，教育的传统会逐渐使知识分子超越出身、等级和职业及财富的差异，使他们在共同教育的基础上联合起来。"①依此逻辑思路，尽管民营企业大学生员工内部差异较大，但是相似的职业境遇、教育背景、年龄阶段和社会阶层地位，把他们有机地联系起来，有着共同的群体意识和价值取向。

穷尽每一类型的研究对象是不可能的，也是不现实的，非个人的能力所及。陶东风认为："对待一个对象，尤其是异质的复杂对象，任何阐释角度和评价尺度都是有局限的。因为任何人不能为了克服限度、变得全职全能而企图将所有的角度都一网打尽，这是个体所无法克服的'阐释的命运'。就一个人而言，全方位意味着无方位，全角度意味着无角度。"②因此，本书对研究对象作了进一步限制，把规模以上民营企业 80 后和 90 后的大学生员工作为主要研究对象。

第二节　大学生员工职业理想概念解读

职业理想是一个复合概念，讨论职业理想的概念内涵，首先需要对职业和理想进行解读和分析。

一、职业解读

在我国，"职业"一词最早见于《国语·鲁语》："昔武王克商，通道于九夷百蛮，使各以其方贿来贡，使无忘职业。"这里的"职"指执掌之事，"业"是古代记事的方法，把要做的事在木棒上刻成锯齿状，有多少件事刻多少齿，做完一件事，就消除一个齿，叫作修业。《荀子·国富》中"事业所恶也，功利所好也，职业无分，如是，则人有树事之患而有争功之祸矣"。"职业，谓官职及四民之业也。"在这里职业是指个人要做的事情。《辞海》解释"职业"是"个人在社会生活中所从事的作为主要生活来源的工作"③。英文"Vocation"一词表示职业，它是由拉丁语 Vocare 的动词转化而来的，意为由神感召而得到的神职。"职业"在德语中为"Beruf"，含有宗教和经济的双重意义。它不仅是一个工作和一种谋生的手段，还包含一种神圣的宗教使命。

① 陶东风著：《社会转型与当代知识分子》，上海三联书店 1999 年版，第 268 页。
② 陶东风著：《社会转型与当代知识分子》，上海三联书店 1999 年版，第 5 页。
③ 《辞海》编辑委员会编：《辞海》，上海辞书出版社 1989 年版，第 4763 页。

王荣发在《职业发展导论——从起步走向成功》一书中对职业的内涵有过详细考察，并根据不同学科视角对职业内涵进行分类界定。在他看来，国内外学界对职业的界定主要从社会学和经济学进行界定。社会学的职业含义有四个方面的内容：(1)职业是社会分工体系中的一种社会位置。这种位置是个体进入社会生产过程之后获得的，取得的途径可能是社会资本的继承或社会资本的获取。(2)职业是一种模式。职业是已经成为模式并与专门工作相关的人群关系和社会关系的结合，是从事某种相同工作内容的职业群体。(3)职业同权力和利益紧密相连。首先是拥有垄断权，每一种职业在社会分工中都有自身的位置和作用，使别人依赖它们，这就在一定程度上拥有了对他人的权力，而且总是要维护这种权力，保持自己的垄断领域。其次是经济收益权，任何一个职业群体凭借其被他人所需要，从而获得经济收入。(4)职业是国家确定和认可的。职业的存在必须为社会所承认，为国家授予和认可。

经济学的职业内涵主要有：(1)职业是社会分工体系中劳动者所获得的一种劳动角色。不同工种、岗位的职业赋予劳动者以不同的工作内容、职责、声誉和社会地位，以及不同的劳动规范和行为模式，因此劳动者便具有了社会标记和专门的劳动角色，如农民、工人、医生、教师等。(2)职业是一种具有社会性的活动。职业是劳动者所进行的社会生产劳动，为他人所需并为国家所认可。(3)职业具有连续性和稳定性。劳动者连续不间断地从事某种社会工作，这种工作才能成为劳动者的职业。(4)职业具有经济性。劳动者从事某项职业，必定要从中取得经济收入①。

综上所述，笔者以为，职业是人们因社会分工而从事具有专门业务和特定职责并实现自我价值的工作。具体而言，第一，职业的产生是社会分工的产物。职业不是天然的、先在的，是社会生产力发展到一定历史阶段后社会分工的结果，“一切职业都是生产力和生产关系的产物”。在远古社会，先民一起打猎捕鱼，采集野果，共同生活，职业尚未分化。到了奴隶社会和封建社会早期，由于产品有了剩余，管理阶层开始形成，社会职业开始分为奴隶主和奴隶，但是，当时社会职业种类较少。奴隶社会的奴隶和封建社会的农奴的工作被看作下贱的和粗野的，甚至是肮脏的，这一时期的职业分工是以家庭内部的分工形式存在的，职业的流动机会小，职业的分化和发展非常缓慢，许多职业都是在亲族内世代传承的，现代意义上的职业并未形成。到了工业社会，工业文明带来了社会分工的大发展，促成了职业的大分化，

① 王荣发主编：《职业发展导论——从起步走向成功》，华东理工大学出版社 2006 年版，第 6—8 页。

使职业从家庭的束缚中解放出来，与生活的其他方面分离开来，具有了独立的专业化特征，职业的种类开始增多。随着现代工业自动化、社会分工越来越细，职业的种类也愈来愈多。第二，职业需要具有一定的专业技能和专业知识，是专业化发展的产物。第三，职业具有社会伦理规范，是权利和义务的统一体。任何职业都具有一定的职业要求和伦理规范。第四，职业是现代社会人的基本需要。它不仅是人们用来谋生的手段，还是实现自我价值的工具。

中国台湾地区学者叶至诚从职业社会学角度提出现代职业具有八大功能。概言之，在经济上，职业能够使人充分就业，促进经济发展和繁荣；在政治上，职业能够促进政治稳定，更加民主、自由和平等；在社会上，职业能够促进社会安定团结，减少社会问题的发生；在文化上，通过就业者的职场交流，不仅促进文化融合，也可展现不同族群的特色，甚至以族群文化为创业的基石；在心理上，人们通过职务接触互动可以增进彼此理解和支持，提升精神层次的满足；在生理功能上，通过劳动和工作所得，除了满足个体的物质所需外，还能够促进身体健康；从教育功能看，职业不仅是个体体验所学是否足以在工作场所运用外，还能增进专业知识，进而建立终身学习的生涯规划；在家庭功能上，通过工资报酬，使个体负担起养家活口和家人各项消费所需的费用①。

二、理想释义

理想一词源于希腊文“Idea”，原意为“表现”“观念”。美国哲学家 L. J. 宾克莱把理想的本质界定为“价值观念”②，它决定着人们对不同生活方式的评价和选择。理想在我国古代被称为“志”，是人生追求的奋斗目标。冯友兰认为理想有二义：一是最好至善之义，二是最高观念之义。张岱年认为，“人生理想论是关于人生最高准则的理论”③。从学科角度上说，不同的学科视角下的理想有着不同的内涵。心理学把理想作为一种想象，“理想是人对合乎客观规律的美好未来事物的想象。”④伦理学层面的理想是一种价值目标或选择。理想是与奋斗目标相联系的、有现实可能性的想象，是主体追求真、善、美的一种价值选择⑤。哲学层面的理想是一种观念形态。理想是主体以客观为依据，把事物发展的可能性

---

① 叶至诚著：《职业社会学》，五南图书出版有限公司 2001 年版，第 5—6 页。

② [美]L. J. 宾克莱著，马德元等译：《理想的冲突——西方社会中变化着的价值观念》，商务印书馆 1988 年版，第 38—40 页。

③ 张岱年著：《中国哲学大纲》，中华书局 2017 年版，第 254—255 页。

④ 车文博主编：《当代西方心理学新词典》，吉林人民出版社 2001 年版，第 190 页。

⑤ 周中之主编：《伦理学》，人民出版社 2004 年版，第 279 页。

与人的需要相结合所设想的关于未来的观念形态①。其中，事物发展的可能性与人们的需要是理想的根据和条件，未来是理想的时间指向，观念形态是理想的特征和内容。政治学把理想作为一种社会意识形态。“理想是人们在客观现实基础上认知和设计的能满足人们需要的人自身属性功能或事物的未来发展方向目标和策略的社会意识形态。”②上述对理想的阐释，是学者基于不同学科立场和研究需要对理想的界定，都有其自身的合理性，但同时也存在一定的局限和不足。例如，如果把理想作为对至善目标的价值选择和追求，信念、信仰同样蕴含着对美好目标的向往和追求，这样理想和信念、信仰区别何在？如果把理想作为一种精神或观念的活动，宗教也是一种精神活动，那么，追求理想岂不成为一种宗教信仰。如果把理想仅仅看作关于人或事物未来发展方向目标或策略的意识形态，理想岂不成了统治阶级实现阶级统治的工具，是一种意识形态的“乌托邦”，理想的科学性在哪里呢？

基于上述分析，笔者以为，理想是人类特有的一种精神现象，是人们基于利益需要并在实践中能够实现的对未来社会的美好向往和对人生的幸福追求。这一定义既反映理想主体——人或人们、理想本质——精神意识、理想内容——社会和人生，也体现了理想的价值属性——至善、至美以及理想实现——向往、追求的动态过程③。进一步说，理想具有以下层次内涵和特征：一是理想是指向未来的，这是理想的时间向度。理想是主体对未来社会的美好向往和人生的幸福追求。指向未来是理想与现实的根本区别。二是理想是对现实生活的超越。现实生活是理想的基础，理想源于现实生活而高于现实，是对现实不完美状态的超越。三是利益需要是理想形成的内在动力。追求美好社会和人生的未来幸福说到底就是为了满足个人的发展需要，实现个人的利益追求。因此，理想与人的利益密切相关，是主体追求利益的反映。追求利益是人类的本性，马克思认为，“人们所奋斗的一切都同利益有关”。“思想一旦离开利益，就一定会使自己出丑。”④四是理想本质是人的一种观念形态，是人们对个人和社会未来发展的一种观念建构。这也是人的主体性的体现。五是理想是科学的观念建构或者目标设想，这是理想和空想、幻想的本质区别。六是实践是理想实现的中介和根本途

---

① 李少军著：《理想论》，中央编译出版社 2000 年版，第 33 页。

② 张清明著：《理想教育与理想实践》，四川大学出版社 2005 年版，第 23 页。

③ 魏永强，刘文：《回顾与展望：我国学术界关于理想基本理论研究进展》，《思想政治教育研究》2015 年第 2 期，第 89—93 页。

④ 中共中央马克思恩格斯列宁斯大林著作编译局编译：《马克思恩格斯全集（第 3 卷）》，人民出版社 1960 年版，第 102 页。

径，只有通过实践，理想才能最终转变为现实。

三、职业理想解析

通过前文对职业和理想的概念分析，我们是否可以简单地对职业理想进行定义呢？比如说，职业理想是人们关于职业的理想。抑或说职业理想是职业和理想二者的融合。如果这样定义的话，未免过于草率、简单，也不符合下定义的一般规则。为了更准确地把握职业理想的内在规定，先对当前国内学界关于职业理想的界定作以检视和分析。

（一）职业理想的内涵

关于职业理想的界定，学界观点大致可以分为三种："目标想象说"或者"目标设计说"。职业理想是人们关于未来所从事的职业和发展目标的想象与设计，对未来专业、工作部门、工作种类和事业成就大小的向往和追求①。或者职业理想是人们希望从事某种职业的愿望和想象②。如果把职业理想仅作为一种未来职业想象，就会无视职业理想的科学性和实践性，职业理想就容易混同职业空想。如果把职业理想作为一种未来的目标设计，又容易把职业理想等同于职业生涯发展规划，从而遮蔽了职业理想的崇高性和超越性，职业理想就会成为没有灵魂的技艺，阉割了理想的崇高精神内涵。"价值体现说"。职业理想是人们关于未来职业的构想，包括对将来从事的职业类型、职业成就和职业境界的设计规划，是人们的世界观、人生观和价值观在职业奋斗目标上的体现③。与前者相比，这种观点不仅体现职业理想是人们关于未来职业的设想，还表现了人们的职业价值观，丰富了职业理想的内涵。"境界说"。职业理想是个人对未来所从事的职业和发展目标的设计和想象，是个人在职业实践和发展追求中所要达到的一种境界④。与前两种观点相比，该观点强调了职业理想生成和实现的路径和过程，但境界到底指什么，概念中并未说明。一般来说，境界属于精神或道德范畴，即人们常说的道德境界或精神境界。

从概念逻辑关系分析，职业理想和理想是概念特殊和概念一般的关系。理

---

① 宋长生主编：《职业理想导论》，中国矿业大学出版社 1988 年版，第 15 页。

② 周中之主编：《理想与现实的冲突》，工人出版社 1988 年版，第 157 页。

③ 张继延，方勇华：《试论职业理想及其实现途径》，《学校党建与思想教育》2010 年第 35 期，第 77—78 页。

④ 王荣发主编：《职业发展导论——从起步走向成功》，华东理工大学出版社 2006 年版，第 23 页。

想是一级概念范畴,职业理想是理想一级概念范畴下的二级概念范畴。从理论上说,理想的内涵特点,职业理想都应该具备,并具有自身的独特性。因此,笔者在理想概念的基础上,借鉴学界关于职业理想的研究成果,尝试对职业理想描述性定义。笔者认为,职业理想是人们基于利益需要并在实践中形成的对未来职业目标和职业发展的观念建构和美好追求,是人们职业价值观的核心。具体地说,职业理想包括以下层次内涵。

第一,职业理想源于现实生活。职业现实是职业理想形成的基础,社会需要是职业理想实现的社会条件,脱离职业现实生活和社会需要的职业理想只是职业空想,这体现了职业理想的社会性和现实性。第二,职业理想是人们关于未来职业目标和职业发展的观念建构。职业理想在时间上是指向未来的,是未来职业目标、职业发展及其实现条件在人的头脑里的反映,职业理想本质是人们关于未来职业的观念建构,是人的一种精神活动。第三,利益需要是职业理想生成的内在动力,这不仅包括职业本身带来的经济物质利益,还包括在追求和实现职业理想的过程中所带来的精神上的满足。从更高层次上说,职业理想是一种职业上的精神追求和满足。第四,职业理想是对职业现实生活的超越,具有现实超越性。第五,职业理想是人的职业价值取向,体现了人的职业价值标准、价值选择和价值追求,是人们的世界观、人生观和价值观在职业选择和职业追求中的体现。第六,职业实践是职业理想实现的中介和途径,只有通过职业实践,观念上的东西才能转化为现实,个体的职业理想才可能得到实现。

综上所述,民营企业大学生员工职业理想,是指民营企业大学生员工基于自身利益和社会需要,在职业实践中形成的关于未来职业目标、职业发展及其实现条件的观念建构、选择和追求,以及在职业实践过程中所表现出的对职业的热爱、敬畏和认真的态度和精神。

(二)职业理想的基本特征

职业理想的特征是对职业理想客观存在的属性和状态的反映。职业理想有多种状态和属性,因而就有多种特征。总体来说,职业理想是社会性和个体性、发展性和稳定性、差异性和统一性、现实性和超越性的统一。

社会性和个体性的统一。职业理想是一定社会生产方式及其形成的职业地位、职业声望在人的头脑观念中的反映,因此,职业理想受社会生产力发展水平和生产关系的制约,社会生产力发展水平不同,人们社会实践的深度和广度不同,社会生产和社会交往关系不同,人们职业追求目标也不同,职业理想体现了鲜明的社会特征。职业理想的社会性还表现在个体的职业理想要适应和满足社会的需要，与社会和时代发展协调一致。同时，职业理想是个体对未来职业目标、职业发展的想象、选择和追求，生活在不同社会历史时期的人们乃至同一历史时期的人们，不同的个体对职业目标也有着各自不同的职业选择和追求，因而体现了鲜明的个体性。因此，职业理想是社会性和个体性的统一。

发展性和稳定性的统一。职业理想是随着社会历史发展而发展变化的。职业是社会分工的产物，社会分工是社会生产方式的体现。社会生产方式越先进，社会经济就越发达，社会分工就越精细，职业种类就越齐全，职业理想的内容就越丰富。职业理想的发展性体现在个体身上，主要表现为它伴随着个体的年龄、兴趣、能力和价值观的发展变化而发生改变。例如，个人在小时候希望长大后当一名飞行员，高中阶段可能希望将来能够成为一名人民教师，考上大学以后可能选择法律专业，将来要当一名法官，进入社会后则可能成为企业的一名普通员工。另一方面，职业理想不是人们一时头脑冲动的产物，而是个体运用想象力在头脑中精心构建出来的未来职业愿景，一旦确立会在一定时间内指导人的职业活动，从而表现出一定的稳定性①。

差异性和统一性的统一。职业理想的差异性是指不同的个体有着不同的职业理想。这是因为每个人都是独立的个体存在，其知识结构、个性特征、实践经历等差异决定了个体职业理想的差异性。其中，个体的思想觉悟、道德水准及其人生观决定着职业理想的根本方向；个体的知识结构和技能水平影响着职业理想的层次；个体的性格、气质、情感等心理特征和性别、身体等生理差异导致不同的职业理想②。其次，每个人的生命活动和职业追求是具体的、现实的，这种具体性和现实性是建立在个体的现实的利益需要的基础之上的，任何形式的利益需要是职业理想实现的源泉和内在驱动力，而且任何职业理想都是建立在现实生活基础之上的，职业理想在差异性和多样性的形式下表现出统一性和一致性。

现实性和超越性的统一。一方面，职业理想是人的具体的社会历史实践的结果，每一代人只能达到他所处于的特定时代的实践水平，每一代人的职业理想受该时代的社会历史条件所制约，留下现实的时代印记。也就是说，职业理想的形成、建构和实现受一定的现实社会关系和社会条件的制约，脱离现实关系和具体的社会历史条件，人们即便拥有再美好的职业理想也不能够在现实中最终得到实现。另一方面，职业理想源于现实而高于现实，它不是对职业现实的简单描

---

① 张继延，万勇华：《试论职业理想及其实现途径》，《学校党建与思想教育》2010 年第 35 期，第 77—78 页。

② 魏永强，魏思琪：《回顾与评价：我国职业理想理论研究进展》，《煤炭高等教育》2016 年第 1 期，第 36—40 页。

述，而是人们对职业现实的不满足和不完美状态的批判与超越，是人们关于未来职业"应当如何"的美好设想，它总是以高于职业现实生活的面貌出现而表现出强烈的现实超越性。

（三）职业理想的心理结构

作为人的观念系统，职业理想是由一定的心理要素组成的。关于职业理想的心理结构要素，学界研究成果并不多见。有学者运用系统理论对理想的结构要素进行了探讨并认为，理想结构是由目的系统、情感系统、认知系统、意志系统、材料系统、动力系统和导向系统七个基本要素系统构成。其中，每个系统都有若干子系统，每个子系统中又有若干个小系统①。王新山从理想的主体、内容和层次出发，把理想内部结构划分为群体理想和个体理想，社会理想、道德理想、职业理想和生活理想，最高理想、阶段理想和近期理想②。事实上，这只是根据不同的标准对理想分类。有学者对教师职业理想的心理结构进行探讨并指出，教师职业理想心理结构由职业动机、职业知向、职业态度、职业意志和职业信念等要素组成③。这也是套用心理学理论对教师职业理想心理结构一般性粗线条的描述，而并未对心理结构各要素之间的逻辑关系进一步分析，但毕竟对职业理想心理结构做了探索性的研究。作为一种心理认知系统，职业理想的心理结构必然符合心理认知系统建构的一般规律。因此，笔者在借鉴学界研究成果及心理学相关理论的基础上，提出职业理想的心理结构由职业动机、职业认知、职业态度、职业意志和职业信念等心理要素组成。

职业动机是引起、推动和维持主体从事职业活动和实现职业目标的内部动力，它直接影响主体认识职业的视角以及处理的路径、方式，是激发和促进主体在职业活动中的积极性和创造性的直接动力。职业动机源于个体的利益需要，其中，满足个体生存的物质需要是职业动机的浅层表现，实现自我价值和社会价值、满足个体的精神需要是职业动机的深层表征。人们正是在利益的驱动下产生实现职业理想目标的愿望和行为。

职业认知是个体在社会实践（包括职业生活）中形成的对职业的意义和性质、职业的声望和地位等认识和评价。职业认知是个体选择职业和确立职业理

① 荆品娥:《论理想结构的要素》,《商丘师范学院学报》2003年第1期,第95—97页。

② 王新山:《理想的内部结构初探》,《华中师范大学学报》(哲学社会科学版)1989年(增刊),第43—46页。

③ 张西方:《教师职业理想及其教育》,《山东师范大学学报》(人文社会科学版)2013年第6期,第105—108页。

想的前提，它能够判断和评价社会提供的职位是否符合自己的需要。有了正确的职业认知，个体在择业的过程中，能够客观地认识自己，了解自己的职业兴趣、技能和价值观，能够了解职业的性质、地位和规范，并作出相对客观的职业评价。如果缺乏对职业的正确认知，也就不会有正确的职业选择，并在从业过程中难以树立对职业的正确态度和形成职业的责任意识和敬业精神，难以确立正确的职业理想、高尚的职业道德和良好的职业精神。个体对职业认知越全面、深刻，职业态度就越端正，职业意志就愈持久，职业信念就愈坚定。

职业态度是个体对职业表现出来的稳定持久的观念。它不仅表现为个人对职业的选择，也包括在从业过程中的工作取向和观念，具有一定的持久性和稳定性。职业态度受职业主体的兴趣、能力、抱负、价值观、自我期望等因素影响，是个人兴趣、能力、抱负、价值观、自我期望等的综合反映。职业态度受主体对职业认知的影响，对职业认知越全面、深刻，对职业信息的掌握越准确，职业态度越客观真实。职业态度还受职业自身、职业环境、家庭因素和社会文化等因素影响。如果一个职业是社会上较为重要的职业，有丰厚的经济收入、较高的社会声誉和社会地位，职业主体对职业一般采取肯定和认同态度，就会积极投身于职业活动当中。反之，就会对职业产生冷漠、排斥和厌倦的态度。

职业意志是个体在实现职业理想的过程中所表现出来的克服困难的毅力和坚持的精神，也表现为持之以恒的自觉性和始终如一忠于职守的毅力[①]。职业意志是人们在职业活动过程中不可或缺的精神要素，是实现职业理想的精神动力。个体一旦形成了职业意志，就能够自觉地克服在职业实践过程中遭遇的困难和挫折，调节自己的职业行为，增强自身行动的方向性、目的性、稳定性和持续性，推动人的行为不断向前发展。

职业信念是指人们对职业认知、情感、意志等坚定不移的意向和强烈的责任感。它是深刻的职业认知、正确的职业态度、高尚的职业情感和顽强的职业意志的有机统一，是人们把职业认知转变为职业实践行为的中介和内驱力，并使职业理想表现出明确性和一贯性。职业信念还表现为人们对理想目标的正确性，毫不动摇地为之奋斗、执着追求的精神。职业信念一旦形成，即使人们在职业生活中遭遇重大困难和挫折时，也能坚定信念、矢志不移地做好自己的工作。

职业动机、职业认知、职业态度、职业意志和职业信念体现了职业理想的生成的环节和阶段，可以看作一个连续的链条，遵循着从低到高的逻辑发展顺序，

---

① 李蔺：《大学生职业理想教育基本路径探析》，《海南师范大学学报》(社会科学版)，2010 年第 3 期，第 163—166 页。

同时它们之间相互渗透、相互作用、相互支撑，共同构成职业理想的心理结构。首先，职业动机和职业认知是职业态度和职业意志发展的前提和基础，职业动机强弱在一定程度上影响个体的职业态度和职业意志，职业认知的深刻程度影响个体职业意志、职业信念及其后来所达到的职业成就。其次，职业态度体现了个体的职业兴趣及其对职业的热爱程度，职业态度正确与否，直接影响到个体的职业情感及其在职业过程中的努力程度，也影响到个体今后的职业发展和职业成就，关系到职业理想能否实现。再次，职业意志是主体在职业过程中表现出个人对工作的持久性和忍耐力及其在工作中克服困难的精神和毅力，职业意志坚定与否，既源于个体的职业动机、职业态度和职业成就愿望大小，又直接关系到个体的职业信念执着程度和职业理想能否最终实现。最后，职业信念是职业动机、职业认知、职业态度和职业意志的最高的有机统一，对它们具有统摄和制约作用。

第三节　民营企业大学生员工职业理想现实价值

价值是一个哲学范畴，一般是指客体的有效性对主体需要满足的关系。依照历史唯物主义观点，社会存在对社会意识起到首要甚至决定作用。同时，社会意识具有相对独立性，并对社会存在有着一定的能动作用。作为一种社会意识，大学生员工的职业理想，无论是对于大学生员工，还是对于民营企业和社会发展都具有重要的现实意义。它是引领大学生员工职业发展、推动民营企业发展的精神动力，还是增进社会团结的中介和纽带。

一、促进大学生员工发展的动力

人的发展是人的需要。实现人的全面发展是马克思主义全部理论的价值归宿和最高理想。从人的本性来看，人具有有限性和未完成性，而这些特点都可能影响到人的发展。职业理想是人们对未来职业目标的科学想象和价值追求，它对个体及其职业发展有着目标引导和精神激励作用。同时，职业理想自身蕴含着对职业的责任意识和敬业精神，也激励着大学生员工不断成长。因此，大学生员工职业理想的建构过程，既是他们对职业现实生活的批判与超越，不断追求自我价值实现的过程，也是对自身的有限性不断超越和发展的过程。

职业理想引领大学生员工超越人生的有限性，促进个人不断发展。职业生活之所以需要以职业理想作为精神引领，首先根源于人的有限性。人的有限性直接体现在生命的有限性中。对人生来说，生命的有限性意味着职业生涯的有限性。相对于短暂有限的生命，工作的劳碌容易使人感到人生苦短和生活的无意义。对于民营企业大学生员工来说，激烈的社会竞争、现实的生存压力、单调的职业生活以及企业科层管理制度击碎了他们曾经在校园时编织的梦想，职场的失意和压力使他们对工作的意义产生怀疑。对于科学工作的意义，马克斯·韦伯指出，“人们都会明显感受到科学工作是受进步过程的约束，从原则上讲，这样的进步是无止境的”。“我们每一位科学家都知道，一个人所取得的成就，在10年、20年或50年内就会过时，这就是科学的命运。每一次科学的完成，都意味着新的问题。科学请求被人超越，请求相形见绌，任何希望投身科学的人，都必须面对这一事实。”①由于人的自然生命的有限性，将会使人产生一种困惑，这种困惑如果不能得到有效的解决，必将影响到人的发展。从人的主体性来看，这种困惑影响到个人的工作积极性，削弱人的主体性发展，进而影响到个体自身的发展。从职业功能看，职业活动是个体最基本的实践活动，它不仅为人的发展提供物质条件，也是个体走向自我完善的重要途径。由于生命有限性所产生的职业困惑，会降低社会生产率，会影响到人的全面发展。因此人需要一定的理想精神来引导，实现对有限生命的超越。

职业理想不仅指向有限生命的存在，而且超越有限生命的存在。它一方面在职业领域中规范着生命存在的方式，通过自身所内含的价值观和人生观，将目的放在超越有限生命存在的无限中，使个体的职业生涯更加科学规范，使有限的生命存在更有意义。职业理想中所暗含的人生观和价值观使职业生涯的有限性与无限性统一起来，即使有限生命遭受痛苦，只要它具有超越个体生命的存在意义，就有了无限性，生命的意义就会绽放。所以在解释科学工作的意义时，韦伯指出，“科学家之所以要通过艰辛的劳动在有限的生命中保持对知识的认知，不但是因为这样的知识可以促进技术的进步，而且当获取这样的知识被视为一种天职时，它也是为了自身的目的”②。在这句话中，韦伯认为正是由于以天职名义存在的资本主义职业精神中所蕴含的价值理念，使有限的生命得到超越，职业不再是无意义的。马克思指出，职业理想能够帮助人们超越人生的有限性，激发人的职业信心和激情。“如果选择最能为人类福利而劳动的职业，重担就不能把我们压倒，因为这是为大家而献身。”③总之，职业理想有助于大学生员工超越生

① [德]马克斯·韦伯著，冯克利译：《学术与政治》，生活·读书·新知三联书店2005年版，第27—28页。

② [德]马克斯·韦伯著，冯克利译：《学术与政治》，生活·读书·新知三联书店2005年版，第34—35页。

③ 中共中央马克思恩格斯列宁斯大林著作编译局编译：《马克思恩格斯全集（第1卷）》，人民出版社1995年版，第459—460页。

命的有限性，使他们有限的生命绽放无限的意义，从而激发他们的工作的信心和积极性，激励他们克服在工作中所遭遇的困难，在克服困难的同时实现个人的发展。

职业理想有助于指导人的生成性进行，促进大学生员工的完善。人的生命是有限的，还是生成的。这种生成性决定人并不知道他将成为一个怎样的人，以何种方式存在。换言之，人具有开放性和不确定性，人能够结合现实条件向各种可能性方向发展。正是由于人的生成性这一特点，使得人类总是力图站在他所能达到的社会历史高度去塑造自己，这也就为人的发展提供了可能性①。但人的生成性并不都指向良性发展，也可能意味着一定的负面结果。人在各种可能性的主观选择中会受到各种负面因素的影响。人的生成性与人的职业行为密不可分。职业劳动者是现代社会中每个成员在社会化过程中必备的角色，将伴随人生的大部分时间。个人正是通过职业劳动创造财富，获得地位、权力和社会声望，从而在职业生涯中不断地改变、发展和完善自己。这就是说，人的生成性主要置于工作环境中，人从事职业活动的首要目标就是获取个人生存的物质条件。目标的功利性使得职业活动较其他个人活动更具有功利性特征，也使得职业环境相比其他个人所处的环境更具有持久的功利性，这就意味着人们在职业活动中受到更多有利或不利因素影响，加之现代社会多元化发展的现实，使人们面临更多的机会选择。如果没有科学的职业理想引导，错误的职业选择有可能使之陷于不利的境地。民营企业大学生员工正处于价值观形成的关键时期，由于民营企业追逐经济利益的片面性，容易诱使他们的价值取向和职业选择出现偏差，从而影响个人的全面发展。

职业理想为大学生员工提供目标引导和价值规范。职业理想是一种奋斗目标，有了这种目标，大学生员工就有了明确的前进方向，就不会在各种利益诱惑和风险中迷失自我。尤其是在社会转型时期，各种利益诱惑纷至沓来，人的价值取向多元，涉世未深的大学生员工在多元价值理念激荡和冲突中容易迷失方向、丧失自我，需要科学的职业理想进行引导。职业理想是一种精神信念。大学生员工有了科学的职业理想，内心就会充满对职业的敬畏，并产生为实现理想目标持久的精神动力。在这种精神动力的激励下，大学生员工会得到更好的发展。职业理想自身有着价值规范的功能，主要体现一种对职业的责任意识和敬业奉献精神。这种责任意识和敬业奉献精神既是中华民族优秀文化传统的积淀，也

① 张海辉：《现代化视域下的当代中国职业道德研究》，华东师范大学博士学位论文，2010年。

是社会主义核心价值观的本质要求。当前，一些大学生员工的职业责任意识和奉献精神缺乏，一定意义上说，与职业理想迷失不无关系。

二、推动民营企业发展的动力

职业理想不仅引导和激励大学生员工的个人发展，还是民营企业发展的动力。作为知识的拥有者和创造者，大学生员工是企业的管理者和技术骨干，是推动民营企业发展的重要力量。现代社会，知识和信息已经取代传统资本要素而成为企业发展的控制性资源和核心竞争因素。阿尔文·托夫勒在《权力的转移》一书中指出，人类已经进入知识经济的时代。“权力真正来源于暴力、财富和知识，知识将彻底颠覆全球的权力格局。但是光这些是不够的，三种来源之间不是一种必然相互替代的关系，而是指知识的作用将更加重要。”1982 年约翰·奈比斯特在《大趋势》一书中指出，随着信息社会来临，起决定作用的不是资本而是信息，价值的增长不是通过劳动而是知识。丹尼尔·贝尔在比较前工业社会、工业社会和后工业社会三种社会形态的基本特征后指出，后工业社会是围绕知识组织起来的，其目的在于社会管理和知识革新与变革。后工业社会将从产品生产经济转向服务型经济，专业技术人员处于主导地位，知识处于中心地位，它是社会革新和制定政策的源泉[①]。无论是阿尔文·托夫勒的“知识经济”、约翰·奈比斯特的“信息社会”，还是丹尼尔·贝尔的“后工业社会”，尽管概念指称不同，但他们都相信知识或信息在未来社会发展中起着越来越重要的作用。例如，过去对于企业来说，紧缺的是资金，有了资金才能建造厂房，购买原料设备，企业系统才能运行。而在信息社会，企业紧缺的是拥有信息、知识和创造性的人才，人才是企业最宝贵的资源。彼得·德鲁克认为，我们正进入知识社会，智力资本已成为企业最重要的资源，有知识的人成为社会的主流。作为知识载体和新知识的创造者，大学生员工对于民营企业发展的重要性不言自明。有调查表明，我国一些中小民营企业在经历原始资本积累带来的飞跃后停滞不前，有的企业甚至陷入困境，其中一个重要原因就是缺乏知识型、创新性人才。当前我国经济结构处于转型升级的关键期，民营企业要生存与发展必须要调整经济结构和发展模式，而企业的经济结构调整需要大批的人才和技术力量的支持。因此，大学生员工是企业发展的重要推动力量。

作为人的一种精神观念，职业理想所蕴含的伦理规范和职业精神是促进企

---

① [美]丹尼尔·贝尔著，高铦等译：《后工业社会的来临》，新华出版社 1997 年版，第 14 页。

业发展的精神动力。社会经济发展不仅需要人才和技术的支撑，还需要文化精神引领和激励。职业理想不仅是引领个人发展的旗帜，也是推动企业发展的重要精神力量。依照马克斯·韦伯的观点，在资本主义精神的产生和新教伦理之间有着选择性亲和关系，以新教的天职观和禁欲主义为内核所孕育形成的资本主义精神，在西方社会现代资本主义形成与发展过程中起着内在动力的作用。这里资本主义精神体现为企业家等生产者的精神，也包括企业员工勤劳、守时、敬业和奉献的伦理精神，这些是企业经济与社会发展的不竭动力。在熊彼特看来，资本主义之所以必然灭亡，在于企业家创新冲动的衰竭，这既表明了他对资本主义生产者精神动力衰竭的担忧，也反证了生产者精神对企业乃至整个社会经济发展的推动作用。事实证明，人们对物质利益的追求，即经济冲动力或者人的经济欲望，只是经济增长的前提条件，如果生产者不配以一定精神领域的价值观念，经济发展得不到持久的动力，企业发展迟早会遭遇困境。日本在 1984 年的《日本经济白皮书》中认为，精神因素对日本经济增长的贡献占十分之五，而法规占十分之四，资本占十分之一①。日本经济在二战后的废墟上取得举世瞩目的成就，就与日本企业文化精神有很大关系。马克斯·韦伯十分重视伦理精神在资本主义经济发展中所扮演的角色，“尽管经济理性主义的发展部分地仰仗理性的技术与法律，但同时也依赖于人们所采取某类实际的理性行为的能力和气质，如果这类理性行为受到精神上的障碍所阻滞，那么理性经济行为的发展就会遭受严重的内部阻力，神秘的力量与宗教的力量以及基于这些力量的伦理责任观念，过去一直是影响人类行为的最重要的构成因素”②。韦伯所言的气质，神秘的、宗教的力量及其伦理观念，即新教伦理是现代资本主义经济发展的重要精神动力。

依照中国台湾地区学者金观涛对人类社会行动的分析，人类的一切行动都必然是由某种价值观所支配，并受到一定的道德与正当性框架所制约的。“当某种社会行动缺乏价值动力或不存在道德上终极的正当性时，其充分展开是不可能的。”③从这个意义上说，企业发展需要职业伦理精神作为动力支柱，这种道德规范和职业伦理精神对社会经济的发展具有规范和推动作用。如果丧失了伦理精神的支撑，人们追求财富的欲望必定会沦为纯利欲的冲动，进而导致人的动物性的膨胀、社会秩序的混乱和社会财富的浪费。因此，企业的经济发展不仅需要理性

① 汪荣有编著:《当代中国经济伦理论》，人民出版社 2004 年版，第 54 页。

② [德]马克斯·韦伯著，李修建，张云江译:《新教伦理与资本主义精神》，社会科学文献出版社 2009 年版，第 12 页。

③ 金观涛著:《探索现代社会的起源》，社会科学文献出版社 2010 年版，第 5 页。

的技术和人的欲望为动力，从更深的层次看，更需要企业生产者的伦理精神驱动。

三、增进社会团结的纽带

职业理想不仅有助于促进个人和企业的发展，还通过职业群体在共同劳动中达成共同情感、共同利益和职业伦理规范，有效地实现社会组织的整合，有力地增进社会组织团结。

职业群体是社会整合的组织基础。职业生活是人类社会生活得以发展的社会组织形式。涂尔干认为，在一个多变的社会中，在一个人的一生中，即使所有其他东西都变了，可他的职业生活是不能变的。因为在现代社会，职业生活对每个人来说，已是他生活的有机组成部分，职业活动占据了个人生命的大部分时间。职业不仅决定着每个人在社会中的谋生方式，还深刻地影响着个人的爱好、性情、人格以及他的生活方式和思想方式，甚至个人价值的实现及其得到社会承认，也是通过职业活动来获得的。离开职业活动，个人就会一事无成。这样，职业结合就成了社会结合的主要方式，职业交往成为人们之间交往的重要形式。频繁的职业交往和共同的职业生活就形成了相对稳定的职业群体，这些职业群体构成了社会组织整合的基础。

进一步说，首先人们寻找职业，自我选择的力量使相似心态的工作者进入相似的职业，每天的见面会使他们形成相对稳定的合作关系，而其他关系比较起来较为短暂。涂尔干在考察罗马和中世纪时期法团的历史演进时指出，在所有的政治社会里，有许多个体拥有共同的观念、利益、情感与职业，这些个体不可避免地会带有某些相似性，就像有一种力量推动他们一样，他们彼此相互吸引，互相追求，相互联系，紧密结合在一起，在一定程度上变成了一般社会中的一个有限的群体，而且具有鲜明的特点①。其次，以分工为基础的职业群体内部会形成一种行为规范和组织形式，这些组织形式会变得稳固和明确而成为职业内的规范。再次，职业群体内的习俗可以有效巩固法律，表面看起来分工造成了人的分化，实际上“劳动越加分化，个人就越贴近社会”②。因为“它在人与人之间建构了一个能够永久地把人们联系起来的权力和责任体系”③。最后，职业共同体会共享

---

① [法]爱弥儿·涂尔干著，渠东等译：《职业伦理与公民道德》，上海人民出版社 2001 年版，第 27 页。

② [法]爱弥儿·涂尔干著，渠东译：《社会分工论》，生活·读书·新知三联书店 2000 年版，第 91 页。

③ [法]爱弥儿·涂尔干著，渠东译：《社会分工论》，生活·读书·新知三联书店 2000 年版，第 364. 页。

某种经验、情感和价值观，职业的责任和义务使得成员之间形成可以追求的共同利益。大学生员工在民营企业的工作中形成的互相合作和相互依赖的劳动关系及其共享的价值观念，构成了社会团结的纽带。

职业伦理是克服社会失范状态和实现社会秩序整合的有效手段。涂尔干认为，在传统社会向现代社会转型的过程中潜伏着社会解体的危机，这种危机产生的原因与社会分工关系密切。社会分工扩大了个人的实践能力和独立性，增大了个人主义倾向，降低人们对社会的认同和社会团结。与传统社会相比，个体在更大程度上成为权利和义务的对象，个人生活中的机遇和矛盾等原本在家庭或村社中，通过求助于社会阶级和社团组织而得到解决的问题，现在越来越多地由个人来感知、解释和处理。这样随着社会分工的独立性增强，传统社会团结的纽带如家庭、村社和宗教等影响降低了，个人主义增强而社会团结降低了，社会处于严重的失范状态。但这种危机是可以克服的。在涂尔干看来，要建立良好的社会团结，实现社会整合，需要依赖作为社会成员的共同信仰和情操的集体意识。因为社会团结本质上是一种价值认同，是精神的团结。这种共同信仰和集体意识在经济或职业活动中就体现为群体的职业伦理和道德规范。涂尔干认为，经济生活必须受到道德的规定，只有这样扰乱经济生活的冲突才能得到遏制，个体不至于生活在道德的真空里①。正是这种伦理规范实现了社会秩序的整合与团结。他进一步指出，人的欲求需要依靠道德理想来遏制，通过强力统治不能实现社会持久稳定的团结。强力统治只能产生暂时的团结，却无法保证长期稳定的社会团结。因为团结需要社会成员的内心认同，而“由暴力达成的休战协议总归是临时性的，它不能安抚任何一方，人们的欲望只能靠他们所遵从的道德来遏止”②。

① [法]爱弥儿·涂尔干著，渠东等译：《职业伦理与公民道德》，上海人民出版社 2001 年版，第 15 页。

② [法]爱弥儿·涂尔干著，渠东译：《社会分工论》，生活·读书·新知三联书店 2000 年版，第 15 页。

第三章　民营企业大学生员工生存境遇考察

依照历史唯物主义的观点，物质生活的生产方式制约着整个社会生活、政治生活和精神生活的过程。不是人的意识决定人的存在，而是人的存在决定人的意识①。“而人的存在就是他们的实际生活过程。”②职业理想属于人的意识，决定于人的存在和实际生活过程。因此，研究民营企业大学生员工的职业理想，首先需要考察他们的职业现实生活，考察大学生员工在民营企业的工作状态、生活状态和心理状态，这样才能够全面洞察民营企业大学生员工职业理想的现状和特点，真实地了解他们的职业发展和职业理想追求。因此，本章以江苏省某大型民营企业集团(以下简称 Y 集团)为样本，运用参与观察和深度访谈等研究方法对企业大学生员工的生存境遇实证考察。为了获取第一手研究资料，笔者在 Y 集团行政部门工作 5 年，有着民营企业工作的职业实践和真实的职业体验。Y 集团成立于 1993 年，最初从事肉类食品加工行业。随着企业发展壮大，其经营范围也从单一肉类食品加工发展成为集肉类食品加工、农产品物流、房地产建设、商业百货、旅游酒店、金融保险等多个产业类别的大型民营企业集团。截至 2011 年底，Y 集团下属分公司有 300 多个，遍及全国 30 余个省(自治区、直辖市)，企业员工总数超过 13 万人。其中，从 2005 年起，每年招聘大学生员工达 1500 人。因此，选择 Y 集团大学生员工为研究样本具有代表性，能够满足本课题研究的需要。

第一节　民营企业大学生员工的职场状态

本节以 Y 集团为样本，通过参与观察、个案访谈、问卷调查等研究方法，从总体上呈现民营企业大学生员工的工作状况，企业管理制度，员工工资福利，工

---

① 中共中央马克思恩格斯列宁斯大林著作编译局编译:《马克思恩格斯选集(第 2 卷)》，人民出版社 1995 年版，第 32 页。

② 中共中央马克思恩格斯列宁斯大林著作编译局编译:《马克思恩格斯选集(第 1 卷)》，人民出版社 1995 年版，第 72 页。

作流动等场景，从而对大学生员工的职场状态有个总体印象。

一、企业员工工作时间长，工作压力大

工作时间长是我国大多数民营企业存在的事实。与国有企业和行政事业单位5天工作制不同，Y集团总部实行5.5天工作制（分公司实行6天工作制），其中，5天是国家法定工作时间，0.5天是企业内部规定的工作日。正常情况下，企业的管理制度要求这0.5天，员工是必须上班的，因为0.5天的工作量要计入员工当月劳动时间总量，是构成他们月薪收入的一部分。在工作时间计算上，这0.5天属于固定加班，按照平常工作日的2倍收入来计算的。如果这0.5天不上班，员工就达不到公司法定出勤时间，将面临一定的经济处罚。这样，员工月薪实际收入就会低于自己的正常工资标准。因此，无论企业的普通员工，还是企业中高层管理阶层，出于经济利益的理性算计，一般都不会违犯公司的管理制度而无故缺席这0.5天工作日。对于总部的其他员工，企业则实行6天工作制。具体规定如下：

> 1. 总部办公人员：每周5.5天工作制，周六下午和周日全天为周末休假，原则上不调休，特殊岗位和特殊情形批准加班的，可以在当月或次月调休。
>
> 2. 其他人员：每周6天工作制，每周休息一天，一般以周六、周日为休息日，因公未能在周末休假的员工由本人提出申请，经所在单位同意，可另行安排休息时间。一般情况下，月休假天数需当月修完，不跨月累计。
>
> 对于实行标准工作时制的人员，周一至周五的日工作时间为8小时，周末的日工作时间为6小时。①

就单个工作日来说，Y集团实行8小时工作制，分夏季和冬季两个工作时间模式。夏季工作时间模式，一般从当年5月1日至10月7日，每天时间安排：上午8:30—12:30，下午14:00—18:00，中间有1.5个小时午餐和休息时间。冬季工作时间模式，从当年10月8日至次年4月30日，每天时间安排：上午8:30—12:30，下午13:30—17:30，中间有1个小时用餐和休息时间。无论采取哪种工作时间模式，8小时工作时间必须要保证的。事实上，8小时以外加班更是民营企业员工工作常态。

加班有临时加班和长期加班、有偿加班和无偿加班等不同的形式。临时加班是因为有突发性的重要事件发生，需要在规定的时间内完成工作任务而要求

---

① Y集团人力资源中心编：《Y集团员工手册》2011年，第20页。

的加班，这种情况常常发生在月末、年末等时间节点或者重大节日期间（这在生产销售、物流、商业百货和酒店旅游等服务行业尤为突出）。长期性加班是一种工作常态，是8小时工作制延续。有偿加班是按照国家劳动法律规定，根据加班时间的长短给予员工一定的经济补偿。反之就是无偿加班。Y集团对员工加班是这样规定的：

> 需要增加工作又不能调休的，应严格履行加班申请及审批手续的，没有履行加班申请手续的，公司不予认可为加班。未按规定流程申请的、未经上级领导批准的、因工作效率低或个人原因导致的工作增加以及自愿加班等皆不属于加班行为。①

对不同职位级别的员工，Y集团有着不同的要求，职位越高，加班时间越长。公司要求，职能部门负责人，每月工作不少于26天，每天工作到21:00；产业集团总裁助理以上人员，每月工作28天，每天工作到22:00；对于普通员工，公司没有明确规定，但这一群体长期或无偿加班更为普遍。民营企业加班原因复杂，其中一个原因与民营企业文化有关。中国民营企业多数是家族企业，在创业初期，企业主为了使企业能够在激烈的市场竞争中生存下来，养成了吃苦、勤奋和拼搏的精神，加班加点甚至夜以继日工作可以说是个普遍现象。即便在今天，这种现象也很常见。Y集团董事长经常工作到凌晨，并常常在这时还要召见集团高管听取工作汇报。由于企业文化使然，到了下班时间，如果部门领导都没有下班，出于对领导的尊重或者在领导面前留下良好的印象，有些员工即使没事可做，也要陪着领导加班。对于企业要求加班，大学生员工有着各自不同的态度和观点。

> 汪某②认为，加班很正常，是可以接受的，中国很少有民营企业不要求员工加班的。对于毕业不久的大学生来说，加班有时是好事，反正家也不在这里，下班后宅在公寓，还不如到办公室里加班，处理自己白天没有完成的工作。同时，也可以利用加班学习业务知识，熟悉公司文化和管理制度，并借机向领导学习，这对提高自己的业务技能有很大帮助。至于有没有加班费，这并不太重要。至于加班时间长短，如果在工作日，加班在2小时以内是可以接受的，但在周六、周日加班，如果不给加班费，这是不能接受的。
>
> 程某③表示，我不愿意加班，但在民营企业没有办法。我们部门经常加班

---

① Y集团人力资源中心编：《Y集团员工手册》2011年，第20—21页。

② 汪某，男，27岁，硕士，江西瑞昌人，从事人事管理，未婚。访谈时间：2014年10月20日，地点：某茶馆。

③ 程某，男，25岁，大学本科，江苏句容人，在Y建设集团从事技术工作，未婚。访谈时间：2014年10月12日，访谈地点：某茶馆。

到夜里十一点，长期下去势必会影响身体健康。加班原因无非有两条：一是对自己来说，就是可以多学点东西；二是没有办法，上级领导要求加班，完成工作任务。从周一到周五，每天下班很晚，只有周六或周日和朋友一起逛逛街，买些生活用品。

夏某[①]说，临时性加班可以接受，没有加班费也行。但如果长期加班肯定不行。因为要回家照顾孩子。工作和孩子对我来说都很重要。如果公司需要我长时间加班，我肯定选择离职。

作为民营企业的普遍现象，加班是“白领工作中不可回避的内容”[②]。多数大学生员工对此表示理解。但他们不认同长期无偿加班，因为这意味着他们的休息与娱乐时间减少，减少他们与家人交流情感和分享快乐的时间。尤其对那些需要抚育孩子的女性员工来说，这将会减少她们教育和陪伴孩子的时间，不利于亲子的情感培养。同时，长期加班还会影响员工的身体健康，增加他们的心理压力。当然，也有些受访对象表示愿意加班，因为这样可以赚取更多的经济收入，从而缓解买房等现实生活的压力。

长期加班导致了大学生员工的身体疲劳，有的甚至出现过劳死。2013 年 6 月 17 日，大学毕业上班才 8 个月的 90 后李哲，在高温下连续上班 12 小时后，当晚在家中去世。据《中国青年报》报道，工作压力导致我国过劳死的人数达 60 万，超越日本成为过劳死的第一大国。2012 年世界知名办公方案提供商雷格斯的一份调查报告显示，在全球 80 个国家和地区的 1.6 万名职场人士中，认为压力高于前一年的，中国内地占 75%，位列第一。在过劳死的群体中，80 后成为

---

① 夏某，女，29 岁，大学本科，已婚，从事员工关系工作。访谈时间：2014 年 10 月 15 日，地点：某茶馆。

② 智联招聘发起的 2015 年白领生存质量报告显示，有 28.6%的白领表示 8 小时工作时间之外不需要加班，24.3%的白领平均每周需要加班 1—3 小时，加班时间在 3—5 小时的比例为 12.2%，加班时间 5—10 小时的白领占 12.8%，11%的白领表示平均每周加班时间在 20 小时以上，这一部分白领的工作时间已经接近“996”的模式（朝 9 晚 9，6 天/周）。调查还发现，不同行业白领平均加班时间差异较大，IT 互联网行业的白领平均每周加班时间为 9.3 小时，其次为房地产建筑业，平均加班时间为每周 7.1 小时，再次为交通物流和仓储行业，平均为每周 6.8 小时。不同岗位白领的职位内容差异较大，在加班时间上也表现出一定的差异。产品岗位的白领平均每周加班时间为 8.6 小时，其次是技术和研发岗位，分别为 7.6 小时/周和 7.4 小时/周。运营、设计市场、销售和财务等岗位的白领每周加班时间也超过了 6 小时。人力资源、采购、行政等岗位加班时间相对较少，每周需要加班 3 小时左右。调查还显示，白领级别越高，加班时间越长。高层管理者平均每周加班时间为 12.3 小时，其次是资深专业人才，平均加班时间为每周 7.4 小时。普通员工为每周 5.5 小时。2015 年白领生存质量报告显示：90 后找工作最看重工作环境。http://www.gog.cn/zonghe/system/2015/08/25/.

过劳死的主力军，90后也踏上疲惫人生之旅。其中“工作”“个人经济状况”“来自老板的压力”排在前三位①。有调查显示，64%的人经常加班，27%的人偶尔加班，超三成的人每天工作9到10个小时②。在当前激烈的就业竞争形势下，保着工作就是保着饭碗、保着全家的生活支柱，如果老板或上级领导要求加班，又有几个人敢说“不”呢？因此，有人感叹，有压力时觉得累，没压力时觉得可怕；加班时压力大，不加班时压力更大。从企业角度来说，民营企业是追求利润的，企业老板不是慈善家，企业是不会白养活不能创造任何价值的员工。一旦老板发现你没有任何可以利用的价值，就会立刻让你走人。这也充分显示市场经济下民营企业无情的一面。在这种工作环境中，每个人都尽力干好自己的工作，丝毫不敢懈怠。

二、企业管理制度严，经济处罚力度大

为了加强对员工的管理，民营企业一般都制定了严格的管理制度。打卡制是当前民营企业较为常用的考勤管理制度，它是企业监督员工出勤的必要措施，也是企业组织纪律制度的体现，旨在监督和考核员工的出勤，并把考勤结果作为员工薪资发放和奖惩考评的重要依据。同多数民营企业一样，Y集团实行员工打卡制度，主要有指纹打卡和脸谱识别两种类型，前者适用于一般员工，后者用于指纹纹痕不清晰的员工。不管怎样，采用机器考勤比传统签到式考勤提高了行政效率，也可以有效防止员工考勤作弊现象的发生。Y集团对不同职位的员工要求打卡次数也不同。普通员工每天4次，分别在每天上午和下午上下班前后；对于部门总经理助理及其以上级别的管理和技术人员，每天打卡2次，分别在上班前和下午下班后。如果员工不在规定的时间内打卡或者打卡次数达不到规定，就会受到一定经济处罚。例如，上午8:30上班，如果普通员工在8:31打卡就会被视为迟到，罚款50元；12:30下班，如果在12:29打卡，就被视为早退，罚款50元。要求员工每天打4次卡，如果仅打了2次或3次，则视同旷工，少1次，罚款50元。对于不同职级的员工，罚款数额也不一样。普通员工每次50元，部门总经理以上人员，每次200元。对于因公出差或上班而忘记打卡的，公司规定可以申请复议，复议期限为3天，申请复议须提交上级主管领导签字。即使复议有效，员工仍要面临一半数额的经济处罚。Y集团是这样规定的：

---

① 中国每年60万人过劳死，评：社会家庭和自我压力。http://finance.cnr.cn/jjpl/201307/t20130712_513045368.shtml.

② 调查称6成80后上班族经常加班已成“过劳死”主力。中国新闻周刊 http://news.china.com/domestic/945/20130715/17945877_1.html.

迟到、早退、私自离岗30分钟以内、少刷卡的，每次扣50元；迟到、早退、少刷卡月内5次以上，或年内10次以上，视为严重违反公司规章制度，公司可以解除劳动关系。未经请假不上班或假期结束未续假的视为旷工，迟到或私自离岗达30分钟以上的视为旷工半天。旷工半天内处罚100元，旷工一天扣罚200元。未按规定办理请假手续，离岗3日及以上，公司可以解除劳动关系。

为了规避员工在工作时间外出处理私人事宜，Y集团还规定：

工作时间内，如员工外出未办理相关审批手续，一经发现，除外出时间以旷工论处外，还将给予警告处分。再次出现此情形，可解除劳动关系。[①]

可见，与国有企业相比，民营企业管理和处罚制度更为严格[②]。这与民营企业产权归私人所有有很大关系，企业产权关系更加明晰，企业主对个人的资产收益更加负责。在处罚方式上，Y集团根据员工违纪情节轻重主要采取经济处罚、警告处分和解除劳动关系等措施。此外，还通过企业内部网络系统对当事人的处罚结果通报，进行名誉性惩罚。客观上，这种方式既可以使当事人知晓受处罚的原因，保证当事人的知情权，同时也对其他员工起到警示作用。

三、员工工资待遇低，流动强

与外资企业相比，民营企业员工薪资待遇相对不高（当然，也有一些民营高科技企业员工薪资水平普遍较高，例如华为集团、中兴集团等，这里指民营企业大学生员工平均工资水平）。Y集团员工工资和奖金都不公开，除了员工本人、人事和财务等部门相关人员知悉外，其他外人一概不知。这或许是民营企业的一种管理策略，避免了员工与同事工资比较而产生消极心理，从而降低工作的效率和热情。Y集团对普通员工实行月薪制，工资结构由出勤工资＋加班工资＋绩效奖金＋工龄工资＋补贴等模块构成。员工薪资标准制定基于以下因素：第一，学历。企业根据员工的学历层次制定薪资标准，学历越高，月薪起点越高。依据员工受教育时间成本考量，这种制定标准是客观合理的。对于不同层次高校毕业生，企业给出的薪水标准也不同。“985”和“211”等重点高校大学生员工的工资标准略高于普通院校的员工。这与国有企业薪资制定标准明显不同。目前在Y集团，刚就业的大学生员工薪资标准是2800元，但在扣除“五险一金”

---

① Y集团人力资源中心编：《Y集团员工手册》2011年，第20—21页。

② 有位曾在Y集团工作，目前在华润集团南京分公司做财务工作的同事说，她目前在国企，管理相对宽松，尽管要求上下班也签到，但不会像Y集团管理那样僵硬死板，即便上班晚来一会儿，或外出办事，同领导打个电话告知就行了，不会因为迟到而面临罚款。

后，实际到手也就2000元左右。第二，部门和岗位。Y集团根据不同部门和岗位而设置不同的工资标准。因此，即使来自同一学校的大学毕业生，因其所在的部门和岗位不同，他们为企业创造利润多少的不同，在工资收入上有着明显差别。一方面，这种弹性薪资标准避免了传统国有企业工资标准的平均化和"大锅饭"现象，有利于调动员工的积极性；另一方面，这种区别对待也给其他部门员工带来一定的负面情绪，使他们感到企业用工不公平，从而挫伤他们的工作积极性。在这种情况下，有的员工选择企业内部轮岗，有的则选择辞职。第三，工作业绩。工作业绩直接影响到员工的职业晋升和未来发展。与传统国有企业相比，民营企业员工能否实现职位晋升，主要取决于他能为公司创造利润的多少。企业对于能力强和业绩突出的员工将委以重任，而较少考虑"圈子"和情感因素（这种情况并非绝对的，在一些中小民营企业，还是很重视"圈子"和关系的）。工作业绩就成了衡量其薪酬收入的主要标准，这种情况在销售部门更加突出。这种与业绩直接挂钩的薪酬制度在鼓励竞争的同时，也在员工中造成了紧张与不满的氛围。第四，工作经历。这主要适用于从社会招聘的员工。民营企业重视员工的工作经历，因为经历就意味着经验，尤其有过大公司工作经历的员工，更受雇主青睐。他们通过猎头公司被介绍到新的雇主后，其薪资通常翻了好几倍。这也是大学生之所以选择到大公司就业的原因。当前一些民营企业，为了节约成本，偏向外部人才引进而忽视人才的内部培养，从长远来说，这种"重引进、轻培养"的用人观是不利于企业发展的。一方面，它挫伤了企业内部员工的工作热情，降低他们对企业的忠诚度；另一方面，外部招聘的管理者未必适应新的企业文化，许多人在工作一段时间后发现自己不适应，最后无奈选择离开。

Y集团员工福利分为一般性福利和奖金。前者包括国家法定福利、员工生日礼金、节庆礼品。例如，在传统节日期间，企业为员工发放购物卡或实物，发放标准一般依据员工的职级；后者指年度奖金，企业对服务满1年以上，综合表现优秀的员工，根据业绩考核结果和公司实际情况，发放一定数额的年终奖。数额多少依据员工职级和日常绩效考核结果。企业业绩考核分为月度考核和年度考核两种形式，由企业总经理办公室和考核委员会办公室负责。当然，不同民营企业采取的考核方式也不同。以月度考核为例，大体有两种情况：一种情况是，员工只要完成月度工作目标，绩效考核就是100%，其超额部分另做计算。这样月度考核结果就是，预定目标任务量×1.1或×1.2、×1.3等。另一种情况是，工作预定目标全部甚至超额完成，绩效考核结果不超过100%，这就是说，绩效考核最大值是100%。这样，员工每月实际到手的绩效工资就是原绩效工资额×0.9或×0.8等。前者情况多用于国有企业，后者在民营企业较为普遍。Y集团采取的是后一种方式，这种考核方式实质是对员工的变相剥削。

总体来说，与国有企业相比，民营企业普通员工的福利待遇较低，无论“五险一金”，还是住房补贴(许多民营企业没有住房补贴)，都与国有企业差别很大。一些中小民营企业还不为员工缴纳“五险一金”，有的即便缴纳，也是按照地方规定的最低标准缴费。这种显著的收入差别使大学生员工产生一种被歧视感和被剥夺感，降低了他们对职业身份的认同，从而激发他们到国有企业或别的企业工作的欲望。

员工频繁流动是民营企业的常见现象，也是现代社会的基本特征。对于企业来说，员工合理流动是企业引进人才、保持组织活力、推动企业发展的重要渠道。对于员工个人来说，通过流动可以更好地促进个人发展，获得更加丰厚的经济收入，占有更多的社会资源，进而实现职业理想和人生抱负。任何事物都具有两面性，员工频繁流动也会给企业及自身带来不利的后果。首先，增加企业用工成本。一般来说，大学生入职以后，企业都要投入一定的时间、人力成本进行岗前培训，使他们尽快了解企业制度、熟悉企业文化，以尽快适应职业岗位需要，完成从学生到职业人的社会角色转换。一旦遇到员工辞职，企业不仅前期投入的成本付之东流，还要重新招聘员工并重新培训，从而增加企业的用工费用。其次，企业人才的流失降低企业的竞争力。特别是处于技术研发和销售等岗位员工，他们熟悉企业管理，掌握企业的一些核心机密，或者拥有相对稳定的客户群体，一旦辞职后入职同行业竞争对手中，无疑为对方培养人才，有的甚至造成企业机密文件泄漏或客户群流失，这对企业发展极为不利。海尔集团张瑞敏指出，员工频繁流动的企业必定是不健康的企业、不能长久发展的企业。因此，海尔等国内知名企业都非常注重对员工忠诚意识的培养。再次，对于员工个人来说，频繁流动不仅使他们不能形成扎实的专业知识，限制自身长远发展，还会增加新的雇主对他们的人格道德的疑虑。Y集团人力资源部门提供的数据表明，2013年集团统招1800名大学毕业生，到2014年6月，仅剩下不到800人，员工流失率高达55%，到2015年6月，剩下还不到200人，大学生员工流失率可见一斑。

第二节　民营企业大学生员工的生活状态

民营企业大学生员工人际关系短暂，人际交往圈子相对狭小，在公司除了与同事发生工作关系外，私下交往较少，且交往对象多局限于同城老乡或同学。由于民营企业管理制度严格，工作时间较长，大学生员工没有宽裕的闲暇时间用于休闲消费，这样上网就成为他们生活娱乐和休闲的主要方式。随着现代社会城市生活成本不断攀升，他们普遍感到生活的压力很大。

一、短暂的人际关系和人际交往的表面化

民营企业人际关系相对短暂，大学生员工的人际交往相对简单，交往圈子相对狭小。这一方面与民营企业员工工作时间长、企业管理严格等因素有关，另一方面也与现代社会转型密切相关。现代社会不同于传统社会，传统社会的人际交往多限于“熟人圈子”，人际交往重视情感，人际关系相对稳定。而现代社会是“陌生人社会”，人际交往是有限度的交往，人际关系短暂、人情淡漠，人际交往呈现表面化特征。也就是说，人际交往更多的是一种工作上的或礼仪性的表层交往，彼此间缺乏真诚和信任，即便在同一组织系统，人与人之间考虑得更多的是经济利益关系，而非情感上的联系。未来学家阿尔文·托夫勒认为，现代社会人际关系维系在效用上，人际关系呈现出短暂化的特点。“我们与周围绝大多数人已经形成一种有限度的交往关系。我们有意无意地将交往关系维系在效用上，我们既不关心鞋子推销员的家庭问题，也不关心他的希望、梦想及挫折等，因此，只要能力相当，即使换其他人来取代位置，对我们来说，也没什么不同。”①这就是说，现代社会维系人们相互交往或交换的是效用，是彼此间带来的利益。

人际关系的短暂性也与城市化生活的快节奏有关。对于今天的人们来说，时间和效率就是金钱。在英国社会学家保罗·霍普看来，“生活的快节奏使人们变成了城市的匆匆过客，人们不再有时间去建立一些有意义的持久的人际关系”。社交关系“以人与人之间非个人的契约联合为特征，而不是自发产生的有机社会关系”②。因为现代社会，我们不可能过多地依赖他人来改善自己的工作境遇，我们必须要面对职业的越来越不稳定性。为了生计和生存，每个人不得不凭借自己的能力而奋斗，人人都专注自己的个人生活，关心自己的经济利益，把日常生活和交往时间投入自身的生存和发展中。

> 钱某③说，2013年6月大学毕业后入职Y集团，之后被分配到某城市做销售工作。由于销售任务繁重，我和同事几乎没有休息日。进入公司半年多以来，几乎天天加班，每天早上7:00起床，夜晚10:00召开部门销售会议，讨论当天工作中的问题和明天的工作安排，常到深夜才睡。由于时间都

---

① [美]阿尔文·托夫勒著：《未来的冲击》，中信出版社2006年版，第53页。

② [英]保罗·霍普著，沈毅译：《个体主义时代之共同体重建》，浙江大学出版社2010年版，第71页。

③ 钱某，男，23岁，本科，安徽黄山人，从事食品销售，未婚。访谈时间：2014年3月6日，地点：某茶馆。

用在工作上，很难有时间与同学或朋友交往。即便有交往，也通常在星期天下午或晚上，因为上午想睡个好觉。平时同事间的交流不多，"同事圈"基本没有，"朋友圈"也仅局限于高中、大学时的朋友。交往对象多是同城的同学或老乡，周末约出来大家见个面聚聚，叙旧、喝酒、聊天或打牌，谈得最多的还是工作、收入、婚姻、房子等事情，释放一下工作和心理压力。

由于民营企业人际关系短暂，除工作上的关系外，平时大家联系不多、交往不深，因此，人情相对淡薄。这是因为，民营企业缺乏对员工的人文关怀，这也是我国多数民营企业存在的现象。民营企业以追求经济利益为目的，企业与员工是一种纯粹的以劳动契约形式存在的雇佣关系。这一点与国有企业有所不同。国有企业除了经济利益导向外，还有政治目标和要求。国有企业既要考虑企业的经济利益，也要兼顾社会效益。企业有专门的党群组织负责员工的思想政治工作，实施人文关怀。民营企业员工之间相互交往不深，情感淡薄。与国有企业相比，民营企业大学生员工流动性较大。为了谋生或者工作需要，一个人可能要到处流动，从一家企业到另一家企业，从一个城市到另一个城市。经常性的工作流动会使他们疏离原有的组织环境，难以同其他人建立和保持恒久的、良好的关系，进而弱化了固定的社会联系和组织认同。

张某①说，民营企业的人际关系比较冷漠，员工之间情感淡薄，这一点与国有企业差别很大。我先生在一家国企（南京C集团）上班，公公患病去世后，公司里许多同事发短信、打电话或写纸条劝慰他，说些"人死不能复生"之类的话安慰他。公司工会还派人代表公司带一些抚慰金到他家吊唁。就是在公公住院期间，公司部门领导亲自到医院探望，这让我先生非常感动，感受到企业的关怀和温暖，感到企业就像家一样，同事亲如家人。另一件使我感触深刻的事是，先生的一位同事下班后在公司门口开车撞了人，得知消息后，公司其他同事都主动捐款，帮助肇事员工共渡难关。而自己在民营企业，平时上班下班回家，除了因为工作上的事情，同事之间很少在一起交流。即便生活上遇到什么困难，部门领导也不会过问，自己也不想对外人说，因为没有人会关心你的事。国企员工的待遇也比民营企业好得多，尽管有的民营企业工资高，但福利待遇远不如国有企业。无论是保险、住房公积金都比国有企业和外资企业少得多，许多民营企业还没有住房补贴。我的先生在国企上班，月薪过万，公积金自交900元，公司交900元，住房补贴

---

① 张某，女，33岁，专科，江苏南京人，财务会计，已婚。访谈时间：2014年11月8日，地点：某茶馆。

1700元。民营企业没有保障，缺乏安全感，上级领导特别是老板的一句话或心情不好，说让你走，你就立即走人，没有商量的余地。我的一位女同事怀孕了，想请假休息，领导就是不同意，没办法只好照常上班。后来流产了，部门也没有按照国家法律法规批准她休假，就让她休息一个月，她实在无法忍受，后来就辞职了。体制内和体制外单位真的差别很大。

尽管张某说的是个案，但有一定的代表性，基本反映了民营企业人情淡薄这一社会事实。这是因为民营企业更具有市场化的特征。由于人际关系短暂、人情淡薄和交往简单，许多大学生员工内心孤独，那些背井离乡的外地大学生员工更是如此。他们远离家乡和亲人，缺乏与同事亲密交往，特别是在遇到职业发展的困境时，找不到可以倾诉的对象，情绪更加低落，容易产生没有依靠的孤独感。当然，这种孤独感也是现代人的内心普遍情感。现代人的孤独，既源自现代社会人际关系的简单化、表面化，也来自现代人的不安全感和不信任感。弗洛姆从社会结构和社会信仰变化的视角阐释现代人内心孤独的根源。他认为，中世纪个人从两个方面得到安全感：一方面是社会制度的结构，即明确地规定了牧师、领主、工匠和农奴地位的等级社会；另一方面是基督教的世界观，这个世界观是人的生死都成为有目的的。现代人失去了这种安全感。现代社会的人们常常受到经济危机的威胁，他们不再感受到中世纪的生活目的是一种安慰，他们被怀疑所苦恼，被孤独感和生活的无意义的思想所压倒[①]。他进一步指出，现代社会人与他人的关系已失去了直接性与人情味，而呈现出一种精神操纵和工具性特点，市场规律是所有社会及人际关系的准则[②]。这样，人与人的关系就异化为物与物的关系，人觉得自己就是一件商品、一件劳动力商品，内心倍加感到孤独。

滕尼斯以共同体和社会两种理想类型区分了传统社会和现代社会。传统社会是以血缘关系为核心基础的、情感性较强的、亲密性较高的人与人关系。现代社会是以理性、利益和规范为基础的交往关系。以交换思维等为核心的异化的工具理性主导了人与人之间的互动。人们在接触陌生人的时候，礼貌式教养是基本的互动技能，人似乎更不愿意轻易地走入真心实意的互动[③]。马克思认为，资本主义社会张扬了理性与普世价值，由此建立的现代社会是以利益关系为取向的。“资产阶级在它已经取得了统治的地方把一切封建的、宗法的和田园诗般的关系都破坏了……它使人与人之间除了赤裸裸的利害关系，除了冷酷无情的

---

① [美]马文·佩里主编，胡万里等译：《西方文明史》，商务印书馆1993年版，第472页。

② [美]埃里希·弗洛姆著，刘林海译：《逃避自由》，国际文化出版公司2002年版，第85页。

③ 刘学坤著：《友爱教育论》，合肥工业大学出版社2015年版，第128页。

‘现金交易’，就再也没有任何别的联系了。”[①]西美尔强调，现代社会人与人之间的关系更多的是关联，而非人身关怀。工人被限制在繁忙的工作中，从而被剥夺了生活的丰富性，与被强迫卖淫是一样的。面对社会巨大的物质财富，人却无法感到生活的意义，找到真正的快乐和幸福。为了应对单调的生活和内心孤独，上网成为大学生员工排遣孤独和自我保护的主要方式。

二、以网络为主的生活方式

Y集团总部有A、B、C三栋员工公寓，除了地产建筑、酒店旅游和商业百货集团员工在外面住宿，其他产业集团大学生员工基本入住这里，有800余人。因为几乎每天都有员工流动或分公司员工到总部开会培训，因此入住人数是动态的。笔者发现，每到周末，公寓除一部分人逛街购物或处理私人事务外，其余的人多数待在公寓上网。就A栋3005房间5位大学生员工来说，除一位因工作需要经常出差外，其余4人(均为集团IT部门技术员)休息时间窝在宿舍上网看电影、聊天或玩游戏。2014年8月《新周刊》通过官网和官方微博发起一场“中国80后生存现状调查”，调查结果表明，80后员工24.18%的人在上网，14.81%的人在睡觉，11.96%的人在看电视，10.81%的人在看书看报，10.15%的人在逛街，10.11%的人在旅游，剩下的80后玩体育运动、相亲。80后生活中最主要的休闲娱乐活动就是上网，上网淘宝、追剧、打游戏、玩微信，当你看到地铁和街道遍地都是“低头族”的时候，就会明白上网已经成为80后深入骨髓的生活方式[②]。

汪某[③]说，平时就是上网、喝酒，周末偶尔与朋友逛街、看电影或约会。现在主要通过手机上网，浏览的内容比较杂，主要关注一些娱乐八卦、选秀、招聘信息等，对于国内外时政新闻也了解一下，但不是很关心，这或许与个人的兴趣有关。因为个人觉得政治与自己的生活联系不大。现在看问题比较理性。我对政治不热心，也不冷漠，应该属于中性吧。经常关注朋友微信，也与他们互动，还常逛一下淘宝、京东等购物网站，购买一些生活用品。

钱某[④]说，我喜欢打篮球，但公司没有组织、没有场地。每月工作

---

① 中共中央马克思恩格斯列宁斯大林著作编译局编译:《马克思恩格斯选集(第1卷)》，人民出版社1995年版，第275页。

② 80后压力报告:八成月薪未过万　十有其三在啃老。http://news.sohu.com/20141030/n405601224.shtml.

③ 汪某，男，27岁，管理学硕士，江西瑞昌人，从事人事管理工作，未婚。访谈时间:2014年10月20日，地点:某茶馆。

④ 钱某，男，23岁，大学本科，安徽黄山人，从事食品销售工作，未婚。访谈时间:2014年3月6日，访谈地点:某茶馆。

28天，也没有时间休闲娱乐，精神生活就是上网，看的内容很杂，新闻、娱乐节目、电视、电影也看，主要还是看微博，重大的新闻里面都有。

上网与大学生员工的工作和生活环境密切相关。快节奏的现代生活和忙碌的工作致使他们没有更多的时间用于娱乐，也没有充裕的金钱用来奢侈性消费。他们需要努力工作挣钱租房、买房，还房租、房贷，要恋爱结婚、养育子女。他们属于80后或90后，大多数是家庭独生子女，没有兄弟姐妹，从小就学会了自己跟自己玩，偶尔呼朋引伴，也会给自己留下一些独立的时间和空间。“他们喜欢‘宅’，因为‘宅’是一种保护，通过‘宅’，他们把自己藏匿起来。‘宅’作为一种休息方式，间接释放他们的内在情绪，成为一种安全阀。”①

上网不仅为了休闲，有时也是为了购物。每天进出Y集团总部的快递公司多达10余家。从周一到周日，从早到晚，快递人员进进出出，风雨无阻。他们从网上购买的商品非常丰富，从衣帽鞋袜到图书资料、电子用品等一应俱全。从网上购物的主要原因有：一是网上店铺多，商品丰富，可比性强，俗话说，货比三家不吃亏。二是网上商品价格便宜，尽管网上不乏假货赝品，但实用就行。有些商品不是看它的美学价值，要的是使用价值。三是民营企业工作时间长，他们没时间到实体店购物。此外，通过网上消费还可以获得心理的满足感，一定意义上缓解了工作带来的心理压力。

郑某②表示，我工作一遇到困难就想购物，而且不止一次，是接二连三地购物，明知道这些物品也不是生活的必需品，但看了就想买，欲望很强烈。事实上，我的工资并不高，从理性的角度是不应该购买这些东西的，但在购买过程中我就有一种快感，我很享受这种快感。我知道这种行为并不理智，这也是自我心理调适的一种方式吧。不但我这样，周围的同事也是这样。一个同事在淘宝天猫店买了一件羽绒服，他买了退、退了再买，来来回回折腾了多次，问他为什么？他说，买得不满意，实际上，他就是享受这个过程。他工作中一犯错，领导就骂他，挨骂后就想发泄，发泄就购物，买了再退货，折腾别人，这可能是一种心理补偿或自我保护吧。

三、生活压力大

所谓压力，是指单一或连续引起身体及心理紧张的事件，是个人所遭遇的环

① 涂龙峰，蒋凌霞：《蚁族、蜗居：新生代青年的群体困境》，《中国青年研究》2010年第3期，第62—65，70页。

② 郑某，女，23岁，大学本科，江苏徐州人，未婚，2014年入职Y集团从事房地产策划销售。访谈时间：2015年3月3日，地点：某咖啡馆。

境要求超出其可承受的能力所产生的主观感受。现代社会是充满竞争和压力的社会,学习、竞争、生存、工作、婚姻、住房以及升迁等压力是大学生员工无法回避的现实。为了在竞争中脱颖而出,将来过上一种有尊严的体面生活,早在幼儿时期,他们就进入学历竞争的行列之中。在幼儿园,除了接受必要的学前教育之外,还要学习音乐、舞蹈、绘画等知识。进入学校之后,一方面在学校学习文化课,一方面星期天在父母的陪同下参加各种兴趣补习班,以提高自己的学习竞争力。上了大学,忙于考取各种证书,英语四六级、计算机、建造师、会计师、人力资源师、驾驶员执照等各种证件,为将来就业竞争增加一份筹码。丹尼尔·贝尔指出,后工业社会是充满压力的社会,最大的压力都转嫁给了年轻人,从小学到大学,他都必须从未来发展角度对每一个"现在"作出抉择,各种学历、证书和评级鉴定将成为后现代人终生携带的身份证①。笔者一位负责企业人事招聘工作的朋友坦言,现在稍有规模的民营企业招聘大学生时,十分重视对方就读的学校,是重点高校,还是普通高校。如果是重点高校,公司就会主动对其敞开大门,至于所学专业则并不那么重要。这种情况类似于 20 世纪 80 年代的日本。工作以后,他们还要不断适应竞争激烈的工作环境,不断努力奋斗以获得更多的资本。同时由于他们到了适婚年龄,婚姻、住房、子女教育等系列问题接踵而至,而这一切都与经济收入密切相关。这种客观的生存现实迫使他们需要稳定的较高的经济收入来缓解现实的生活压力。

关于大学生员工生活压力状况调查,如表 3-1 所示,56.8%的被调查者表示"买房的压力",22.1%表示"赡养父母的压力",32.6%表示"抚养孩子的压力",26.3%表示"婚姻的压力",27.3%表示"职场的压力"②。可见,在住房商品化的今天,购买住房是当代大学生员工首要的生活压力源。2014 年 8 月《新周刊》通过官网和官方微博发起了"中国 80 后生存现状调查",其中有 2521 人填写了有效问卷,准确描绘了中国 80 后的群像。调查结果显示,住房、婚恋、竞争压力、父母

表 3-1 大学生员工生活压力状况

压力源	买房	赡养父母	抚养孩子	婚姻	职场	其他
百分比	56.8%	22.1%	32.6%	26.3%	27.3%	—

① 闫世东:《当代中国社会价值虚无现象研究》,河北师范大学博士学位论文,2013 年。

② 压力源和压力是两个不同的范畴。压力源是客观存在情境中的刺激因素;压力是在个体差异的基础上,个体对客观存在的压力源的主观反映。客观存在的压力源不一定能使个体感知压力或有压力反应。参见赵秀清:《知识型员工工作压力与工作绩效关系研究——以自我效能和应对策略为调节变量》,首都经济贸易大学博士学位论文,2012 年。

赡养等构成 80 后普遍面临的压力[1]。具体地说,收入方面,42%的月收入在 3000 元至 5999 元之间,2999 元以内和 6000 元至 9999 元各占两成;每月存款在 999 元以内的有 45%,18.84%的人自称"月光族",3.57%的人在"啃老"。住房方面,34%的人选择租房,18%的人选择和父母住在一起,买房并付了首付的不足三分之一。交通方面,42.4%的人称 2 年内不会买车。在他们看来,所有压力的来源中排在第一位的是工作,然后是生活负担,包括买房、结婚、生育、抚养子女等。第三是社会评价,最后是父母的期望[2]。

为了深入了解民营企业大学生员工的生活状况,笔者进行了深度访谈。

问:你目前从事什么岗位工作,每月工资收入有多少?

陈某[3]:目前从事销售工作,收入主要是基本工资和销售提成两大块。其中,基本工资 3000 元左右,从事销售这个行业的,如果仅依靠工资,生活是很困难的。销售提成一般按产品纯利润的 15%。

问:公司给你们提供食宿吗? 每月开支大概是多少? 主要用在哪些方面? 每月可以节余多少?

陈某:公司是不提供食宿的,这方面要靠自己解决。目前来说,工资主要用在房租、吃饭以及服装等日常生活方面。在义乌这个城市,房租单间平均 500 元左右,但房租一交至少是半年或一年,而且一次性付清。不存在租住两三个月的事。吃饭早餐一般按 3 至 5 元,中餐、晚餐各 10 元的话,平均每天吃饭一项要花 25 元左右,这样每月吃饭要开支 750 元。手机通信费每月 150 元左右,公交通勤 100 元,再加上买衣服等其他消费,每月开销很大。不过男孩子在服装消费方面不高,买几套衣服轮换着穿,可以对付几年。不像女孩子,在服装、化妆品方面开销很大。如果不算购买服装的话,每月开销在 1500 元左右,手紧一些的话,可以节约 1300 元至 1500 元。做销售的,每月收入不固定。但就怕同学找你玩,来一次的话,基本上每月工资就花光了。以后还要面临谈女朋友、结婚、买房买车、子女教育、父母赡养、自己养

① 中国 80 后大约有 2 亿人,他们是计划生育政策下的独生子女一代,如今他们的人生进入工作婚恋和生育模式。这次调查有 2521 人填写有效问卷,超过五成的人出生于 1985 年至 1989 年,主要集中在中国的一线城市和中小城市,其中有近五成的 80 后在民营企业工作,国营和事业单位各占两成。

② 中国 80 后生存现状调查|人艰不拆 累觉不爱。https://www.sohu.com/a/101065054_198937.

③ 陈某,男,24 岁,大学本科,江西永新人,曾在 Y 集团从事生鲜销售,后离职到某民营企业从事银饰品销售,未婚。访谈时间:2014 年 12 月,地点:某茶馆。

老等一系列现实问题，这些都需要钱，而且是无法回避的。所以，现在只有拼命地工作挣钱，才能保证在城市生活下去。再说，我目前的公司也没有为员工购买“五险一金”，这种现象在义乌很普遍，所以，还要考虑为自己交社会养老保险或买商业保险，无疑这些都需要钱。

韦某[①]说，目前月工资收入税前5100元，加上工龄工资、周六半天加班工资，最多不到5500元。扣除每月的互助金、水电费这些杂七杂八的支出800多元，每月实际到手也就4700元。如果绩效考核分数低，或者该月基本出勤天数少，比如2月份，到手工资也就只能拿到4500元左右。每月生活费大概900元，加上电话费200元，通勤费150元，偶尔买些衣服，和朋友聚餐，每月节余3000元就不错了。我住在公司集体宿舍，幸好不用在外面租房子住，虽然条件艰苦一些，但每月可以多节约一些钱。家属在老家教书，家乡教师的工资很低，也就2000元多，去年又刚在老家县城买了房子，付了首付，多年的积蓄花了精光。我和刚毕业的90后不同，还要供孩子读书，还房贷，生活压力很大。

张某[②]说，生活上就是养育孩子成本太高，城市生活开支大，物价高，还有就是每个月要给老人一些零用钱。好在我和先生买房子比较早，赶在2008年以前，那时候买的一平方米4000元多一点，现在这个地段都一平方米15000元了。如果是现在，买房肯定很吃力了。工作方面，就是绩效考核，如果工作任务不饱和或者考核不好的话，收入会受到很大影响。

上述材料表明，民营企业大学生员工生活压力很大，主要来自住房、婚姻和养育子女等生活方面的压力。从大的社会背景来说，市场经济体制改革和现代社会转型是大学生员工生活压力产生的社会根源。根据风笑天等学者的观点，首先在社会变迁时期，大学生所面临的教育、就业、婚育等重大生命历程事件的过渡不再是线性的统一模式，而呈现非线性、可逆转、去标准化等趋势，他们需要对此做出平衡的选择，这一过程将使其面临个体化和风险性危机。就个人的生命历程而言，青年阶段个人面临的主要任务是成家立业。这样，转型时期社会结构的体制变迁与青年个人发展的轨迹相互交织在一起，使经济压力成为现阶段青年所面临的最大困难。其次，市场经济体制改革虽然为大学生提供更多体制外的就业机会，但因新增劳动力供大于求、产业发展不匹配等原因，造成他们就

① 韦某，男，32岁，硕士，河南人，在Y集团从事行政工作，已婚。访谈时间：2014年12月16日，地点：某茶馆。

② 张某，女，33岁，专科，江苏南京人，财务会计，已婚。访谈时间：2014年11月8日，地点：某茶馆。

业不稳定、薪酬偏低的困境。再次,计划经济体制下的单位福利分房制度取消和高涨的房价,使他们为支付过高的婚姻成本背上沉重的包袱①。

第三节 民营企业大学生员工的心理状态

现代社会竞争激烈,大学生员工不仅要承受着来自工作和生活的压力,还要承受着巨大的心理负荷,加之,民营企业大学生员工的社会评价不高,社会地位和社会声誉相对较低,致使他们的心理压力很大,陷入自我身份认同危机之中。

一、心理压力大

与国有企业员工相比,民营企业大学生员工承受更大的心理压力和职业的不安全感。民营企业在员工的招聘任用、选拔辞退等方面更为灵活。当企业发展遇到困境时,为了求得生存,民营企业常常采取优化人员、降低用工成本等手段增强企业抵御风险的能力,以求缓解企业遭遇的危机。这样,一些处于不重要的部门和岗位的员工就遭遇转岗或被辞退的风险,处于失业的境地,这无疑增加了他们的心理负担。这也是许多大学毕业生以及其父母不愿意子女到民营企业工作的主要原因。这一点,日本企业的做法值得我国民营企业借鉴和学习。日本企业一般采取终身雇佣制和年功序列制,特别是终身雇佣制把员工和企业的利益和命运紧紧地捆绑在一起,使员工把企业当作自己的家,终生为企业服务。企业在经济形势不好时,选择与员工同舟共济,而不是裁员,这就使员工保证了对企业的忠诚。可以说,正是日本企业实行这些管理制度,保证了20世纪六七十年代日本经济的高速发展。不仅日本企业如此,包括奉行个人主义价值观的美国企业也重视对员工忠诚意识的培养。美国IBM公司的"三条信念"中第一条就是尊重员工个人的信念。当企业发展遇到了困难或环境发生了变化,对每一位员工都尽量继续留用。即使员工工作发生了错误,也尽量不开除,而是创造机会使其改正②。

现代技术的革新和发展加剧了大学生员工职业不安全感。现代技术发展,一条生产流水线可以替代许多产业工人,传统行业的产业工人面临着失业的风险。不仅如此,随着新技术革命、大型计算机和办公自动化的普遍运用,企业的技术人员和白领行政人员也遭遇辞退的风险。有报道称,从2000年到2010年

---

① 王小璐,风笑天:《青年何以"暮气沉沉"——基于转型期青年压力的分析与反思》,《中国青年研究》2014年第1期,第22—29页。

② 邓智海主编:《联想人力资源管理》,内蒙古人民出版社2002年版,第287页。

间，美国有1100万个秘书职位被互联网服务所替代，欧洲7600万个中产阶级职位中的三分之二成为技术的牺牲品①。随着全球化进程加速，这种情况很快波及发展中国家。当然，我国也不例外。近年来在广东、温州等地，一些私营企业已经安装生产流水线，并替代了一些劳动密集型的产业工人。“此类的解雇引起的不仅是经济的损失，也是心理伤害。传统上，一个蓝领工人如果被解雇可以回到家里或与亲属一起共同生活，但是中产阶级——特别是当他从工人阶级中脱身而出——他此类的纽带已被拗断，而且他觉得寻求帮助是件很丢脸的事。许多情况中，如果这些管理人员比较年轻，经过一段时间，他们一般还是可以在专项技术的小公司找到新工作。但是这些小公司本质上具有高度竞争性，许多刚一启动就倒闭了，所以担忧和不安全感仍然存在。”②笔者对此深有体会。从Y集团离职后，无论经济压力还是心理压力都时刻存在着，情绪低落，不愿意与他人交往，担心亲戚和朋友问及自己工作的事情，对于家人和孩子，内心充满了愧疚感。

自身知识资本贬值引起大学生心理恐慌。现代社会，知识和技术更新日新月异。知识是大学生员工的生存资本，而知识随着时间推移会发生贬值，当他们拥有的知识不能给他们带来竞争力的时候，自然就会产生心理压力。因此，为了在竞争中保持优势地位而不被时代发展所淘汰，同时他们渴望成长，以期获得更多的竞争资本，这也给他们带来了心理压力。由于职业对个体的技术能力要求在不断提高，个体所处的环境在不断变化，为此个人要作出决策和承担后果。而一个人的决策能力和所拥有的资源是有限的，他要为自己的失误决策负责，这无疑增加他们的心理负担。

事实上，大学生员工心理压力大还与社会转型有着密切关系，是现代社会转型的必然结果。市场经济社会是一个“风险社会”。依照乌尔里希·贝克的观点，“风险社会”是现代化不可避免的产物，技术经济的不断发展本身所带来的“潜在副作用”使人类社会进入一个“风险社会”③。不同于“阶级社会”的推动力“我饿”，而“风险社会”的驱动力可以用一句话概括是“我怕”，主要体现为个体的存在性焦虑和信任危机。在吉登斯看来，人的存在性焦虑源于人的内心对未来不确定性的恐惧，不确定性是恐惧的根源。他认为，人的生活需要一种本体性安

---

① 机器人代替人工　企业三年50万工人仅剩下5万。http://www.chinanews.com.cn/cj/2014/09-05/6565962.shtml.

② [美]丹尼尔·贝尔著，严蓓雯译：《资本主义文化矛盾》，人民出版社2010年版，第46页。

③ [德]乌尔里希·贝克著，何博闻译：《风险社会》，译林出版社2004年版，第16页。

全和信任感,这种感受的实现机制是人们生活中的惯例[①]。惯例或者社会生活的例行化是个体行动的外部条件,传统社会里,人们在惯例指导下知道应该做什么、不应该做什么,何时可以做、何时不可以做。现代风险社会恰恰打破了人们生活中的惯例和经验,挑战了人的本体性安全,导致人的存在性焦虑。

二、自我身份认同较低

心理焦虑使大学生员工陷入自我身份认同危机之中。所谓身份认同,从社会学意义上说,指个体对身份或角色的合法性的确证,人们对此的共识及其对社会关系的影响[②]。这里所指的身份认同,是指大学生员工对"大学生员工"这一身份的接受、确证和评价。大学生员工身份认同危机,是指大学生员工对自己身份形成认同时所产生的认知和心理上的失衡。这主要表现在:一是组织归属感的缺失。从企业方面来说,民营企业以盈利或赚取更大的利润为目的,一定程度上忽视企业文化建设,忽视了大学生员工的精神生活需要,使得他们缺乏对企业的认同感和归属感。从大学生员工自身来说,大学生员工彼此缺乏深度的交往、沟通,相互之间情感淡薄,以致大学生员工的公共生活缺失,没有形成共同的集体意识。公共生活和公共空间的萎缩使他们把自己封闭在狭小的自我空间里,或隐匿在虚拟网络空间里,从而缺乏集体意识生成的条件以及集体归属感。二是人生定位和献身对象的丧失。一些大学生员工把民营企业作为临时跳板或暂时的栖身之地,认为自己不过是企业的过客,这种临时的打工心态很难使他们把企业作为终身奉献的对象。由于体制惯性的作用,国有企业员工对组织的依赖性和忠诚度较高。他们认为自己是企业大家庭的一员,企业是利益攸关的命运共同体。

民营企业大学生员工自我认同程度较低,这从实证调查的结果也得到印证。调查发现,如表 3-2 所示,民营企业有 55.7%的调查对象表示处于社会中下层,28.4%的认为自己处于社会下层,仅有 15.9%的调查对象把自己归属于社会中层。而国有企业调查对象中认为自己处于社会中层的占 37.4%,认为自己属于社会下层的有 14.1%,低于民营企业 14 个百分点,说明了国有企业比民营企业大学生员工自我认同度高。

① [英]安东尼·吉登斯著,赵旭东,方文译:《现代性与自我认同:现代晚期的自我与社会》,生活·读书·新知三联书店 1998 年版,译序。

② 华桦:《论当代大学生的身份认同危机》,《当代青年研究》2008 年第 10 期,第 44—47,43 页。

表 3-2 民营企业与国有企业大学生员工自我认同度

项目	上层	中上层	中层	中下层	下层
民营企业	—	—	15.9%	55.7%	28.4%
国有企业	—	—	37.4%	48.5%	14.1%

这从“陆步轩事件”可以得到进一步确证。2013 年 4 月 11 日，“眼镜肉铺”老板、前北大学子陆步轩应邀回母校北京大学演讲。校方的本意是把陆步轩当作创业典范，激励在校的北京大学学子摒弃传统的就业观，只要敢于拼搏，在各个行业都会获得成功，绽放人生的光彩。出乎意料的是，这位昔日的北京大学学子在母校讲台上的第一句话是，“我给母校丢了脸、抹了黑，我是反面教材”。从陆步轩的言辞中可以看出，尽管学校乃至社会把他作为成功人士，作为青年学子的榜样，然而他却把自己定位为人生的“失败者”，对自己的个体户身份并不认同。他坦言，毕业多年，北京大学的活动他从未参加过，毕业 15 年后才第一次参加同学聚会。即便受邀回母校演讲，当时他仍觉得卖猪肉不体面、混得差，自我定位为“北大丑角”①。

进一步说，民营企业大学生员工自我身份认同程度不高，与大学扩招和高校毕业生就业市场化密切相关。改革开放初期或 20 世纪 80 年代，大学生是“天之骄子”，代表一种政治符号和社会地位，上了大学就成了“国家干部”，从而改变了个人命运。尤其对于农村的孩子来说，考上大学，就跳出了农门，就脱离了世代耕作的土地，离开养育他的父母和家乡，就吃了“商品粮”，就成了“城里人”。那个时代，村里出了一个大学生是件轰动十里八乡的大事，整个家族、村落都会感到无比荣光，父母可以在乡邻面前硬起腰杆，享受着他人的羡慕的目光和啧啧赞叹②。时光荏苒，历史画面切换到 20 世纪 90 年代中期，特别是高等教育大众化和高校毕业生就业制度市场化实施以来，国家改变了以往“统分统包”的就业政策，“双向选择、自主择业”成了大学生就业的主流，大学生随之也失去了以往的政治符号和政治身份，大量涌入劳动力市场成为普通员工一族。随着劳动力市场饱和及大学生供需关系矛盾突出，大学生市场劳动力价格日益贬值。进入民营企业以后，激烈的职场竞争、沉重的生活压力、理想与现实的落差，这些都会引起他们心理失衡及自我价值感的消失，进而导致自我身份认同危机。

---

① 穷小子靠卖猪肉为母校捐款 9 个亿：是我给学校抹黑丢了脸！https://baijiahao.baidu.com/s?id=1687324297906078064&wfr=spider&for=pc.

② 笔者二哥 1985 年考上大学的时候，一时轰动乡邻，亲戚族人都感到高兴，父母更觉得荣耀，认为二哥为他们挣足了面子，甚至上门提亲的也络绎不绝，其间不乏家境殷实的大户人家。到 90 年代中期笔者考上大学的时候，尽管当时应届考上的人不多，但大学生的影响力已经打了很大的折扣。

不仅大学生员工自身身份认同较低，社会民众对民营企业大学生员工总体评价也不高。这在我国中西部地区以及偏远农村地区部分人的思想观念中表现尤为明显。在他们眼里，大学生到民营企业就业就是为私人老板打工，工作时间长、劳动强度大，没有社会地位，职业安全还没有保障，一旦企业破产或被老板解雇，个人就没了“饭碗”，就陷入生活困境。职业不如行政事业单位人员稳定，社会地位也没有他们高。公职人员工资虽然不高，但工作稳定、体面，社会地位高，有正常的节假日可以休闲娱乐，更重要的是老年退休后生活有保障。尽管北京大学学子陆步轩和“一号土猪”掌门人陈生在商业上获得了极大成功，但在一些老辈人的观念中，依然认为这是人才的浪费。笔者有位亲戚，当他得知我在Y集团上班时就很不理解，尽力劝我离开企业，哪怕回到家乡中学教书也行，也比在民营企业打工强。在同龄人眼中，现在的大学生眼光高、智商高、心气高，情商低、收入低、能力低，怕吃苦，难合作，收入还不如农民工①。在企业主眼里，大学生有激情、有活力、有胆识，敢想敢干，但缺乏对企业的忠诚，缺乏工作的实践能力，缺乏清晰的职业规划，他们个性突出，难以管理。

客观地说，民营企业大学生员工社会评价不高源于社会对民营企业的评价不高。尽管国家赋予了民营企业与国有企业平等的法律地位，在各项政策制度上给予鼓励、支持和引导，但政策的落地还需要一定的时间。同时由于历史文化和社会体制的原因，相当一部分人对民营企业依然存在一定的认识误区和思想偏见，而这种误区和偏见在短时间内是难以消除的。因为人的思想观念形成和转变都需要一个比较漫长的时间过程。加之，作为改革开放下的新生事物，民营企业起步较晚，在企业管理制度和企业文化等方面存在一些不足和缺陷，如老板文化、家长作风，尤其是缺乏对劳动者权利的尊重和保护，等等，这一切都有待于进一步发展和完善，需要政府进一步支持和引导、管理和规范。同时也需要社会给予民营企业组织及其从业人员包容性的理解和宽容的态度，改变对民营企业及其从业人员的偏见和歧视，为民营企业的发展和民营企业大学生员工成长营造宽容、和谐的社会环境。

---

① 2015年3月16日，笔者在学校校园内偶遇一名京东商城快递员，他本人高中毕业，是负责鼓楼区快递分销的班长，来学校是为了招聘京东公司兼职快递员。在交谈中，他表达了个人对当代大学生的印象。在他看来，大学生情商低，花父母的血汗钱，整日上网游戏，荒废学业，自以为是；工作上不能吃苦，没有团队合作和服务奉献精神。当然这只是他个人的认识，甚至存在着对大学生群体的偏见，这也与他生活的圈子有很大的关系，因为大学生本身就是一个复杂的群体。但目前大学生社会地位不比以前，平均收入赶不上农民工，这倒是当下的客观事实。

第四章　民营企业大学生职业理想现状调查

为了认识和把握民营企业大学生员工职业理想现状，探寻影响职业理想的基本因素，从而为其职业理想实现寻求有利的条件支持。笔者对Y集团和N公司的大学生员工职业理想现状进行问卷调查。N公司始建于1908年，是一家有着百年历史的老牌国有企业，主要从事城市轨道车辆、城际动车、铁路客车等产品制造，现有员工6100余人，其中工程技术人员1600余人。本章通过对Y集团和N公司大学生员工职业理想问卷调查和样本数据比较分析，结合观察和访谈，呈现民营企业大学生员工职业理想现状，在此基础上提炼民营企业大学生员工的基本特征，为下一步研究夯实基础。

第一节　调查工具及其实施说明

在对民营企业大学生员工职业理想现状调查中，本研究主要采取的是深度访谈法和问卷调查，所使用的是访谈提纲与调查问卷。

一、访谈提纲设计及实施说明

(一)访谈提纲设计

本研究访谈提纲设计的具体过程是，首先，根据所要研究的问题和想要得到的信息，设计访谈提纲的初稿，然后在征求有关专家的意见后进行修改，将修改后的访谈提纲交给不同企业的不同年龄、学历的大学生员工进行讨论和修改，最后，形成的访谈提纲的主要内容，包括：

1. 被访者的性别、年龄、学历、职业岗位、家庭等基本信息。
2. 被访者对职业生活的认知和感受及对未来职业的打算。
3. 影响职业选择的主要因素。
4. 职业理想实现需要哪些支持条件。
5. 被访者对工作环境的看法和希望。

6. 被访者生活和工作压力状况及来源。

(二)访谈实施说明

第一,访谈对象。根据研究目的抽取能够为本研究提供最大信息量的研究对象,按照被访者的性别、年龄、学历、工龄、岗位、家庭等维度,兼顾样本的代表性,访谈对象共有 20 人,最终选定 16 名访谈对象材料,其基本情况如表 4-1 所示。

表 4-1 被访者的基本情况

访谈编码	被访者	性别	年龄	毕业时间(年)	工龄(年)	学历水平	部门岗位	访谈时间(分钟)	访谈次数	籍贯
S1	陈某	男	24	2013	1.5	本科	销售	50	1	吉安
S2	钱某	男	23	2014	0.5	本科	销售	40	2	黄山
S3	张某	女	34	2003	11	专科	会计	50	2	南京
S4	汪某	男	27	2013	1.5	硕士	人事	148	3	瑞昌
S5	程某	男	25	2013	1.5	本科	工程	51	1	句容
S6	曹某	女	29	2010	4	大专	销售	60	1	南京
S7	吕某	男	32	2008	6	硕士	人事	100	3	淮阴
S8	郑某	女	23	2014	0.5	本科	行政	50	2	徐州
S9	夏某	女	29	2008	6	本科	招聘	46	2	南京
S10	窦某	女	27	2010	4	本科	管理	56	2	固原
S11	梅某	女	24	2013	2	本科	酒店	36	1	济南
S12	魏某	男	26	2010	4	本科	财务	46	1	徐州
S13	李某	男	28	2008	6.5	本科	技术	50	1	南京
S14	冯某	男	28	2010	2.5	硕士	管理	50	1	临沂
S15	尹某	女	29	2004	10	大专	管理	50	2	马鞍山
S16	韦某	男	32	2012	2.5	硕士	行政	60	1	周口

第二,访谈方式及其过程。本研究采取直接访谈方式进行,通过一对一的面谈,避免访谈过程受第三者的干扰。访谈时间一般选择在访谈对象下班后的休息时间,避免影响受访对象的工作。访谈地点一般在小茶馆或咖啡馆等比较安静的地方,这样可以使访谈的内容更深入。在访谈以前,笔者首先向被访者介绍研究目的,从而消除被访者思想上的疑虑,并说明希望从他那里了解到哪些方面的信息内容,他们的回答对本课题研究的价值意义,以及后期如何处理访谈的结果。同时就访谈录音问题在事前和被访者协商,在征得对方同意后才进行录音。在访谈过程中,为了获得被访者的真实想法,采取了开放式访谈,总的原则是沿着被访者的思路和顺序进行提问和追问,对于被访者没有谈到的问题集中提问,也就是说,访谈提纲只是起个提醒作用。

第三，每次访谈结束后，笔者都及时地对录音资料和文字记录进行整理。

二、问卷结构设计及实施说明

（一）问卷结构编制

对于问卷的主体结构，笔者设计两大部分，共44道问题。其中，第一部分为被调查者的基本情况，包括性别、年龄、学历、政治面貌、所在企业类别、行业性质、入职时间、岗位职务、月薪收入等15道题，旨在对企业大学生员工的基本情况有个总体性的把握。第二部分为问卷的主干，属于认识态度。笔者首先将企业大学生员工职业理想分为职业认知、职业选择、职业收入、职业素质和职业发展等几个维度，然后在此基础上进一步设置问题，归纳出企业大学生员工职业理想的结构。最后，通过问卷调查的形式表述企业大学生员工职业理想的内容。

（二）问卷实施说明

本研究所选取的调查对象为企业大学生员工典型，主要包括管理人员、技术人员、销售人员和服务人员。我国地域辽阔，不同地区、不同行业类别的企业员工具有不同的思想观念。因此，从整体上了解企业大学生员工职业理想现状和特征，自然要面对不少现实的困难和问题。为了最大限度地保证研究的科学性，本研究选取Y集团和N公司大学生员工作为研究样本。考虑到数据采集的敏感性，首先取得企业高层管理者的同意和支持，然后与人力资源管理部门进行协商，在他们的支持和帮助下，深入企业进行现场调查。本次研究发放问卷400份，Y集团和N公司各200份，回收问卷360份，其中有效问卷346份，占回收问卷比例的96.1%，占问卷总量的86.5%，符合研究要求。问卷样本构成情况见表4-2。

表4-2 问卷研究总样本构成情况

统计变量	分类	人数	百分比（单位：%）	备注
性别	男	218	63	
	女	128	37	
学历	大学专科	70	20.2	
	大学本科	240	69.3	
	研究生	36	10.4	
年龄	20岁以下	6	1.7	
	21—25岁	88	25.4	
	26—30岁	190	54.9	
	31—35岁	62	18	

续表

统计变量	分类	人数	百分比(单位:%)	备注
政治面貌	中共党员	140	40.6	
	团员	120	34.6	
	群众	86	24.8	
	其他	0	—	
企业类别	国有企业	156	45	
	民营企业	190	55	
工作岗位	管理岗位	120	34.6	
	技术岗位	90	26	
	销售岗位	74	21.4	
	服务岗位	62	18	
工作年限	1—5 年	228	65.9	
	6—10 年	98	28.3	
	10 年以上	20	5.8	
岗位职务	一线工人	12	3.5	
	普通职员	202	58.3	
	基层管理	96	27.8	
	一般经理	36	10.4	
	高级管理	0	—	
家庭所在地	一线城市	52	15	
	省会城市	142	41	
	地级城市	40	11.5	
	县级城市	44	12.8	
	农村	68	19.7	
父母职业	行政事业领导	34	9.8	
	专业技术人员	26	7.5	
	政企事职员	44	12.8	
	商业服务人员	32	9.2	
	农林牧副渔人员	112	32.4	
	生产运输人员	38	10.9	
	军人	0	—	
	其他	60	17.4	
毕业学校	“211 工程”高校及以上	98	28.3	
	一般普通高校	192	55.5	
	职业技术院校	44	12.7	
	专业学校	12	3.5	
所学专业	文科	112	32.3	
	理科	88	25.5	
	工科	118	34.1	
	其他	28	8.1	

无论访谈还是问卷调查，其困难在于访谈者与被访谈者之间难以建立起良好的互动关系，尤其是被访者，出于这样或那样的原因在接受测试或访谈过程中产生抵触情绪而不愿意敞开自己的心扉，甚至担心如实回答会给自己带来不利的影响。这种情况下，就会作出违背自己真实意愿的选择或回答，从而直接影响到测试结果的客观性和访谈内容的真实性。因此，明确实证过程中遇到的困难和问题，建立与研究对象之间良好的关系，取得他们的信任和支持，对于实证研究具有重要意义。

第二节　民营企业大学生员工职业理想现状

职业理想属于人的观念系统，藏于人的内心深处而难以观察和把握。一定意义上说，职业发展目标和职业选择是职业理想的外在表现，因为人的职业标准和价值取向通过他的职业选择来体现。因此，本研究从职业选择的维度出发，设置职业认知、就业地点、职业意义、职业待遇、职业安全、创业意识及工作环境等问题，通过问卷、访谈等研究方法来反映大学生员工的职业理想现状。研究发现，大学生员工自我认知清晰，对职业认知和社会认知模糊；职业选择重视个人发展、薪酬待遇和自我价值实现；职业竞争意识和挑战意识明显增强；创业意识增强，并在年龄上呈阶段化特征，就业不久的大学生员工有着更强烈的创业意愿；女性大学生员工创业意识增强，但更追求职业稳定；职业声望和职业地位意识淡化；与民营企业大学生员工相比，国有企业员工更重视职业稳定性；与80后大学生员工相比，90后大学生员工更重视工作环境。总体来说，民营企业大学生员工职业理想呈现职业选择个体化，价值取向功利化，职业目标短期化、多样化，职业选择理性务实等主要特征。同时，他们职业的社会责任淡化，对职业内在意义认识缺乏。

一、自我认知清晰和职业发展模糊

职业认知是个体对职业的意义和性质、声望和地位等认识与评价。从广义上说，其内容还包括自我认知、职业认知和社会认知。其中，自我认知是职业认知的前提和基础，是职业理想形成和发展的条件。自我认知主要指对自己兴趣、爱好、性格和特长等认识。

如表4-3、表4-4所示，民营企业有89.4％的调查对象表示清楚自己的兴趣爱好，这一问题在国有企业中比例为83.3％。有12.8％和67.9％的民营企业调查对象表示“完全了解”和“基本了解”自己的性格，国有企业这一比例分别是20％、66.4％，这说明无论民营企业还是国有企业，多数大学生员工都对自己的兴趣爱好、性格特征有着清晰认识，了解自己的优势和特长，同时也有少数大学生员工对自己的兴趣爱好和性格特征不太了解，自我认知模糊。

表 4-3　对自己兴趣爱好了解情况

选项	清楚	不清楚
民营企业员工	89.4%	10.6%
国有企业员工	83.3%	16.7%

表 4-4　对自己性格特征了解情况

选项	完全了解	基本了解	一般	理解较少	不了解
民营企业员工	12.8%	67.9%	14.3%	5%	0
国有企业员工	20.0%	66.4%	9.4%	4.2%	0

调查显示，大学生员工自我认知清晰，但部分大学生员工对职业未来发展相对迷茫，不知道自己将来要干什么，能干什么，社会能够为他们提供什么，缺乏清晰、长远的职业规划和追求。以下是笔者截取天涯论坛所发帖子的部分内容①。

工作几年了，我觉得我一直都是在混日子。每个月的工资只能解决个人温饱和开销。我也是月光族的一员。直到现在我还是老样子，我又想换工作了。但是又不知道做什么，迷茫得很。我心很烦。有时我在想，我为什么还会活在世上？每个人在世上都有他的生活价值，我呢？我想了很久，我想不出来。偶尔我会想着找个男友，然后结婚。平平淡淡地过日子。但是，我又不甘心这样平庸一辈子，总想趁着年轻闯闯，但我又没有目标。想做的很多，但又不知从何开始。我现在的想法就是除了青春我一无所有。心情很低落！

在世界的某一角，现在的你我都是 20 岁、21 岁，因为无形的压力往往让人累，心累，消极的情绪，厌倦了生活的疲倦，自己会常常幻想去寂静的地方，过着舒适、自由而惬意的生活，真的很不喜欢现在社会的喧嚣，灯红酒绿，即使是再霸道的黑夜，终究抵不过那一排排整齐的路灯。我渴求我身边有个人带我走出迷茫。

楼主啊。跟你一样经历的人大把。我也算一个。2009 年大专毕业，报关与国际货运专业，10 年在深圳一家公司做报关员，工资 2600 元每月。半年后跳槽到另外一个报关公司，做报关单核对，工资计件。月薪 2000 元到 4000 元不等。年底 6000 元奖金。想想毕业到现在快 4 年了，依然没学到什么实际的东西，整天浑浑噩噩，混日子。现在也 25 岁了。好迷茫。想换行业，又不知道自己能做什么。真不知道怎么办。求指导。求交流。

从上面帖子可以看出，“烦”“混”“迷茫”是出现频度较高的词汇，这是当前一

---

① 天涯社区：很迷茫，不知道自己要做什么。http://bbs.tianya.cn/post-no20-392938-1.shtml.

些大学生员工心理情绪的宣泄,反映了他们未来职业发展的迷茫和无助,说明他们的未来目标不明确,生活处于"无根"的漂泊状态。由于他们工作时间长,收入低,心理压力大,情感孤独,看不到工作、生活的价值和生命的意义,以至于觉得自己整天"浑浑噩噩""混日子"。但他们又不甘平庸、不甘就这么平淡下去,有着改变现状的动力和决心,追求自己喜欢的职业,却找不到前进的目标,这反映当代大学生拼搏进取的时代精神。为了寻找更多的发展机会,他们频繁跳槽,从而使职业处于一种不稳定的状态。这就需要国家、社会和企业在职业理想目标上给予他们正确的引导。

大学生员工的职业发展目标的迷茫是现代社会转型的结果。首先,转型社会最大的特点就是过渡性和不稳定,包括工作的不稳定。所有稳定性的规则都迅速失控,结构性失业和灵活的就业市场使人们缺乏对现在的把握,人们不得不凭借个体的力量去应对不断变化的社会带来的不可预测性。尽管物质越来越丰富,人的精神却愈发空虚,人与自然、社会、他人及自我疏离和断裂①。其次,社会转型在给大学生员工带来更大的发展空间、更多的选择范围和机会的同时,也给他们带来选择的困惑和压力。面对更多的选择机会和范围,他们感到无所适从并陷入选择的困境,从而造成心理的困惑和冲突。

二、重视个人发展和自我价值实现

大学生员工注重个人的职业发展。如表 4-5 所示,对于"当前社会环境下,您选择职业最为看重的因素有哪些"的回答,民营企业前 3 位的分别是"未来发展空间""薪酬待遇""符合个人兴趣",所占比例分别为 65.2%、61.0%、34.7%,之后分别是"工作地点"(32.6%)、"工作稳定程度"(23.1%)、"工作环境舒适"(11.5%)、"社会地位"(10.5%)和"专业是否对口"(8.4%)。国有企业则依次为"未来发展空间"(53.8%)、"薪酬待遇"(44.8%)、"符合个人兴趣"(33.3%)、"工作稳定程度"(30.7%)、"工作地点"(25.6%)、"工作环境舒适"(15.3%)、"社会地位"(10.2%)和"专业是否对口"(10.2%)。

表 4-5　职业选择偏向因素

选项	薪酬待遇	工作地点	发展空间	社会地位	符合兴趣	专业对口	工作稳定	环境舒适
民营企业员工	61.0%	32.6%	65.2%	10.5%	34.7%	8.4%	23.1%	11.5%
国有企业员工	44.8%	25.6%	53.8%	10.2%	33.3%	10.2%	30.7%	15.3%

① 任东景:《"生存之忧"与"发展之惑"——犹太哲学家齐格蒙特·鲍曼的现代性反思理论及其实践意蕴》,《河南社会科学》2010 年第 6 期,第 63—65 页。

从上述数据可以看出，第一，无论民营企业还是国有企业，排在前3位的都是“职业发展”“薪酬待遇”“个人兴趣”，尤其把“职业发展”放在首位。这说明随着市场经济发展和个人的主体意识觉醒，追求个人发展已成为当代大学生员工的首要选择。然而，个人发展离不开必要的物质基础，尤其在当今社会生活压力日益加剧的情况下，薪酬收入是大学生员工的主要经济来源，是他们赖以谋生的物质基础，自然是他们选择职业时考虑的重要因素。依照马克思的观点，“一切人类生存的第一个前提，也就是一切人类历史的第一个前提，这个前提是：人们为了能够‘创造历史’，必须能够生活。但是为了生活，首先就需要吃喝住穿以及其他一些东西。因此第一个历史活动就是生产满足这些需要的资料，即生产物质生活本身”①。这就是说，个体的发展首先要获得物质生活需要的满足。职业理想需要建立在现实的物质基础之上，离开现实的经济基础，职业理想无疑等同职业空想。第二，个人兴趣是大学生员工职业选择考虑的重要因素，这说明他们注重个人兴趣与职业发展相结合，凸显职业理想个性化追求。但它排在薪酬待遇之后，也是他们迫于现实生活压力下所作的理性选择。第三，民营企业大学生员工更注重工作地点的选择，而国有企业大学生员工重视职业的稳定程度。如表4-5所示，排在第4位的，民营企业是“工作地点”，而国有企业是“工作稳定”，这说明，与工作稳定性相比，民营企业大学生员工更重视工作地点的选择。

大学生员工强调自我价值的实现，这符合知识型员工的基本特点。如表4-6所示，民营企业大学生员工对于职业的意义的认识，排在前2位的分别是“实现自我价值”(50.7%)和“赚钱谋生”(37.8%)，其后，依次为“获得较高社会地位”(6.3%)，“服务社会”(5.2%)；而国有企业调查对象则依次是“实现自我价值”(44.8%)、“赚钱谋生”(35.8%)、“获得较高社会地位”(10.2%)、“服务社会”(3.8%)、“其他”(5.4%)。可见，无论国有企业还是民营企业大学生员工都把“实现自我价值”和“赚钱谋生”排在前面。就“实现自我价值”这一选项比例来看，民营企业员工高出国有企业近6个百分点，这说明民营企业大学生员工比国有企业大学生员工具有更高的成就意识，这是因为民营企业比国有企业更具有市场化的特点。

表 4-6 关于职业的意义

选项	赚钱谋生	服务社会	实现自我价值	获得较高社会地位	其他
民营企业员工	37.8%	5.2%	50.7%	6.3%	—
国有企业员工	35.8%	3.8%	44.8%	10.2%	5.4%

对数据进一步分析显示，从年龄阶段来看，民营企业的被调查对象中，选择

① 中共中央马克思恩格斯列宁斯大林著作编译局编译：《马克思恩格斯选集(第1卷)》，人民出版社1995年版，第78页。

职业意义在于"实现自我价值"的调查对象中,从年龄结构看,21—25岁的有54.5%,26—30岁的有65.9%,31岁以上的有42.3%;从性别构成来看,女性中有62.5%,男性中有52.7%;从学历来看,大专学历的有55.5%,本科学历的有59.0%,研究生学历的有46.1%,这表明民营企业女性比男性、本科生比大专生和研究生具有更高的成就意识。而在国有企业,女性选择的比例为37.5%,男性为48.1%,说明国有企业男性比女性有着较高的成就意识。这也说明不同体制下的企业制度环境对人的价值观念影响是有差异的。从学历构成看,大专学历的有29.4%,本科学历的有58.3%,研究生以上学历的有40%。通常认为,个体学历程度越高,职业需求和职业期望越高,有着更高的职业理想和目标追求,希望在工作中施展才华实现人生价值①。笔者以为,这是适用于大学生员工与体力劳动者比较而言的,就大学生员工群体内部来说,学历程度高低并不完全与自我成就意识有正相关关系,而是呈现倒"U"型曲线,即具有本科学历大学生员工的自我成就意识较高。

三、职业竞争意识和挑战意识增强

大学生员工竞争意识和挑战意识增强,敢于选择和挑战一些高收入高风险的职业岗位。如表4-7所示,民营企业的被调查对象中,选择"收入高,工作紧张,可能失业"的有49.9%;选择"收入很高,工作很紧张,需全力以赴,不胜任会被解雇"的有33.1%;选择"收入不高,工作轻松"的仅有17%。国有企业的被调查对象中,对上述选择的依次为43.1%、28.4%和28.5%。在对"重新求职时,有意向单位给出的薪水达不到您的期望时"的回答,如表4-8所示,52.5%的国有企业被调查对象表示"先签约,干着再说",民营企业的被调查对象对这一选项表示"先签约,干着再说"的为13.6%;表示"放弃,重新选择",民营企业被调查对象为32.8%,国有企业被调查对象为14.1%。这说明民营企业比国有企业大学生员工更具有职业风险和挑战意识。

2014年江苏省农村信用社联合社会课题组对全省62家法人单位进行摸底调查,并在苏中、苏南、苏北三个地区农商行中分别抽取200名青年员工开展问卷调查,其间发放问卷600份,回收456份,回收率76%。调查结果显示,全省农商行80后、90后青年缺乏危机意识,有63%的青年员工在当前就业压力较大

---

① 何华敏的研究和中国台湾地区学者王丛桂、黄同圳、黄国隆等的研究均认为,文化程度越高的人,职业需求也越高,他们一般都有较大的职业抱负,希望在工作中能充分施展自身才能,实现自我价值。见贺腾飞,肖海燕:《当代青年职业价值观问题研究》,《太原科技》2008年第5期,第27—30页。

的情况下，满足于现有的工作和收入；有37%的青年员工缺乏对人生价值的整体思考，职业生涯规划模糊，走一步看一步的心态较为普遍。

表4-7 民营企业员工与国有企业员工对职业的选择态度

选项	收入高，工作紧张，可能失业	收入很高，工作很紧张，需全力以赴，不胜任会被解雇	收入不高，工作轻松
民营企业员工	49.9%	33.1%	17%
国有企业员工	43.1%	28.4%	28.5%

表4-8 民营企业员工与国有企业员工对求职的态度

选项	放弃，重新选择	先签约，干着再说	推迟签约，观望一下	不好说
民营企业员工	32.8%	13.6%	33.6	20%
国有企业员工	14.1%	52.5%	23%	10.4%

造成这种差异的原因与企业员工所处的不同体制环境有关。由于中国经济制度改革属于渐进式改革，在计划经济体制下，国家和企业之间是一种“父子关系”，企业的生存受国家保护，企业没有市场的硬性预算约束，没有破产倒闭的风险。在这种体制下，一旦员工进入企业，那么他的一生的基本生活需要就有了保障。企业与员工之间是一种终生雇佣关系，企业内部采取平均分配主义，这一切不利于激发员工竞争意识①。近些年来，尽管国家依靠外在力量将市场经济机制和现代企业制度引入了国有企业，但由于体制惯性因素影响，国有企业职工的竞争意识和风险意识还没有完全扭转过来。民营企业成立之初就面向市场，遵循市场逻辑法则生存和发展。作为市场独立经济主体，民营企业面临着激烈的生存竞争和预算约束，一旦经营不善就要破产。民营企业与劳动者是雇佣关系，企业在经营不善或效益不好的就要裁员，员工时刻有着失业风险。因此，民营企业比国有企业大学生员工有着更强的职业竞争和挑战意识。

研究进一步发现，刚就业不久的大学生员工有着更强的风险挑战意识，这是因为，年轻人富有理想、冲动和激情，对新事物有着强烈的探索欲。同时，年轻人的机会成本较低，与其他人相比有着更强的市场竞争力。而机会成本较高的人倾向于选择职业的稳定与安全，因为如果选择一份高收入、高风险的工作，他的机会成本不仅包括原有工作的稳定性，还包括多年来形成的社会地位、同事友谊以及对家庭由此带来的生活风险②。

---

① 张应祥，蔡禾：《不同所有制企业职工的竞争风险意识》，《开放时代》2001年第2期，第88—90页。

② 蔡禾，莫家豪：《企业职工工作价值观浅析》，《中山大学学报论丛》1997年第6期，第156—168页。

从家庭情况来看,农村和中小城市家庭出来的大学生员工有着更强的竞争意识。因为家庭经济条件较好的大学生员工不必过多地担忧住房和婚姻等现实问题,这些问题在他们父母的帮助下可以得到解决或一定程度的缓解。在父母的期望下,他们更偏好职业的稳定性和职业的声望、地位。从农村和中小城市来的大学生员工,他们没有更多的社会资源可以利用,要承受着更大的经济和生活压力,因而对财富和成功的欲求更为强烈,这种强烈的欲求反过来转化为他们追求财富的动力,从而使他们更具有从事挑战性工作的愿望。

从性别来说,男性员工的竞争意识比女性员工更为强烈。由于女性受生理、传统文化及角色期待的影响,她们不仅要承受工作压力,还要扮演好在家庭生活中的主要角色,多元角色扮演和角色冲突使她们承受更大的心理压力,她们倾向于选择安全、稳定的职业。同时,社会对女性就业存在歧视,女性的市场就业机会要低于男性,在同男性的职业竞争中往往处于劣势地位,女性在职场领域获得男性同样的成功要付出更多的努力,因此,她们倾向于选择风险小、挑战性小一些的职业。

总体来说,与传统社会人们倚重职业的稳定性不同,高收入、高风险的职业已成为民营企业大学生员工职业选择和追求的主要目标。当职业风险与经济收入相互冲突时,他们宁可冒着失业的危险,也要选择高收入的工作。调查中多数受访者表示,他们更愿意从事高风险、高收入、富有竞争性和挑战性的工作,而不愿意从事重复单调和没有挑战性的工作,这符合知识型员工的特点。在计划经济时期,大学生选择职业优先考虑的是行政事业和国有企业单位,重视职业稳定性,强调职业社会地位和职业声望,关心职业的社会评价。也就是说,重视职业带来的"面子"、权力和地位。现代社会大学生员工择业有较少的传统观念、权力意识和更多的市场取向、风险意识,他们谋求更大的经济利益,追求自我价值的实现。

> 程某①说,现代人的就业观念转变了,不再像以前那样死盯着国企、事业单位。无论民营企业还是外资企业,只要给的薪水高,年轻人都愿意去。去年我参加公务员考试,就发现这样一个有趣现象:报考公务员的更多是女性,男生较少,男生喜欢跑市场,喜欢做一些高风险高收入的职业。现在考公务员的一般多是官员家庭或者家庭经济条件较好的大学生。家里人希望工作稳定、体面,不用操心住房、车子等一系列现实问题。而农村出来的大学生,家庭经济条件不是很好,一般不愿意考公务员,一是因为公务员竞争力太大,考上的机会很渺茫;二是即便考上,也没有钱买房子,解决住房、婚

① 程某,男,25岁,大学本科,江苏句容人,在Y集团某分公司从事技术工作,未婚。访谈时间:2014年10月12日,地点:某茶馆。

姻等现实问题。再说，现在公务员工资透明，收入也不高，不像以前那样有吸引力了。在现代社会，工作就是为了更好地生活。

上述访谈材料篇幅很短，但提供的信息很丰富。第一，现代人转变传统就业观，不再像以往那样看重工作单位的性质及其带来的职业声望和地位。第二，薪水高低成为年轻人择业的首要标准。第三，男生更倾向于高收入、高风险、有挑战性的工作，女生更倾向于职业稳定，偏向选择体制内工作。第四，不同家庭出身的大学生，在职业的价值倾向和职业选择上有着不同取向，公务员家庭出身的大学生偏重工作的稳定性，农村家庭出身的大学生倾向于高收入的职业。

四、自主创业意识显著增强

创业是就业的升华和时代精神的体现。创业既能解决自己的就业问题，也能为社会创造就业岗位，解决更多人的就业问题。如表 4-9 所示，45.5%的民营企业大学生员工选择"自主创业"。访谈中一些大学生员工表示，他们到民营企业工作就是为了学习企业先进的管理经验，积累人脉关系和社会资源，提升职业实践能力，为日后创业打下基础。与此对照的是，国有企业有创业意识的大学生员工仅有 25.6%，低于民营企业调查对象近 20 个百分点，这说明国有企业大学生员工自主创业意识的比例低于民营企业。

表 4-9　民营企业员工与国有企业员工希望从事的职业领域

选项	党政机关	科教文卫	国有企业	外资企业	民营企业	自主创业	其他
民营企业员工	6.3%	7.3%	16.8%	9.4%	14.7%	45.5%	—
国有企业员工	5.1%	7.6%	46.1%	6.4%	6.4%	25.6%	—

为了深入了解民营企业大学生员工创业的想法，笔者对此进行了深度访谈。

问：你怎么想到创业的呢？是自己主动的还是听取了别人的建议？

钱某①：创业主要还是自己的想法，同学影响因素也有一些。现代社会是风险社会，风险越大，也就意味着机会越多。如果在 Y 集团继续做下去，我还是一个普通员工，升迁机会很小。我的上司每月工资也就 6000 多元，每月要还房贷 3000 元，结婚后还要养孩子，买房、买车，生活压力很大，而这些都是我不久就要面临的事。依照目前的收入，何年何月才能完成。

问：创业的动机和主要目的是什么？

钱某：创业的动机渴望创造更大的物质财富，获得个人经济上的成功，

---

① 钱某，男，23 岁，大学本科，安徽黄山人，从事食品销售工作，未婚。访谈时间：2015 年 3 月 6 日，地点：某茶馆。

最终目的是为了使自己和家人生活得更体面一些。现代社会是物质社会，人们都很现实，衡量一个人的成功也不像以往看社会地位、学历，在体制内或体制外上班，现在就是看你有没有钱，有钱了你在别人眼里就是成功人士，否则，就什么也不是。如果大学毕业几年后，依然买不起房和车，结不起婚，你在别人眼里就是一个失败者。同时做自己喜欢的事，也有激情、有责任心，失败了也不后悔。

问：对于创业，你的家人是什么态度。

钱某：我的父母是安徽黄山农村人。父母虽然是农民，文化程度不高，但他们都比较开明，对我的选择很支持。他们也并不认为花了那么多钱供我读完大学，然后抛弃工作，大学就白读了。包括我个人，也并不认为大学白读了，虽然有时候大学学的专业未必与自己从事的职业相匹配，但大学里培养出来的思维能力、人际交往等对走向社会后还是帮助很大的。尤其是创业，大学期间积累的人脉关系在关键时候都会派上用场。

问：创业面临的风险和失败，你心里是否有过考虑？

钱某：创业不是盲目的和草率的，前期已经做了充分准备工作。有资源，有资金，也有经验，那边的朋友已经着手准备了，公司目前处于起步阶段。

问：你的职场偶像是谁？

钱某：我比较崇拜马云，他是我们草根阶层的偶像。马云白手起家，没有显赫的家庭背景，也没有复杂的社会关系，依靠自己奋斗，一步步把企业做大做强，他是我学习的榜样，也是我创业的动力。

程某①对创业却有着截然不同的看法。

现在创业也不容易，创业的成功机会并不多。创业首先需要一定成本、一定的资金和社会资本。在一个行业有一定的资金、关系和市场，创业才可能成功。资金和社会关系，对于刚出校门的大学生来说，都比较困难。如果家庭富裕，父母在资金上给予支持还好，即便创业失败，也不至于走投无路。再说市场也很难找。现在市场比较规范、透明，不同于改革开放初期，市场混乱可以钻空子，只要胆大，基本上可以成功。以前好多暴发户，他们没什么文化，就是靠运气、靠胆量发家致富的。现在时代不同了，如果以前没有经验，创业成功的概率几乎为零。还有，创业跟所学专业有很大的关系，不是所有的专业都适合创业。比如做销售和服务行业的一般创业容易成功，

① 程某，男，25岁，大学本科，江苏句容人，在Y集团某分公司从事技术工作，未婚。访谈时间：2014年10月12日，地点：某茶馆。

因为他们整天在跑市场，见客户，目光敏锐，对市场信息变化把握比较准确。而像我们做建筑工程的，不适合自己创业。我认识的两个同事，他们先后从公司辞职后，一个办了建筑装修公司，可惜今年经济形势不好，找不到市场，没活干，就要破产了。另一个是因为资金周转跟不上，资金链断裂，去年就不干了。办一个公司不容易，要管理和养活一帮子人，前期要垫资大笔资金，还要有良好的社会关系，如果产品卖不出去，就只有等着破产了。

比较而言，程某对创业的认识相对理性、务实，冷静、客观，对于创业前期准备条件、创业过程中可能遭遇的各种风险有着全面、系统的思考。有创业理想和激情固然重要，但要取得成功，实现职业理想目标，除了受个人能力、资金和社会关系等条件制约外，还要受市场制约，如果产品在市场上兑换不了，实现不了从商品到货币的"惊险一跳"，创业就必然遭遇失败。

一次偶然的机会，冯某[①]讲了他的创业故事。

冯某原是Y集团某分公司人事科长，2010年硕士研究生毕业后到Y集团工作。2012年其父亲不幸遭遇车祸。为了照顾父亲，他无奈选择了离职，随后在山东淄博与朋友合伙开了一家餐饮店，兼做外卖。他的妻子在淄博一家职业技术学院工作。开业第一年，生意颇有起色，经营得顺风顺水，小有斩获。然而好景不长，到了2014年8月份，随着国家宏观经济低迷，冯某的餐饮店也受到了影响，生意惨淡，顾客减少。2015年以来，每月扣除房租、水电等开支费用后所剩无几。这次从南京办事回去，打算把店转让出去，这样实在无法维持下去了。幸亏家里每月还有妻子4000多元的固定收入，依靠它来维持家庭的开支。这些年委屈了妻子，连一件像样的衣服都没舍得买(谈到这里他的声音有些哽咽)……

当问他为什么不转行，做服装或别的行业时，他摇了摇头说，传统行业在今年都不行。他家餐饮店旁边的好多店面都关掉了。现在交通便利，物流发达，网店对实体行业冲击很大。现在是互联网时代，年轻人喜欢网上消费，淄博市服装实体店近两年来消失了一半，不久还要有一些服装店关门。这两年生意越来越难做了。问他下一步如何打算，他说暂时还没考虑好，对未来做什么很迷茫。

从上述访谈材料可以看出，当代大学生员工有着强烈的创业意识和成就欲望，他们中有的即将创业，有的已付诸实践，尽管结局或许不同，但他们追求创业

① 冯某，男，28岁，硕士，山东临沂人。访谈时间：2015年3月12日，地点：Y集团员工休息室。

梦想的精神无疑是当代中国青年开拓进取、创业创新的时代精神的象征。

五、女性和国企员工更重视职业稳定性

国有企业员工更重视职业的稳定性。如表 4-5 所示，23.1%的民营企业大学生员工表示在选择未来职业时重视职业的稳定程度，而 30.7%的国有企业大学生员工持这一观点，高出民营企业近 8 个百分点。从年龄阶段看，年龄越大的被调查对象越注重工作的稳定性。从性别来说，女性比男性员工更重视职业的稳定性，这和 2012 年中国社会科学院国情调研组对当代中国人的职业价值观调查所得出的结论吻合①。2014 年人民网组织并发布的《当代中国青年价值观调查报告》显示，男青年与女青年择业观差异显著，男青年首要考虑工作的发展前景，女青年认为工作的稳定性才是最重要的因素②。

进一步分析发现，国有企业女性大学生员工中有 50.2%表示择业时考虑职业的稳定程度，而男性大学生员工为 36.4%。民营企业女性员工持这一观点的也比男性员工高出近 15 个百分点，这说明女性员工比男性员工更重视职业的稳定性。这是因为，其一，传统社会性别角色的影响和期待，女性比男性承担更多的家庭责任。尽管现代社会随着女性的主体意识觉醒，她们逐渐摆脱了传统依附性地位，在职业劳动上谋求与男性同等地位和权利，但中国文化传统中的“男主外、女主内”的思想观念依然影响深刻。在日常生活中女性依赖性更强，更趋向于获得人们的认可而获得安全感。女性在努力追求两性平等的同时，还要精心维护自己的传统性别角色形象。这种紧张关系和角色冲突对女性构成巨大的心理压力，考虑到自身的承受能力，她们只能更看重工作的稳定性、职业保障等而无暇顾及自身职业发展等其他方面。其二，女性自我意识和自我定位的错位。有学者指出，女性在工作能力、思想深度等方面与男性存在差距，因而女性工作中就无意识地产生依赖、顺从和迎合男性的思想，把自己置于从属的地位③。

> 夏某④说，现在找工作主要考虑的是家庭因素和职业稳定。以前我在一家国内知名民营企业工作，那里的薪水待遇不差，福利也比现在的公司要

---

① 调查组认为，女性更加注重工作稳定，没有失业的风险，比男性高 8 个百分点。见孙伟平主编：《当代中国社会价值观调研报告》。中国社会科学出版社 2013 年版，第 149 页。

② 《当代中国青年价值观调查报告》。http://www.people.com.cn/n/2013/0506/c347407-21382834.html.

③ 宁本荣：《新时期女性职业发展的困境及原因分析》，《西北人口》2005 年第 4 期，第 24—27 页。

④ 夏某，女，29 岁，大学本科，在 Y 集团某分公司人力资源部从事员工关系管理，之前在苏宁集团做人事招聘，已婚，访谈时间：2014 年 10 月 15 日，地点：某茶馆。

好得多。晚上加班回家，通勤费用公司全部报销。不回家的话，可以免费入住公司公寓。节假日福利补助也好。之所以离职是因为出于家庭因素的考虑。我是基层管理人员，原公司要求6天工作日，工作到晚上10点，等回到家已经很晚了，没有时间和精力照顾孩子，这样下去对孩子的成长不利，所以我选择离职。目前这家公司虽然福利待遇不比以前公司，但除了因工作需要加班外，每天可以正常上下班，这样我就有时间教育孩子。我现在就希望工作稳定，对于未来职业发展，也没有太高的期望，能够养活自己就可以了。

尹女士①自大专毕业后就在Y集团工作，在公司已经10年了。从普通职员一步步熬到部门总经理助理的位置，算得上一名资深员工。她和先生是外地人，由于公司不允许"三缘"关系存在，无奈她的先生离职去了上海，两人过起了牛郎织女般的生活。后来有了孩子，就把孩子送回安徽老家交男方父母抚养，自己每月回去探望孩子。眼看孩子一天天长大，考虑到孩子的未来，尹女士狠狠心就在公司附近租了房子，把孩子从公婆那里接过来上学。由于尹女士白天要上班，晚上还经常加班，公公也从老家赶过来帮助照看孩子。尹女士工作认真、踏实，深受公司领导赏识，有不少企业向她发出邀请，但都被她谢绝了。原因是，如果到新的公司担任更高的职务，将会投入更多的时间和精力，承担更大的责任，这样就更没时间照顾孩子。同时，新的企业也需要重新适应，领导和同事关系需要重新磨合，这一切都充满了不确定性，万一不适应新的企业，或者自己能力不及，再回到原公司也就不那么容易了。现在最需要的是职业稳定，对一个女人来说，工作换来换去很辛苦。有的同事辞职后，还不如在Y集团的待遇，现在很后悔。

由上述可见，多数民营企业女性大学生员工在维系职业发展和家庭需要二者平衡时常处于两难抉择的境地。出于内心的渴望，她们希望取得良好的职业发展，实现个人的职业理想和人生价值；同时，由于传统社会性别角色期待的影响，她们又需要照顾家庭，特别是子女的教育和成长。当二者发生冲突时，她们中多数选择放弃个人的职业发展而承担起照顾家庭和子女需要的任务，这迫使她们更多考虑的是职业的稳定。其次，随着每年一批批大学生进入劳动力市场，就业竞争日益激烈，就业压力越来越大，加之传统文化等因素影响，女性在就业和工作中遭遇歧视等，这些客观因素迫使女性大学生员工更重视职业的稳定性。尤其在经济低迷时期，工作和收入的安全性，对她们来说更为重要。一旦失去了工作，不但失去了生

① 尹某，女，29岁，大学专科，在Y集团从事人事行政工作，已婚。访谈时间：2014年12月14日，地点：某咖啡馆。

活来源，而且对心理和人格也会带来巨大的伤害。诚如赖特·米尔斯所言，“当丢失了工作时，我们就会明白它的悲剧性质已超出了经济范畴，它属于心理范畴，它打击了我们人格中的要害部位。它从我们这里夺走了本应属于每个自尊人的所有的东西”[①]。出于职业安全的考虑，多数女性大学生愿意到国有企业或行政事业单位就业。但由于体制内单位的岗位有限，准入门槛较高，竞争激烈，于是她们选择到一些大型民营企业或者有发展前景的中小型民营企业就业。

六、职业声望和职业地位意识淡化

一般认为，职业声望是人们对某种职业社会地位高低的看法，它体现了不同职业的社会等级。职业声望代表着人们的社会地位，权力、教育和财富是人们获得社会地位的三大因素。20 世纪 80 年代，人们受传统计划经济体制思想的束缚，就业观念比较保守，“一国营、二集体、不三不四干个体”的思想在社会上比较流行，职业的社会地位和名声是青年择业最看重的因素，国家机关、科教文卫和国营大厂是青年最想去的就业单位。到了 20 世纪 90 年代，受市场经济的影响，经济收入成了人们的职业选择和影响工作态度的重要因素，地位、名声让位于经济收入[②]。对于当时的大学生来说，在计划分配体制下进入党政机关或国营企事业单位是再正常不过的事情。大学生本身就是一种政治符号，是政治身份的象征，他们享有受人尊敬的社会地位，单位本身的社会声望也使他们比同龄人有着优越感和自信心。当时，个体、私营企业及其从业人员的社会地位和声望都很低，不少人认为，民营企业就是“吃青春饭”“工作不稳定”“不是正式工作”“给别人打工的”。随着市场经济发展，现代人的竞争和开放意识逐渐养成，人们在选择未来的职业时，对于职业地位和声望不再像传统计划经济时代那样看重，而更注重职业的经济收入和个人发展。根据表 4-5 调查显示，选择职业时表示“看重职业的社会地位”，民营企业和国有企业的被调查对象中分别占 10.5%和 10.2%，远远低于“薪酬待遇”和“未来发展”这两个因素。对“如果目前职业社会地位不高，但待遇很理想”这一问题回答，如表 4-10 所示，民营企业 68.5%的被调查对象表示“愿意”，国有企业的被调查对象中对这一问题持相同观点的占 69.3%，这说明与传统社会相比，无论国有企业，还是民营企业，职业地位和声望在大学生员工职业选择中的影响已退居次要位置。

---

① [美]C.赖特·米尔斯著，杨小东等译：《白领——美国的中产阶级》，浙江人民出版社 1987 年版，第 265 页。

② 张华：《当代大学生职业价值观世俗化过程探析》，《青少年研究》2002 年第 4 期，第 4—11 页。

表 4-10 对职业社会地位不高但待遇理想的选择态度

选项	愿意	不愿意	无所谓,有工作就行
民营企业员工	68.5%	13.6%	17.9%
国有企业员工	69.3%	11.5%	19.2%

程某[①]认为,现在的大学生对于在国有企业或私营企业上班不是很注重,注重的是企业的规模、效益、口碑以及企业所在的城市(位置)。当然,这也不能一概而论,有人喜欢稳定,有人喜欢冒险。现在收入较高的人是跑市场的人。现代人把经济收入看得重。好多人在国企待了七八年也跳出来了。他们在国有企业把该学的制度和技术都学到了,就跳出来,到民营企业挣钱。国有企业的管理制度比较成熟,私营企业制度规范性不够。私营企业员工的流动性特别大,一部分原因是员工不适应企业环境和文化,另一原因是企业一旦遇到经济形势不好,首先对人员进行优化。

李某[②]说,我2008年本科毕业后就到了南京一家国有企业工作,在那里老老实实待了6年。我学的是材料工程专业,在国有企业从事技术岗位,专业也对口。国有企业不同于民营企业,论资排辈,职务逐级上升,前面有那么多的老人在排队,年轻人想熬出头很不容易。国有企业工资固定、透明,等级分明,每一级别享受什么样的待遇,制度上写得清清楚楚。国有企业人情关系太重,如果上面没有人为你说话,即使你很有能力,职位晋升也困难。国有企业人际关系也比民营企业复杂,讲究"圈子文化",如果站错了队,想发展不太容易。除了少数垄断性国有企业外,一般国有企业员工的纯工资收入并不比民营企业高,就是住房公积金、住房补贴等福利待遇比民营企业要好一些。另外,国有企业严格按照国家规定,员工假期、带薪休假都有保证,国有企业制度规范、管理成熟,这些都是多数民营企业不能比的。个人认为,在国有企业还是在民营企业上班,这并不重要,关键看哪个给的工资高、待遇好,个人发展有前途,工作顺心,这些才是最重要的。再说现在是市场经济,国有企业也在改革,也不存在铁饭碗了。

与计划经济时代人们重视职业社会地位和职业声望相比,大学生员工更加偏重企业效益和发展前途,以及个人在企业中的发展空间、经济收入等实实在在的利益。依照帕森斯关于职业声望的社会共同价值和首要社会机构理论,不同

① 程某,男,25岁,大学本科,江苏句容人,在Y集团某分公司从事技术工作,未婚。访谈时间:2014年10月12日,地点:某茶馆。

② 李某,男,28岁,本科,江苏南京人,在Y集团从事技术岗位工作。访谈时间:2014年12月26日,地点:某茶馆。

的职业声望、身份高低是人们道德评价的结果，评价的根据是一种共同的价值观体系，而这一共同社会价值观体系又是由首要机构所造的。在重经济的社会结构里，人们崇尚财产、地位，收入高、经济地位高的职业社会声望就高；在注重政治机构的社会，人们以高政治身份为荣，政治地位高的，职业声望就高；在注重家庭、宗教的社会，族长的声望和牧师、神父的声望就高。至于哪一种机构能成为首要机构，则是由特殊的历史文化和环境因素决定的。因此，我们可以这样理解，计划经济和改革开放初期，中国基本处于政治占主导地位的社会结构，官员、国有企业职工等体制内职业社会地位高；市场经济时期，经济占社会主导地位，因此，那些能够带来高收入的职业社会声望高，这样，国有企业在人的心目中的地位就不像以前社会被人看重了①。需要说明的是，社会转型时期同时存在几种相互冲突的价值观念体系和社会规范，属于不同观念体系的人会在职业声望的评价上产生对立的观点。

事实上，现代社会个人的经济收入和社会地位是互为条件、相互促进的。较高的经济收入自然会赢得他人尊重，进而获得更高的社会地位；较高的社会地位意味着可以占有更多的社会资源，从而带来更大的经济收入。从这个意义上说，大学生员工职业地位和职业声望意识淡化是相对的。尽管他们不再像计划经济时期渴望到国有企事业单位等体制内单位就业，如果条件允许的话，还是希望到一些大型效益好的民营企业或外资企业工作。再说，由于 20 世纪 90 年代国有企业大规模改制，传统意义上的国有企业数量很少了，根本满足不了庞大的大学生就业大军。同时，现代企业都是市场化运作机制，除了少数垄断性国有企业享有更多的国家政策、资金扶持等支持外，规模较小的国有企业数量锐减，一些地方国有企业经过改制已所剩不多了②，幸存下来的少数国有企业与知名民营企

---

① 李强：《转型时期冲突性的职业声望评价》，《中国社会科学》2000 年第 4 期，第 100—111 页。

② 笔者曾于 2013 年 8 月至 10 月期间陪同 Y 集团党委领导先后到湖南、湖北、安徽、辽宁、黑龙江等地考察指导 Y 集团分公司的党建工作。其中，长沙、哈尔滨等地分公司原是省级肉联厂，在计划经济时代，其领导行政级别配置是正厅级。长沙肉联厂区内铺设有小火车轨道，连到京广线，产品特供北京。哈尔滨肉联厂的产品除满足本地需要外，主要出口俄罗斯。安徽阜阳、马鞍山，湖北襄阳，辽宁开原等地分公司也是国有企业改制中被 Y 集团收购重组的，原领导行政级别配置属于副厅级或正处级。调查中笔者了解到，原国有企业老职工在企业改制后依然对企业充满深厚的情感，他们特别怀念以往的日子。当时企业就是他们的家，工人与企业休戚与共、生死相依，每个人都有强烈的集体荣誉感、主人翁自豪感和高度责任感，为企业加班加点无怨无悔。企业党委、工会等组织机构健全、工作有力，关心职工的利益，解决他们的实际生活困难。一旦职工及其家人遭遇生老病死或重大生活困难时，工会领导会主动慰问探望，送上组织温暖。尽管职工之间工作中难免发生冲突，但主要还是互助团结帮助，人情味浓厚。

业在市场上并不具有明显的竞争优势。如果经营不善的话，也与民营企业一样，避免不了破产倒闭或被收购重组的命运。这种情况下，如果能到知名民营企业工作，对大学生来说，也是一件很荣幸的事。

曹某[①]说，现在年轻人对国有企业或民营企业就业并不在意，我觉得能在Y集团这样全国500强民营企业上班感到自豪，在朋友面前提起来也很有面子，父母对我目前情况也很满意。以前我在移动公司上班，在那里待了5年，由于没有编制，职位一直没有升迁。国有企业晋升名额很少。在国有企业基层，圈子文化不明显，在中层比较明显。国有企业人际关系复杂，指不定哪个小职员就和领导有亲戚关系，民营企业简单多了。国有企业编制内外员工的待遇差别很大，而弄个编制又很难，移动公司里像我这样没有编制的女孩子有不少。民营企业的最大缺点就是不稳定，心理不够安全，工作压力大。国有企业员工的压力也大，我们做销售服务的，收入和奖金直接与业绩挂钩，业绩考核也很严格，并不像一些人说的那样，国有企业员工很清闲，没事干，混日子。由于女性就业受歧视，我很珍惜这次工作机会，将来也不打算到国有企业去，因为国有企业一般没有编制，再说，有的国有企业还不如民营企业。只要工作环境好、收入高，在哪里干都一样。

七、90后员工更重视职业环境

如表4-11所示，民营企业的被调查对象中选择“良好工作环境”的占16.8%，国有企业的被调查对象中选择“良好工作环境”的占21.7%，说明工作环境已经成为影响大学生员工选择未来职业的重要因素。

表4-11　选择职业最重要的因素

选项	具有挑战性的工作任务	充分发挥个人特长	良好工作环境	和谐人际关系	收入稳定
民营企业员工	14.7%	61%	16.8%	23.1%	26.3%
国有企业员工	10.2%	52.5%	21.7%	19.2%	25.6%

对于工作环境，不同年龄阶段的大学生员工呈现明显的偏好。由智联招聘发布的《2015年白领8小时生存质量调研报告》显示，90后看重工作环境，94.4%的90后白领表示选择工作时良好的工作环境很重要；80后有64.1%持这一观点[②]。原因在于他们成长在物质丰裕的社会，对工作环境要求自然较高。

① 曹某，女，29岁，大专，曾在某国企做过销售工作（属于没编制的临时工），后在Y集团从事网络销售，江苏南京人，已婚。访谈时间：2014年9月6日，地点：某咖啡馆。

② 《2015年白领生存质量报告》显示：90后找工作最看重工作环境。http://www.gog.cn/zonghe/system/2015/08/25/014505901.shtml.

如果工作环境太差或者满足不了他们的需要,他们中有些人就会选择离职。例如,Y集团每年招聘来的大学生被要求下车间锻炼半年。在车间里他们与普通生产工人一样,从事流水线上的操作工作,从事生猪屠宰、分割、灌肠、包装、贴标等程序性的体力劳动,每天工作在12小时以上。有的大学生下车间不到一周就提出辞职,原因是工作环境太差,尤其是一些女大学生忍受不了屠宰、分割车间的血腥场面、刺激气味以及封闭潮湿的作业环境,因为低温肉食品作业环境一般要求保持在8℃左右;有的则因为工作时间长,劳动强度大,体力支撑不了;有的则认为,干的活与农民工没两样,父母辛苦供应自己读大学,结果在车间里当一名操作工,感到人格受到羞辱,认为企业欺骗了她,与当初招聘时的承诺不一样,于是愤然辞职;还有的是因为听说要在车间实习工作半年,看不到未来的希望而离开。笔者曾在公司春节大生产期间有过几次下车间的经历,当时最大的感受不是体力不支,而是工作环境阴冷潮湿和"面子"过不去。觉得堂堂一名博士研究生,以前好歹也是国家教师,竟然在这里做小学生都能做的事情,感到人格受到了侮辱。尽管Y集团承诺半年后把他们分配到各分公司从事管理或技术岗位工作,但不到2个月,新招聘来的大学生员工就流失近三分之一,6个月过后,流失过半。相当部分大学生是冲着Y集团的牌子和城市位置来的,等到好不容易从车间里熬出来了,又要被分配到边远的分公司,这让人情何以堪?

一位在武汉某民营企业负责员工招聘的朋友打电话告诉笔者,他所在的生物科技公司位于武汉市郊区,前些日子,有前来应聘的大学生乘公交车来到公司后,冒出来的第一句话,"这么远啊",以后就再也见不到这个人了。如果从他们生活和成长的社会和家庭环境来看,80后和90后大学生员工多数属于独生子女家庭,他们生活和成长在改革开放和市场经济制度下的多元开放的社会环境当中,社会政治稳定,经济繁荣向好,物质生活丰裕,没有经历过他们父辈所历经的物资短缺年代的苦楚,因此,对工作环境要求相对较高。

八、职业目标短期化和多元化

大学生员工职业目标短期化。如表4-12所示,32.7%民营企业的被调查对象中表示有"明确长远的职业目标",58.9%表示有"清晰短期的职业目标",5.3%和3.1%则分别表示"职业目标模糊"和"没有职业目标";国有企业调查对象依次为10.2%、62.8%、20.5%和6.5%。这说明,与一般非知识型员工不同,大学生员工对自己的职业发展有着短期规划,职业目标呈现短期化。这是因为,首先,现代社会的不确定性加剧大学生员工的职业流动。现代社会是风险社会,一切都处于不确定性之中,使他们无法对自己的职业未来进行周密思考和长远规划。其次，民营企业自身的短命性和不稳定性致使大学生员工职业目标短期化。现代社会竞争激烈，优胜劣汰，民营企业随时存在破产倒闭的风险。有调查报告显示，“中国民营企业经营变化频繁，其生也快，其亡也速，平均寿命不足5年，2006年全国注销和吊销私营企业32万户”①。这种情况下，企业很难为大学生员工职业发展作出长远的指导和规划。再次，作为知识型员工自身的特性。大学生员工具有创新、求变和频繁流动等特征，他们很难作出长远的职业发展规划，因而职业理想目标呈现短期化特征。

表4-12 大学生员工职业目标情况

选项	明确长远的职业目标	清晰短期的职业目标	职业目标模糊	没有职业目标
民营企业员工	32.7%	58.9%	5.3%	3.1%
国有企业员工	10.2%	62.8%	20.5%	6.5%

魏某②说，大学读的国际贸易与经济专业，原打算毕业后从事外贸工作，结果发现，理想和现实差距很大，工作由不得你。之前，在徐州一家经营建材的小企业做管理工作，后来，觉得企业的行政岗位没有技术含量，没有竞争力、发展前途，可替代性强，这样的工作谁都能做，长期下去对自己发展不利。看到企业财务人员工资高，有一定的技术特长，就利用业余时间参加了会计师培训班，考了会计师证。后来企业倒闭也就离开了那家公司。考虑到苏北的经济相对落后，就业机会不多，就来到省城发展，通过社会招聘来到Y集团。因为近年房地产从业人员待遇高，就业机会也多，就报名参加建造师培训班，争取近期把建造师证考下来。现在经济形势不好，公司正大规模裁员。即使被解雇，有几个证件在手，加上有大企业工作的经历，找工作也不会太难。趁着年轻，多学习一些，才不会被社会淘汰。

从魏某的谈话中可以看出，他对自己的未来发展并没有长期系统的规划，其职业理想价值是以经济利益为取向的，至于职业是否符合个人的兴趣、性格或特长则缺乏深入的思考，而是根据社会需要和市场变化作出自己的职业调整或新的选择，反映了其职业目标的短期性、灵活性和鲜明的实用主义取向。

职业目标多元化。如表4-9所示。有16.8%民营企业大学生员工表示将来到国有大中型企业就业，14.7%表示到民营企业就业，有45.5%表示自主创业，

① 黄孟复著：《中国民营企业劳动关系状况调查》，中国财政经济出版社2008年版，第7页。

② 魏某，男，26岁，大学本科，江苏徐州人，未婚，在Y集团某分公司从事行政工作。访谈时间：2014年12月20日，地点：某茶馆。

还有的表示到外资企业、党政机关和科教文卫单位就业，职业理想目标呈现多元化特征。这是因为，市场经济体制改革造成社会结构、分配方式、组织形式、就业方式和利益主体多元化，从而导致人们在价值选择中的冲突增多，各种新旧观念对立，内生和外源的观念影响，导致人们价值观多元化，反映在职业价值取向上就是职业理想目标多元化。价值多元是相对价值主义的表征，有的人崇尚金钱，把赚钱作为人生的目的；有的人热衷权力，把当官作为毕生追求；有的人把理想定位于个人幸福生活追求；有的人讲求奉献；有的人追求私利。表现在职业的选择上，有的大学生员工表示愿意将来当“明星助理”，因为这会带来很高的经济收入；有的表示离职“继续深造”，至于深造的动机与理由，如表4-13所示，无论民营企业还是国有企业，排在第一位的是“可以获得更高的经济收入”，“使自己的专业知识更精湛”和“改变专业，脱离目前工作岗位”分别位居第二位和第三位。这说明经济动机仍然是大学生员工学习深造的主要理由，而缺乏对更高层次的精神追求。

表4-13　按重要顺序排序选择继续深造的理由

选项	可以使自己专业知识更精湛	高学历可以获得更高的经济收入	可以改变专业，从而脱离目前工作岗位
民营企业员工	2	1	3
国有企业员工	2	1	3

郑某[①]说，上大学时想法过于天真，对现实社会考虑过于简单，真正踏入社会后，才感到现实生活与在学校所设想的差别很大。目前打算离职，主要因为想继续读研深造，为将来谋求一份更理想的职业，最好将来能到金融行业或者政府部门工作，最理想的是金融部门。现在进国有银行等金融单位，门槛很高，一般要求硕士研究生以上。辞职深造，一方面是自己的想法，因为目前从事的职业和自己的专业不对口，如果这样长期在民营企业待下去，专业就荒废了。而且这个企业也没像当初校招时所承诺的那样，对大学生的职业发展没有给予规划指导。趁着年轻没有结婚，没有负担，继续读研，以后到金融行业工作，或者当个公务员。另一方面也是父母的希望。父母认为在民营企业不可靠，他们希望将来我能考上公务员，公务员工作稳定，社会声望高，适合女孩子。如果考不上公务员，就尽量到国有企业上班，国有企业稳定，工作体面，福利待遇好。民营企业并不重视我们刚毕业的大

① 郑某，女，23岁，本科，江苏徐州人，从事房地产销售。访谈时间：2015年3月3日，地点：某咖啡馆。

学生，给的工资低。而且民营企业不稳定，经济形势不好时首先想到裁员，新来的首当其冲。这次辞职正好遇到企业裁员，所以主动提出离职，比将来被逼辞职，面子和心理上好受一些。离职后先借住江宁的一个亲戚家，准备考研。

我的一个表姐，在上海华泰证券工作，今年30岁了，还准备攻读博士学位。因为她发现硕士学位在职业竞争中不具有优势，职业发展空间很小，压力大。她打算博士毕业后进高校任教。高校教师工作稳定，环境好，压力小，教教课，做做学术，而且还有寒暑假。

第三节　民营企业大学生员工职业理想特征及其分析

由于受市场经济的影响，民营企业大学生员工的主体意识、竞争意识明显增强，在未来职业选择上体现出高度的自主性和自由度，职业理想呈现鲜明的个体化特征。市场经济在激发民营企业大学生员工主体意识的同时，其自身的趋利性消解了职业理想的崇高性和超越性，呈现出功利化和理性务实的实用主义特征。

一、职业选择个体化

个体化是一个复杂的概念。德国社会学家滕尼斯认为，个体化是指单一个体自身人格、价值和目的脱离束缚他的共同体而获得发展。弗洛姆提出个体化的进程既是个体力量不断增强的过程，也是个体孤独感和不安全感日益增加的过程。杜博斯分析了个体主义五个方面：个体目标的追求、自我需要的满足、内在性、个体定位和契约型。在乌尔里希·贝克看来，个体化意味着传统社会形式的解体，阶级、社会地位、性别角色、家庭等范畴弱化，也意味着现代社会新的控制被强加给个体。贝克认为个体化有三个维度：解放的维度、脱魅的维度和重新植入，即“从传统社会形式与义务中脱离，传统安全感的丧失，控制或重新整合”①。本研究所指的个体化，是指大学生职业选择的自主性、父母等传统权威影响弱化以及个人主义取向。

首先，民营企业大学生员工职业选择的自主性。自主性是指根据自己的爱好兴趣、气质性格、能力特长等自主选择未来职业。大学生员工对自己兴趣爱好和性格特征有着清楚的认识和把握。如表4-3、表4-4和表4-14所示，有89.4%

① 王建民：《转型社会中的个体化与社会团结——中国语境下的个体化议题》，《思想战线》2013年第3期，第80—83页。

的民营企业的被调查对象表示清楚自己的爱好；有12.8%和67.9%的民营企业的被调查对象分别表示“完全了解”和“基本了解”自己的性格；在职业选择上依靠自己作出选择的有70.5%。自主性是大学生自我意识发展的体现。在计划经济时期，大学生就业是由国家分配的，个人对职业除了服从国家分配以外，别无选择，这种情况下个人是没有自主性的。工作的含义也往往被“共同事业”所掩盖，个人的理想被集体理想或共同理想所遮蔽。随着现代社会发展和人的自我意识觉醒，人们把工作看作对集体的贡献变得日益困难起来，而把工作看作一种自我利益的活动却日渐容易。工作不仅是谋求物质利益和社会地位的手段，更重要的是它能够让我们在工作中确定自身的人格和个性，寻求自身的价值与实现①。

表4-14　选择职业倾向听取谁的意见(多选)

选项	自己	父母	好友	老师	媒体	配偶	其他
民营企业员工	70.5%	21.0%	14.7%	10.5%	3%	21.1%	—
国有企业员工	43.5%	32.0%	26.9%	12.8%	3.8%	14.1%	—

其次，父母、老师等传统权威因素对个人职业选择的影响弱化。调查发现，父母和老师在民营企业大学生员工职业选择影响中的比例仅为21.0%和10.5%。在传统社会中，父母和老师是青年心中的权威，对青年成长和职业的选择起着重要指导作用。马克思指出，当我们自己的理智不能给我们充当顾问，我们的目光应该投向哪里呢？所能寻求的是我们的父母。他们走过漫长的生活道路②，能为我们职业选择指明方向。随着现代社会发展和“世界的祛魅”③，个体的主体意识觉醒，父母、教师等传统权威因素的影响逐渐减弱。

再次，职业选择个体化表现为个人主义的价值取向，追求个人的自我发展和自我价值的实现。在个体化的社会框架内，自我常被功利的个人主义所绑架，人们的选择是根据自身的价值系统，从一连串的后果中判断个人行为是否有利于自身利益的实现④。

---

① 龙柏林，王艺霖：《个体化的困境及其拯救—基于贝拉等〈心灵的习性〉的思考》，《岭南学刊》2013年第5期，第119—123页。

② 中共中央马克思恩格斯列宁斯大林著作编译局编译：《马克思恩格斯全集》(第1卷)，人民出版社1995年版，第456页。

③ “祛魅”是韦伯历史哲学和宗教哲学的核心概念。韦伯所言的“世界的祛魅”，是世界对于人类来说不再是一个充满迷魅或巫术的存在，而是人类理性可以把握的因果机制，世界的祛魅化就是人类的理性化。

④ 龙柏林，王艺霖：《个体化的困境及其拯救—基于贝拉等〈心灵的习性〉的思考》，《岭南学刊》2013年第5期，第119—123页。

大学生员工职业选择个体化是现代社会转型的结果。当前中国处于传统社会向现代社会、农业社会向工业社会、封闭社会向开放社会、人情社会向法理社会、“总体性”社会向“个体化”社会转变的重要时期，社会环境的变化带来人的思想观念、价值取向、道德观念和生存方式的变化。依据韦伯的观点，社会转型必然伴随传统权威向法理权威的转变。传统权威是一种人对人的关系，法理权威则是人对制度的关系。在传统社会，人受权威观念和体制的约束和调节，每个人知道他享有哪些权利和承担哪些义务，群体价值对于个人目的具有优先性。现代社会中以阶级和阶层划分的旧秩序被打破，人的生活方式和价值取向日趋多元化，生活目的和意义的选择纯属于私人的事，人不再是被镶嵌在“社会晶体”的一个个“分子”，而是脱离社会组织之外的“自由粒子”。

在乌尔里希·贝克看来，在后现代社会，由于社会文化的意义日趋枯竭，例如，理想信念和集体意识的丧失，传统家庭结构的解体，伦理道德价值的多元化，群体的同一性和意义的源泉消失等，一切都变得不确定。在一个变动的社会空间内，面对多样化的相互冲突的选择，人们只能依靠自己作出判断、选择和决定，并承担选择的后果。乌尔里希·贝克把现代人的个体化归结为如下特征。

第一，后现代是个体人的时代。个人对社会依赖性程度降低，原来维系人与人关系的社会纽带发生断裂，除了亲缘关系，再也没有稳定的持续的人际关系贯彻其一生。社会也不能给人提供一种归属感和安全感，个人日益脱离社会共同体而孤立无援，人成为“单子式”的人。第二，社会凝聚力降低。社会集体意识不能自上而下地被灌输和认同，人成了“漂浮的个体”。个体化并不是人的自由解放，而是一种社会制度模式重新嵌入。它还意味着个体在脱离传统价值观念、生活方式和社会关联而获得独立的同时，也失去社会的庇护、安全和温暖。人与人之间缺乏关爱和互信，社会陷入严重的信任危机。第三，人的生存奋斗越来越依附于经济目的，并通过激烈竞争和个人奋斗来实现。这种无所不在的竞争机制给人带来了巨大压力。为了在竞争中求得生存和发展，人变得冷酷、自私和贪婪，丧失了真诚、同情和正义感，人与人的关系变成纯粹的金钱关系。第四，追求自我利益和成功成为人生的唯一目标。个体化强调个人的权利，为获得和维护自己的利益所做的一切都是合法的。第五，人再也不能从一种能够为世界提供统一意义的元话语诸如宗教信仰、政治理想中获得生活的价值和意义，陷入了精神迷茫和空虚之中。精神的空虚、青年的叛逆、享乐主义、自恋癖等成为当今世界的普遍现象。第六，人在后现代社会中的生存变成了一种风险生存。一个人的成功和失败是个人的事，不再与社会有关。这样，社会危机和风险就被分散和转嫁到个人头上,被归咎于个人的失败和无能[①]。

二、价值取向功利化

功利化不等于功利主义。在穆勒看来,功利主义的宗旨是最大多数人的最大利益,其行为标准是全体相关人员的最大幸福[②],部分代表性、目的趋利性和非公平性是功利主义的基本特征。功利主义奉行利己但不害人的道德底线原则,强调个人利益追求,又不同于个人主义或利己主义、拜金主义或享乐主义。这里的"功利化"指的是一种实用主义态度和取向。民营企业大学生员工职业价值取向功利化主要体现在如下方面。

(一)经济收入是职业选择的重要因素

如表 4-5 所示,有 61.0%的民营企业大学生员工把经济收入作为未来职业选择的重要因素。部分受访者认为,现代社会是世俗社会,人们不像传统社会那样重视人的社会身份、社会权力和社会地位,现代社会判断人生成功的标准就是经济收入,金钱的多寡是个人能否获得幸福生活的保障。没有一定的经济收入作为物质基础,追求个人幸福生活、实现人生理想和自我价值等都是空话。如果大学毕业多年后,仍然在城市里漂泊流浪,居无定所,不但别人看不起,受人讥笑,自己脸上无光,还连累到父母,让他们觉得在邻居面前抬不起头来。尤其那些来自经济欠发达地区、中小城镇以及农村家庭的大学生员工,他们更重视职业带来的经济收入。因为他们承受着更大的经济和心理压力,父母为了他们完成大学学业,几乎花光家庭多年所有的积蓄,有的家庭甚至背负重债、因学致贫[③]。为了报答父母,缓解家庭的经济压力,他们期望有较高的经济收入,家庭也希望他们早日能够经济反哺或者至少他们能够经济独立,能够自己养活自己。因此,"什么东西有价值"的问题越来越被"值多少钱"的问题所取代,而当工作的经济动机成为唯一坚实的理性基础时,工作就成了一种商品,金钱就成了唯一的共同

---

① 章国锋:《后现代:人的"个体化"进程的加速》,《中国政法大学学报》2011 年第 4 期,第 5—10 页。

② [英]约翰·穆勒:《功利主义》,上海译文出版社 2007 年版,第 12 页。

③ "因学致贫"是当今社会常见的现象,教育花费已成为城乡居民致贫的首要原因。城市、小城镇、农村的贫困人群中均有 40%—50%的人提到家里穷是因为"家里有孩子要读书"。农村家庭因学致贫的主体是高等教育,其致贫的直接原因除自身的经济水平外是高校的高收费和高消费,这种贫困是农村家庭经济的脆弱性所致。坊间流传"专科毁一生,三本穷三代"的说法,也是因学致贫的影射。见杨在军:《脆弱性贫困、沉没成本、投资与受益主体分离——农民家庭"因学致贫"现象的理论阐释及对策》,《调研世界》2009 年第 6 期,第 14—17 页。

标准，人的精神就陷入了迷茫和空虚。

(二)到大城市和沿海经济发达城市就业

如表 4-15 所示，对"理想的工作地点"这一问题，选择"国内大城市"和"沿海经济发达城市"的民营企业的被调查对象中分别占 45.2%和 29.8%，选择"家乡"的占 17.0%，选择"内陆中小城市"和"边远地区"的分别占 8.0%和 0.0%。国有企业被调查对象依次为 34.6%、32.0%、23.4%、8.0%和 2.0%。如表 4-16 所示，38.9%和 23.2%的民营企业被调查对象表示"不会到艰苦的地方就业"和"从来没有考虑过到艰苦的地方就业"，国有企业的被调查对象的选择分别是 32.1%、30.7%。这说明，无论国有企业还是民营企业大学生员工，他们关注的是个人的利益和发展前途，很少考虑国家需要和社会责任。这也表明，在相同的社会文化背景下，企业性质对大学生员工职业理想影响式微。

表 4-15　理想的工作地点

选项	国内大城市	沿海经济城市	边远地区	内陆中小城市	家乡
民营企业员工	45.2%	29.8%	—	8.0%	17.0%
国有企业员工	34.6%	32.0%	2.0%	8.0%	23.4%

表 4-16　是否会选择到条件艰苦的地方就业

选项	会	不会	从来没考虑过
民营企业员工	37.9%	38.9%	23.2%
国有企业员工	37.2%	32.1%	30.7%

陈某[①]说，以后不打算再回到县城生活了。最理想的是地级城市。小城市工作机会太少，找到理想的工作比较困难，不利于个人和下一代的发展。小城市开放程度低，人际关系复杂，找工作靠社会关系。而大城市相对公平，就业机会也多，工资高，找到理想的工作相对容易。在大城市生活，也可以为下一代提供更好的资源和发展机会。但大城市生活压力大，房价高，生活成本高，希望将来能够在沿海中等城市或家乡地级市定居下来，这样生活压力相对较小，发展机会也多，生活幸福。还有就是面子问题。如果读了大学再回到家乡县城或农村，不但自己脸上无光，还会有损家人的颜面。同村的老少爷们即使当面不说，背后也指指点点，他们会说，小 X 白念了那么多年的书，还不如同村的小 Y，人家小学没毕业，在城里当大老板，有车有

① 陈某，男，24 岁，大学本科，江西永新人，曾在 Y 集团从事生鲜销售，后到某民营企业从事银饰品销售，未婚。访谈时间：2014 年 12 月，地点：某茶馆。

房，娶了个年轻漂亮老婆，还有大学生为他打工。与这些所谓的成功人士相比，感到一种莫名的失落感，觉得读书真的没有啥价值。尤其是农村出来的孩子，浪费了父母的血汗钱，浪费了自己的青春，看不到向上升迁的希望，到头来还是给别人打工。与其他收入高的同学相比，心里面空空的。

从陈某谈话中看出，他不愿意再回到家乡工作。促使他扎根城市的动力来自向上升迁的愿望和对未来幸福生活的渴望，为了下一代发展的责任和家人“面子”。与中西部内陆城市、农村及偏远地区等经济相对落后的地方相比，大城市和沿海城市有着经济发达、交通便利、基础设施完备、教育资源丰厚、就业机会多、收入高等区位优势，这无疑为大学生员工实现个人理想提供了更多的条件支持，也正是这些资源优势促使他们要克服诸多困难而扎根城市。依据米尔斯的观点，他们留在城市并在大企业工作，还可以获得自尊和别人的尊重，获得一种工作和身份的满足感。“到大城市工作可以带来一种满足，一种和某家企业关联在一起的荣耀感”[①]。尽管初期要忍受收入低而带来的生活困难，初入城市的迷惘、内心孤独，但这与对城市生活的渴望相比，对他们来说，又算得了什么呢？

梅某[②]说，到Y集团工作纯属偶然。大学期间和父母到南京旅游，感到这座城市充满了人文气息，环境优美，城市文明程度高，这次旅游的经历给我留下了美好印象，心想毕业后一定来南京工作，扎根这座城市。当时就把想法告诉了父母，他们觉得我是头脑发热，一时冲动，就笑着答应了。毕业后，看到Y集团招聘空乘人员，就瞒着父母报了名，结果被录用了。父母知道我要来南京工作，心里不是滋味。因为我是独生女，他们希望我留在济南，留在他们身边工作，这样方便照顾我。当时，父母已经为我找好了一份银行的工作，环境和待遇都很好。可我执意要来南京，父母没有拗过我，只好答应了。谁知道到Y集团后，就把我分配到黄山高尔夫酒店，说是暂时的，公司的大学生都要到分公司锻炼，不久就调回南京。半年过去了，没把我调回南京，却把我调到了九华山公司的酒店，尽管这两个地方的环境都很美，但我还是想回南京，回到我喜欢的空乘职业。今年3月，公司终于把我调回了南京，可还是在酒店工作，没有把我分到航空公司，这令我很不满意。出来一年多了，父母很想念我，让我回济南工作。我在外面漂泊累了，这次回去，东航济南分公司招空乘人员，我也报名了，父母那边也在找关系，录取

---

① [美]C.赖特·米尔斯著，杨小东等译:《白领——美国的中产阶级》，浙江人民出版社1987年版，第205—206页。

② 梅某，女，24岁，本科，山东济南人，未婚，从事酒店服务管理工作。访谈时间:2015年1月8日，地点:某茶馆。

不是问题，我学的是这个专业，自身条件又好，这一点我很自信。我正在办离职手续。

尽管同是90后，都希望在大城市谋求一份体面的工作，但他们的理想追求明显不同。陈某来自内陆某省份的农村，父母是农民，家庭没有丰厚的物质基础和良好的社会关系，为他的理想实现提供条件支持。他留在大城市工作，是因为大城市可以给他带来更多的发展机会，而这恰恰是家乡县城所不能提供给他的。小县城找工作倚重社会关系，他缺乏这方面的资源和条件，因此，到大城市就业是多元利益博弈下的理性选择。而梅某追求的职业要符合个人的专业、兴趣和理想城市，因为她喜欢南京这座城市，热爱空乘这一职业，Y集团招聘正好满足了她的需求。尽管最终实现了在南京工作的梦想，但由于没能实现她的职业理想，加之父母的影响，她最终还是回到家乡省城继续追逐人生理想。由于家庭经济条件好，社会资源多，所以选择职业时她看重的是个人兴趣和专业特长，追求自我价值实现，而不是职业外在的经济价值。

(三)政治意识模糊和社会责任意识淡化

如表4-6显示，对“您认为职业的意义在于”问题的回答，民营企业的被调查对象中，选择“服务社会”的占5.2%，选择“赚钱谋生”的占37.8%，选择“自我价值实现”的占50.7%；国有企业，相应占比分别是3.8%、35.8%和44.8%，可见，无论国有企业还是民营企业大学生员工，他们职业价值取向注重个人本位，追求自我价值和经济利益，而政治意识模糊，职业的社会责任淡化。2014年江苏省农村信用联社联合调查组对江苏农商行系统80后和90后青年员工的政治思想随机抽样调查，调查结果表明，80后、90后青年员工知识丰富，但政治意识模糊；积极进取，但功利观念较重①。青年员工思想政治意识具有一定的模糊性，政治坚定性、敏锐性和鉴别力有待提高和加强。

问：您平时关心时政方面的消息吗？

汪某②：时政新闻也关注一下，谈不上关心，这或许与个人的兴趣有关。

---

① 调查结果显示，28%的青年员工经常关心国内外时政新闻，了解时事政治；7%的青年员工业余时间阅读思想政治类书籍；44%的青年员工了解党的群众路线、科学发展观等核心理论知识；97%的青年员工每天登录微信、QQ、微博等新媒体；7.9%的青年员工表示通过新媒体发过负面消息。见江苏省思想政治工作研究会：《2014年江苏省思想政治工作课题研究优秀成果汇编》，2015年。

② 汪某，男，27岁，管理学硕士，江西瑞昌人，从事人力资源管理岗位工作，未婚。访谈时间：2014年10月20日，地点：某茶馆。

因为觉得政治与自己的生活联系不紧密，现在看问题比较理性。总之，我对政治不热心，也不冷漠，政治热情不高，没有政治信仰。

问：您是如何看待个人的社会责任的？

汪某：（笑了笑）现在人们很少想到社会责任，都在追逐金钱，哪里给的钱多，人就到哪里就业。至于为国家和民族应尽的责任，我认为，只要不违法乱纪就行了，现代社会，还能够做啥呢。

问：您是如何看待个人发展与社会需要之间的关系？

汪某：我认为，如果个人发展不危害社会，肯定优先满足自己需要，只要我的发展不妨碍别人，我就会考虑自己。如果社会需要，但不能满足自己的需要、不能生存，我是不会去的。现在社会没有给我安全感。如果给我未来一个预期，我会答应的。预期就是职业规划或者一个承诺，比如说，工作5年或10年给我的经济待遇能够让我在城市里买得起一套房子，结得起婚，养得起孩子。在均衡个人需求和社会需要时，我首先要考虑个人的需求问题。

大学生员工社会责任意识淡化，与社会阶层分化和现代社会转型密切相关。首先，现代社会许多社会问题体现为个体问题，人们不再从社会中去寻找根源，而是到个体中寻求解答，致使个人和社会联系的纽带断裂，个人对国家和社会的责任意识淡化，把追求自我利益和个人成功作为人生的唯一目标。

其次，在现代社会转型的过程中，个体从传统社会的单位体制下解脱出来，从统一的整体分化为碎片的个体。个体碎片化体现为个体的社会疏离和自我的疏离。个体的社会疏离意味着个体和社会联系的松散、社会共识难以形成、社会凝聚力降低以及个体对社会责任意识的淡化①。而计划经济体制时期，人们的头脑里时刻装着国家目标，以国家和社会利益为本位，为实现国家目标而奋斗终身，成为青年人生观和价值观的支点。通过雷锋在小学毕业典礼上的发言，可以看出那个时代青年职业理想的价值取向。“我决心做个好农民，驾起拖拉机耕耘祖国大地。如果祖国需要，我就去当个好工人，为社会主义工业化建设出力。如果祖国需要，我就做个好战士，用鲜血和生命保卫伟大的祖国。”②无论当农民、工人，还是战士，雷锋的人生理想无一不是以国家利益为取向，为国家和社会服务的。当然，这种以社会为本位的职业理想与当时社会制度是分不开的。计划经济体制下个人追求被统摄于社会对各种分工的统一配置下，加之社会机制通过组织系统向社会成员反复灌输同一行为目标，致使社会形成一种普遍认定的价值取向。“我

① 王力平：《风险与安全：个体化社会的社会学想象》，《新疆社会科学》2013年第2期，第118—123页。

② 吴红梅，王凯博著：《像雷锋那样》，电子工业出版社2007年版，第11页。

是人民的一块砖，哪里需要哪里搬”的时代号子正是这种社会本位价值观的体现。受时代的影响，青年很少考虑职业的地理因素和个人利益，一切都服从国家和社会的需要。“文革”时期，轰轰烈烈的“上山下乡”运动将20世纪70年代的青年引向农村的广阔天地，许多青年把扎根农村、献身农村作为人生的理想目标。

20世纪80年代，对外开放唤醒了人们的商品意识，人的思想开始松动，个人的主体意识逐渐觉醒，以社会为本位的价值观和个人本位价值观发生激烈碰撞，人的价值取向一度出现迷茫现象，一封署名潘晓的来信《人生的路啊，怎么越走越窄》正是这两种价值观冲突的集中体现。总的来说，这一时期的大学生看重社会价值，忽略个人价值，个人追求是服从社会理想和社会需要之下的。到了20世纪90年代，随着市场经济发展和人的自我意识的觉醒，人们开始追求自身的经济利益，政治理想和社会责任意识淡化，大学生就业地点选择也从80年代“到基层去、到西部去，到祖国最需要的地方去”，到90年代的“到沿海去，到国外去，到挣钱最多的地方去”转变，职业价值取向经历了政治社会价值到经济价值的转变。

进入21世纪以来，大学生更看重个人发展，把经济利益和自我价值实现作为职业理想的价值取向。这种情况非常类似于20世纪80年代的日本社会：青年自我意识膨胀，追求个人主义，拒绝“大道理”说教，“国家”概念消失；行动上缺乏情感，普遍丢弃理念和对工作的认真精神，把成功归结为个人运气；生活上崇尚安逸舒适，重视金钱，人际关系淡化①。当然也有学者并不认同当代青年社会责任淡化的观点。虽然当代青年对以前说教式的政治话语体系不感兴趣，但并不能说明他们不关心政治，而是随着时代变化，他们的政治态度更加世俗理性。在他们的内心深处，爱国主义情怀、民族崛起之梦从未消失②。客观地说，这种观点是公允的。

三、职业内在意义缺失

职业不仅是谋生的手段，还是人的内心生活的最重要的一部分。当前，大学生员工强调职业的外在意义或功能，把职业当作谋生的手段或者实现个人价值的工具，忽略了职业的内在意义。在早期职业观中，职业是一种宗教的要求和义务，是上帝的福音，人们从工作中得到满足感不是活动和经验中固有的东西，而是宗教性的报酬，通过工作，人们取得了宗教地位并保证自己属于上帝的选民之列。文艺复兴时期的工作观认为，工作具有内在的价值。这种工作以工作过程

---

① 何培忠著：《中日青年生活观比较》，经济管理出版社2000年版，第169页。
② 廉思等著：《中国青年发展报告》，社会科学文献出版社2015年版，第2—3页。

的手工艺技能为中心，工作的原因在于工作本身，而不在于其他的神秘领域或者是工作的结果，不是收入，不是解脱的途径，不是地位，也不是凌驾于他人之上的权力，而是过程本身给人们带来的满足。

在批判学家米尔斯看来，手工艺作为一种理想化的工作模式，人们在工作中获得职业的内在意义。其一，在手工艺人的劳动中，劳动者和劳动产品是一体的，除了制造的产品和创造过程之外，没有别的隐秘的工作动机。至于金钱、名誉、地位、解脱等其他动机与结果都是次要的，工作是自愿的，而非强迫的，工作的希望就是对产品和工作本身带来乐趣的希望。极度的关切，全神贯注是和产品的质量以及制造产品的技能连在一起的。其二，对于手工艺人来说，“日常工作的细节是有意义的，因为在他们的心里，他们并没有和产品分离”。“即使不在法律上拥有产品，也必须在心理的角度拥有它。”“即使没有完全把它制成，他也能看到整个产品中他贡献的那一部分东西的地位，从而使他在整个产品上要表现出来的意念得到明确。他在成品上得到的满足侵染了他制造产品时使用的手段，这样，他的工作不仅对他是有意义的，还可以使他从产品的完美性中得到进一步的满足。如果工作在某些阶段上出现了困难、烦恼，手工艺人仍然怀着强烈的期望去完成”，并在克服困难的过程中得到极大满足和体会成功者的乐趣。其三，工匠在工作中有充分独立性和自主性，可以控制自己的活动。“工匠是这一活动和他自己的主人”，“可以按照自己的计划着手工作，在制造产品的活动中，可以任意地修改它的形状和制造方法”。对他来说，“计划和计划完成是一回事”。“他对工作的结果负责，而且可以自由决定是否可以承担这种责任。”其四，手工业艺人的工作既是发展其劳动技能的手段，也是发展其个性的手段。对他们来说，“自我发展不是什么秘而不宣的目的，而是通过贡献和实现自己技能得到的结果”。“他是生活在工作之中的，工作反过来把他展现给了整个世界。”其五，就手工艺人的生活方式来讲，工作和游戏、工作和文化之间是没有隔阂的。工作就是游戏，工作就是文化。其六，“手工艺人的工作是他唯一了解的那种生活方式的主要动力，他不逃避工作，不试图寻找与工作脱开的闲暇时间消遣。他给非工作时间带来他在工作时间里发展和使用的价值及其特性”。“他的闲聊是在铺子里进行的。”①

然而，在现代社会化大生产和科层制组织支配下，人的劳动发生了异化，人的工作失去了其固有的内在意义。在米尔斯看来，这种“从产品到工作过程的客

---

① ［美］C. 赖特·米尔斯著，杨小东译：《白领——美国的中产阶级》，浙江人民出版社1987年版，第253—258页。

观异化是由现代资本主义法律结构和劳动分工制度决定的”。“工人不占有产品和生产工具，在劳动合同中，他出卖他的时间、技术和精力供别人支配。”“劳动的具体分工意味着个人不再完成整个工作过程直到生产出最终产品，还意味着工作过程本身对个别人来说是看不见的。”“作为其工作目标的产品，在法律上和心理上都和他分离开了，而且这一分离还切断了工作本来可以从技术过程中获得意义的传感神经。别说是工资劳动者和低级白领的工作，即使在专业白领工作的水平上，发展和使用个人推理能力的机会也大部分被决策的集中化和科层制度要求的正规推理毁掉了。”这样，“现代工作组织造成的剥夺不仅剥夺了所有权，而且剥夺了工作中以及任何对工作的全面观察和了解中所具有的那种理想认知能力。个人不能自由地计划他的工作，不能改变他所从属的计划。个人工作是受他人管理和操纵的”。科层化的企业组织代替了马克思所说的凌驾于个体之上的世界市场，成为劳动异化的主要因素。“集中的管理决策决定着人们工作的时间和速度”，“白领人员工作得越多越努力，使之异化的企业就越牢固”。“企业并不是伟大机构的化身，也不是人们在工作中自我实现的工具，而是非个人性和异化的代名词，投入企业的东西越多，给人的东西也越少。”“当工具成为机器时，人类与自身的智力潜能和工作才能异化了。”在更高生产效率和更低单位成本要求下，每个工人的工作都规范化。人的生命时间也变成了人的工作时间。劳动分工使每个人都负责专门的任务和工作，在牺牲个人其他能力的前提下，专门发展了某一种能力。这样，在劳动的过程中，开放性的发展和自由技术的发挥便遭到了扼杀和控制。“如果工作和产品没有联系，工作和生活其他部分没有联系的话，那么他们的工作本身是没有意义的。”因为“我们是为外部世界，而不是为自己活着的”①。在现代社会条件下，人们无法从工作中得到内在意义的满足，所以只能得到工作的市场价值，这样，工作就成为一种商品，金钱成了唯一的共同标准，工作的经济动机就成为它的唯一的坚实的理性基础。

在部分大学生员工看来，他们的工作不像计划经济时期的人们那样崇尚为社会和为人民服务，无法使他们产生使命感。在他们看来，职业就是谋生或自我价值实现的手段，他们没有强烈的渴望工作的感觉，也没有从单调的工作中得到精神的满足。尽管他们在工作中加班加点、尽职尽责，但这并不是出于内心对工作的热爱，而是工作角色和职责所致，是在工作的经济动机驱动下的理性选择，也是民营企业科层管理制度的规训和约束。否则，他们将会遭受一定的经济处

① [美]C. 赖特·米尔斯著，杨小东译：《白领——美国的中产阶级》，浙江人民出版社1987年版，第259—262页。

罚，甚至遭遇被解雇的危险。对他们来说，“不是工作的本身是目的，而是生活更高的水平成了变化的动力”①。因此，职业就成了手段而非目的，职业理想呈现世俗理性的特征。

四、职业理想理性务实

如表 4-17 所示，当职业选择和社会需要发生矛盾时，民营企业的被调查对象中 57.8%的选择“先就业再择业”，27.3%选择为了“生活接受社会需求”，二者占比 85.1%，而选择“坚持等待自己喜欢的工作”和“继续深造”的分别是 11.5%和 2.1%。国有企业的被调查对象分别为 48.7%、23.0%、25.6%、2.7%。这表明，在当前就业压力十分严峻的形势下，大学生员工在面对个人追求和社会需要的紧张关系时，他们出于理性的考虑，更多的选择服从现实社会的

表 4-17　当职业选择与社会需要发生矛盾

选项	为了生活接受社会需要	坚持等待自己喜欢的工作	先就业再择业	继续深造	其他
民营企业员工	27.3%	11.5%	57.8%	2.1%	1.3%
国有企业员工	23.0%	25.6%	48.7%	2.7%	—

需要。多数受访者表示，当前他们从事的岗位与大学所读的专业不对口，大学期间过于理想化，把问题想得过于单纯，把未来设计得过于美好，等参加工作以后，才知道现实竞争多么激烈，现在思想成熟多了，人也理性务实多了。

汪某②说：大学时想得过于单纯、纯粹，现实与理想差距很大。人常说，理想很丰满，现实很骨感，这个比喻真的很形象、很真实。比如读大学时想当一名教师，想象着教师就是教书育人，职业神圣高尚，而真正当了老师之后，才发现现实生活中的教师与想象的完全不那么一回事，要受现实很多因素制约。比如要搞课题，要发学术论文，要评职称，要做出一番成绩赢得同行尊重，获得更高的名声和地位。这样做老师就不是以前单纯的教书育人或做学术了，而且充满功利色彩。但现行体制环境又迫使他们不得不这样做，学校要对他们进行考评。我大学读的是人力资源管理专业，理论上人力资源管理有六大模块，而我所在的企业人力资源工作就招聘一个模块，公司

① [美]丹尼尔·贝尔著，严蓓雯译：《资本主义文化矛盾》，人民出版社 2010 年版，第 80 页。

② 汪某，男，27 岁，硕士，江西瑞昌人，从事人力资源管理岗位，未婚。访谈时间：2014 年 10 月 20 日，地点：某茶馆。

人力资源部门百分之九十的时间就花费在招聘上，对人员的后期培训则不重视。许多人来了一段时间后不适应，或者因为公司没有兑现当初承诺又走掉了，特别是一些优秀人才流失，对公司的发展很不利。为此，自己心里也感到内疚，总觉得好像把别人骗过来似的。但现实工作就是这样，又必须按照公司要求来做，这到底是理论对呢，还是实际对呢，有时候真的搞不懂。

陈某①说：读大学时的想法和现在不一样，那时比较感性、理想化，总觉得大学毕业后肯定找到一份满意的工作。现实生活很实际，竞争也很激烈。大学读的是电子商务专业，怎么也没想到毕业后会在民企做销售工作，专业根本不对口，但为了生存，又不得不做，人总不能活在理想中，终归要面对现实。再说，大学的专业和从事的岗位在现实中有几个对口的呢？大部分不都是在干自己专业以外的事。现在哪行都不容易，岗位竞争很激烈，有时候感到生活真累。

① 陈某，男，24岁，大学本科，江西永新人，曾在Y集团从事生鲜销售，后离职到某民营企业从事银饰品销售，未婚。访谈时间：2014年12月，地点：某茶馆。

第五章　民营企业大学生员工职业理想影响因素

美国社会学家布劳指出，对人类关系和行为的不同影响可以被分为两大类：那些影响个体的选择和偏好的因素，以及为实现这些选择提供或限制机会的外部条件①。民营企业大学生员工职业理想的形成是一个系统的、复杂的过程，它受诸多因素的影响和制约，而且这些因素之间也会产生相互的影响。为了研究的可操作性，本章从个体、家庭、企业和社会四个方面出发，讨论大学生员工职业理想的影响因素。其中社会因素、企业因素和家庭因素是影响民营企业大学生员工职业理想的外部条件，个体因素是影响其职业理想的内在因素。

第一节　个体因素

个体因素是职业理想形成的内部因素。本节从个性因素、自我效能感和自我同一性维度阐释个体因素对民营企业大学生员工职业理想的影响。

一、个性因素

“个性”一词源于拉丁语“personal”，原指演员在舞台上扮演角色时所戴的面具。在现代心理学中，个性是人的整体精神面貌，即具有一定倾向性、稳定性的心理特征总和②。个性是由需要、动机、兴趣等组成的个性倾向和气质、性格、能力等组成的个性特征有机结合而成的。美国心理学家奥尔波特认为，个性是一种有组织的整体，个性中的各个成分相互作用、相互影响、相互依存，形成每个人独特的个性特点。不同的个性适应不同的职业类型，并影响个人的未来发展。与没有经历过职业体验的在校学生不同，大学生员工有了一定的工作经历和职业体验，鉴于此，本节从职业兴趣、职业素质和职业能力等维度来讨论。

兴趣是个性的重要组成部分。从心理学上说，兴趣是人们力求认识某种事

---

① ［美］彼得·M. 布劳著，李国武译：《社会生活中的交换与权力》，商务印书馆 2008 年版，第 9 页。

② 叶奕乾等编著：《普通心理学》，华东师范大学出版社 2010 年版，第 263 页。

物或从事某项活动的心理倾向。个体通常对于感兴趣的事物能够主动地、愉快地探求并乐意为之付出努力。当个体对某项职业或职业活动表现出肯定的态度,并积极思考和探索,我们可称之职业兴趣。职业兴趣首先会直接影响个体的职业选择。在选择职业时,人们通常根据个人的职业兴趣进行选择,一旦对某种职业产生兴趣,一般会努力地工作。其次,职业兴趣激发个人的潜力和创造性,是促进个人发展、社会进步和实现职业理想的重要条件。牛顿小时候,他的母亲希望他成为一个农民,但牛顿无意于此,而是喜欢学习、喜欢探究。正是由于他对物体为何总是落地怀有浓厚的兴趣,并从苹果落地的瞬间产生的灵感中才发现了万有引力定律。爱迪生同样也是出于对新鲜事物的好奇和兴趣,才成为令世人敬慕的大发明家。英国女科学家古道尔从小喜欢生物,并对黑猩猩产生兴趣,于是她孤身一人与黑猩猩共同生活了10年,掌握了研究黑猩猩的珍贵资料,解开了黑猩猩的秘密。杨振宁在总结自己的成功之路时说,成功的秘诀源于兴趣。无数事例证明,一个人如果对他从事的职业没有兴趣和激情,尤其是做技术研发工作的,那么要他做出别人想不到的创造性成绩,等于赶鸭子上架。因为一个人每天做自己没有兴趣的事情,只会应付、抱怨,因此他自己过得痛苦、活得很累。

美国心理学家霍兰德根据人的兴趣类型提出了人职匹配理论。他依据人格特质与职业类型相适应原则,把职业划分为现实型、研究型、艺术型、社会型、企业型和常规型六种职业兴趣类型。人们可以根据自己匹配的职业兴趣类型选择适合自己发展的职业。前文调查显示,80%以上的大学生员工表示清楚个人的职业兴趣,承认兴趣和爱好对个人的职业选择、职业发展影响很大。一些受访者表示,如果做自己不喜欢的事情,肯定会影响个人的职业发展。尽管不太喜欢当前的职业岗位,但这是没有办法的选择,现在好工作这么难找。再说,兴趣在工作和生活中是可以慢慢培养的,干着干着就有兴趣、有感情了。人总得要干一行、爱一行、专一行、精一行。

如果职业兴趣是影响个体职业理想的前提性条件,那么职业素质则是影响职业理想的关键要素。个体职业素质和职业能力直接关系到个人的职业理想能否得到实现。职业素质大体上包括思想道德素质、身体素质、心理素质、文化素质、智能素质、网络技术和业务素质等。其中,思想道德素质对个人职业发展和人生理想实现影响显著。一般来说,用人部门包括民营企业青睐于思想道德素质高、事业心强、有工作责任感、能够吃苦奉献和有创造精神的求职者,拒绝接受道德品质差、缺乏事业心和责任感、好高骛远、不切实际的求职者。如果一个人的道德品质很差,一旦被公众知晓,是很难被社会认同和接纳的。譬如,在2017

年3月份的一场电视招聘会上，一位销售员炫耀自己让月收入2000元的环卫工花费5000多元买了自己的课程，想以此证明自己的能力值得高薪招聘时，却意外遭到老板的集体灭灯。一位老板当场表示，虽然我不怀疑你的能力，但不看好你的人品。许多网友认为，这位销售人员为了销售业绩不择手段，失去了做人的道德底线①。当前，一些大学生员工频繁跳槽，缺乏对工作的责任心、职业道德和敬业精神，缺乏对企业组织的忠诚，深为企业主所诟病，甚至遭受其他社会阶层和职业群体的歧视。笔者了解到，许多企业人才招聘内部流行一条不成文的规定，即凡以前有过3次跳槽经历的人员，不予接收。可见，一个人的思想道德素质的高低对个人的发展影响甚大。

健康的身体素质是就业的物质基础，是个人获取就业能力的基本条件，也是个人参与就业竞争的本钱和实现职业理想的保障。对于每一位成功者来说，身体健康是成功的最重要的基础。居里夫人在总结自己成功经验时说，科学的基础是健康的体魄。徐特立先生常告诫青年，一个人的身体并不是个人的，要把它看作社会的宝贵财富。凡是有志为国家成大事的青年，一定要珍惜自己的身体②。关于身体对个人职业发展的重要性，青年马克思类比形象、洞察深刻。他指出，没有健康的体魄，"就是冒险把大厦筑在松软的废墟上，我们的一生就变成了一场精神原则和肉体原则之间的不幸斗争"③。健康的身体是实现理想的物质基础，如果失去这一物质基础，无论个人有多么远大的人生目标、多么渊博的知识、多超凡的能力、多么高尚的道德情操，一切都是枉然。在访谈中发现，许多受访者都能够认识到身体健康对个人实现人生理想的重要意义，但在现实生活中却不珍惜个人的身体健康。一方面，民营企业工作时间长，没有闲暇时间来锻炼；另一方面，人的思想和身体都被手机控制了，闲暇时间被消耗在上网、玩游戏、微信聊天和网上购物。

职业选择和个人发展不但受个人的兴趣爱好、职业素质等因素影响，还受到个体职业能力的制约。通俗地说，能力是个人从事社会实践的本领。有知识不代表有能力，不过掌握知识是获得能力的前提，知识在一定的条件下可以转化为能力。如果说知识的多少可以通过书本来获得、通过考卷来证实，能力的强弱则

---

① 节目中销售员称卖5000元高价课程给月薪2000环卫工，遭全场灭灯。http://www.guancha.cn/society/2017_06_12_412910_s.shtml.

② 王荣发主编：《职业发展导论——从起步走向成功》，华东理工大学出版社2006年版，第96页。

③ 中共中央马克思恩格斯列宁斯大林著作编译局编译：《马克思恩格斯全集(第1卷)》，人民出版社1995年版，第457—458页。

需要实践来证明。尽管企业看重人的学历、学位等知识证书,但更看重人的职业能力。只有具备过硬的职业能力,一个人才能实现人生的远大目标。因此,职业能力是实现人生理想的关键要素。现实生活中很多人实现不了人生目标,不是受制于知识或体能,而是受制于个人的职业能力。不少受访者表示,职业能力是个人获得职业发展的关键。一些高级管理人员认为,有些大学生员工眼高手低,职业定位不清,对自己能力自视过高,将来会妨碍个人的发展。马克思指出,“如果我们选择力不胜任的职业”,或者“错误估计了自己的能力”,“我们就决不能把它做好”,“我们就会感到自己是无用的人”①,从而产生一种前所未有的挫败感。

二、自我效能感

自我效能感是班杜拉的社会认知理论的一个重要范畴。班杜拉认为,自我效能感是指人们对自身拥有的能力去实现特定领域行为目标的信念②。施瓦尔泽在此基础上丰富了自我效能感的内涵,即个体应付不同环境的挑战或面对新事物时的一种总体性的自信心③。换言之,自我效能感是一种对自身职业能力的主观评价和信念。自我效能感的水平高低影响个体的行为选择,尤其是个体的职业选择,决定着自我将要付出的努力程度以及抵抗挫折能力的持久度。一定意义上说,自我效能感就是个人的自信心、职业意志或职业信念。高自我效能感的个体,更愿意从事富有挑战性的工作,将困难看作一种自我挑战。因此,高自我效能感的人有着更高的成就欲望和理想目标。与体力型工人相比,大学生员工接受过高等教育,有着更高的成就欲望和理想追求。

影响自我效能感的因素可分为四个方面:

一是直接经验。增强自我效能感最有效的方式是自身的成功经验。自我效能感本质上是自信心。人们获得成功后都会增强个人的自信心,产生积极的正面情绪体验,增强自我认同和自我肯定。反之,如果个人经历过数次失败后,就会对个人的能力产生怀疑,自信心不足,情绪体验负面消极,从而降低自我效能感。

二是社会榜样。榜样的力量是无穷的。榜样实际上是一种社会标准和社会

---

① 中共中央马克思恩格斯列宁斯大林著作编译局编译:《马克思恩格斯全集(第1卷)》,人民出版社1995年版,第457—458页。

② [美]班杜拉著,缪小春等译:《自我效能:控制的实施》,华东师范大学出版社2003年版,第115页。

③ 赵敏,倪守建,王敏等著:《社会转型期医学生职业价值观培育》,山东人民出版社2013年版,第69页。

参照,它能够激励他人不断地学习和进步。一个人特别是看到与自己相似的他人通过持续努力获得成功,能够增强自身胜任该工作的信心。一些大学生员工看到自己同学职位得到升迁、考研成功或者创业成功,他们的内心就会激起一种向上攀比学习的动力,认为别人能够做到,自己并不比他们差,也一定能够做到,从而增强个人的自信心。马云就是大学生创业的社会榜样。他没有丰厚的社会资本,从一名普通的大学教师辞职创业而成为著名的民营企业家,这对于当代大学生创业无疑起到了精神鼓舞和榜样示范的社会效应。访谈对象钱某坦言,马云是他心目中的创业英雄,从 Y 集团辞职创业,除了个人想法和父母支持外,很大一部分因素是受到马云创业成功的影响。从社会心理学说,模仿是人们基本的社会心理,是主体的生成认知、陶冶情感、增强意向的基本途径。榜样的社会示范效应最终需要他人模仿和行动才能产生社会效益。

三是他人评价。他人评价是影响个体自信心的重要因素。人生活在丰富的社会联系之中,个体在与他人交往的过程中,他人会对个体的工作行为给予肯定性或否定性的评价。评价结果的优劣直接关系到个体的自信心或自我效能感的高低。一般来说,如果他人给予个体行为积极的肯定性评价,就会增强个人的自信心,提高工作的自我效能感和成就欲望;反之,如果他人给予个体消极的否定性评价,就会削弱个人的自信心,挫伤个人的工作积极性,降低自我效能感和个人的成就欲望。因此,对于大学生员工,民营企业管理人员应给予更多的正面的肯定性评价,少一些负面的否定性评价,增强他们工作的自信心和成就感。

四是心理反应。自身对情境本身的情绪反应、生理状态是影响自我效能感的重要因素。在当前竞争日益激烈的社会环境下,高自我效能感的大学生员工面对有挑战性的工作任务时具有较强的自信心,面对困难,他们迎难而上、毫不退缩,即便遭遇失败,也倾向于把失败原因归于外部因素而不是自己的能力,从而有利于职业发展。反之,低自我效能感的大学生员工自信心不足,遇到困难就畏缩不前,降低对工作的投入程度,进而影响未来职业发展和职业理想实现。

三、自我同一性

自我同一性是西方心理学的一个重要概念。从本质上说,它是指人格发展的连续性、成熟性和统合感,体现在自我发展的过程中,是对自我的确认及对理想、职业、价值观等一系列关于自我发展的重大问题的思考和选择。埃里克森认为,个体人格发展是一个长期发展的过程,不仅受个体生物因素的影响,更强调社会心理因素和人格发展的关系。他把人的一生发展分为八个阶段,每一阶段都有独特的发展课题，青少年时期发展课题是建立自我同一性，防止角色混乱。人生发展每一阶段的课题解决和前几个阶段的完成情况及后几个阶段发展的可能性有着密切的关系。因此，青少年时期自我同一性的发展情况既受童年时期发展状况的影响，同时还影响到成年时期的发展状况。

自我同一性确立是指个体充分了解自己，能够把自己过去、现在和将来统摄为有机整体，确立个人的理想，对未来发展作出独立性思考。自我同一性不是静态的，而是动态的发展变化的结构。如果个体不能确立自我同一性，就可能引起自我同一性扩散，就不能认清自己，不知道自己想要成为什么样的人。大学生员工处于从学生角色向职业工作者角色的转化时期，也是自我同一性确立的关键时期和价值观定型时期，面临着自己要成为什么样人的问题，面临着职业发展、生活方式选择等新的挑战。人们的过去经历影响着人对未来职业的选择和职业理想的追求，自我同一性确立的人能够了解过去、把握现在和思考未来，明确自己的职业理想是什么，并使之适应社会需要，在职业生活中体现出更高的职业兴趣和工作热情；而自我同一性扩散的人不知道自己要干什么、想干什么、能干什么，在面临职业选择时不是根据自己的意愿而是服从家长的安排，听从他人的意见，缺少职业选择的自主性和自我探索的勇气，更关注工作环境和职业待遇，过分追求物质生活方面的享受，对未来职业发展缺乏清晰的规划。

第二节　家庭因素

家庭是人生的第一课堂，家庭环境对个体的成长和发展起着重要的作用。斯坦利·贝克尔指出，“尽管千百年来社会经济环境发生重大变化，家庭依然保留了对全部制度的最大影响，家庭对一半或一半以上的经济活动承担着责任”[①]。随着现代社会发展和家庭结构的变化，家庭功能不断分化并为别的社会组织所承担，传统家庭影响减弱[②]。有学者对北京市1908名青年职工的价值观调查的结果表明，父母对进入工作状态的青年职工影响显著降低，位居单位、工作环境、网络媒介和经济条件之后。家庭影响减弱并不代表家庭对子女的发展没有影响，特别在子女的儿童和青少年时期，家庭对他们的影响是重大的。家庭教养方式、家风家规，父母的日常言行等都通过隐性教育方式渗透到子女的思想

① ［美］加里·斯坦利·贝克尔著，王献生，王宇译：《家庭论》，商务印书馆1998年版，第3页。

② 彭庆红，邵艳军：《当代青年职工价值观的特征及影响因素分析——基于北京市1908名青年职工的调查》，《中国青年研究》2013年第5期，第68—72，31页。

观念中,并指导他们以后的日常行为。由青年男女组织的新生家庭①,当工作和家庭的冲突关系无法平衡时,对个人的发展更是起到促进或制约作用。

一、家庭教养方式

家庭教养方式是指父母在养育子女的过程中所表现出来的相对稳定的行为模式,是父母各种教养行为的特征概括②。在家庭共同生活中,父母通过言传身教,将自己的行为方式、道德规范和价值观念传递给子女,使他们在以后的学习和生活中形成自己的价值观。总的来说,家庭教养方式可以分为民主型、专制型、溺爱型和放纵型四种类型。

民主型教养方式的家庭,父母创设民主、平等、尊重和理解的家庭环境,通过亲子间的交流,了解子女的兴趣爱好,尊重子女的独立自由,鼓励他们按照自己的意愿去尝试。这种家庭教养方式下培养出来的子女积极主动、乐观自信、勇于探索,能够清晰把握自己的兴趣爱好和需求,对个人职业发展有着清晰的目标。专制型教养方式的家庭,子女在家庭中的地位是不平等的。父母在教养过程中要求子女绝对服从,通过高压管教、规训惩罚,限制子女的自由行为。这种方式培养出来的子女缺乏独立性和创造精神,自信心和成就欲不足,依赖性和顺从性较强,在未来职业发展上习惯听从父母的意见和安排,忽视自身的兴趣和爱好。溺爱型教养方式的家庭,父母把子女置于过高的位置,过分地保护、照顾和包办代替,过度地满足子女的愿望和要求,不注意培养子女独立办事的能力。这种家庭教养方式培养出来的孩子娇惯任性,依赖性强,缺乏独立性,自我中心主义,缺乏责任心和奉献精神,对未来的职业选择听从父母安排,缺乏追求自我价值实现的意识。放纵型教养方式的家庭,父母在情感上忽视子女,对子女不管不问、听之任之,亲子间沟通交流少,彼此缺乏理解和信任。这种家庭教养方式成长出来的子女往往对人冷漠、自我控制能力差、大部分缺少自信心和探索精神。在选择未来职业时盲目从众,没有自己的主见,缺少独立性。

二、父母职业期望

父母是子女的第一位老师。在个体没有从家庭独立以前的未成年时期,长

---

① 孙其昂认为,家庭有原生家庭和新生家庭之分。原生家庭是指父母的家庭,儿子或女儿并没有组成新的家庭。新生家庭是人们长大后组建的新家庭,也是夫妻自己组建的家庭。见孙其昂著:《社会学视野中的思想政治工作》,科学出版社 2017 年版,第 132 页。

② 徐慧,张建新,张梅玲:《家庭教养方式对儿童社会化发展影响的研究综述》,《心理科学》2008 年第 4 期,第 940—942 页。

期共同的家庭生活，父母的言行举止、衣着打扮、思维方式、行为习惯、价值取向等潜移默化地影响着子女的思想和行为。子女在家庭共同生活中耳濡目染，自觉或不自觉地接受，有意识或无意识地将这些价值观念和行为规则融入自己的行为结构和人格结构之中。

父母的职业类型，因其具有不同的职业特点并带来不同的家庭物质经济收入，对子女的职业选择和价值取向产生不同的影响。有学者对湖北省 14 所高校 1800 名高校毕业生的问卷抽样调查的结果表明，父母的职业对大学生就业选择标准影响明显。知识分子、一般干部、农民家庭的大学生更注重事业的发展，在注重个人发展的同时，领导干部家庭的大学生比较重视职业的社会地位，农民家庭比较重视职业经济收入，工人家庭则表现为平均①。比如，受访对象陈某和梅某分别来自农民家庭和城市干部家庭，由于两人父母的职业类型的差别，以及所带来的家庭经济收入、家庭成长环境和家庭所占有社会资源的明显差别，致使二人在职业选择和职业价值取向差异明显。陈某比较注重职业带来的经济收入，他希望凭借个人的奋斗改变农民家庭的命运，实现扎根城市的梦想，使个人和下一代过上幸福的城市人生活。梅某则比较重视个人的职业兴趣，选择职业重视自己的专业特长和职业社会地位。

父母对职业社会地位和发展前途的认识以及对子女所要从事职业的兴趣和职业成就大小的期望，也影响子女的未来职业选择和职业成就大小。有学者对南京师范大学和南京林业大学 400 名大学生随机抽样调查的结果表明，75%的同学认为家庭成员影响到大学生的就业观。其中父亲的影响力最大，所占比例 61%；经济因素是其中最重要的因素，高达 40%②。著名心理学家黄希庭指出，父母的职业期望对青年职业理想影响很大，青年常常认同和选择父母欣赏并期望他们从事的职业③。依据心理学“皮格马利翁效应”的理论④，父母对子女的期望越高、激励越大，就更加能够调动子女的独立意识和主动意识，他们的职业成就意识更为强烈，职业理想更为远大。同时，父母在子女心目中的威信越高，对

---

① 佘双好：《家庭因素对大学生毕业分配的影响》，《青年研究》1993 年第 5 期，第 30—33，24 页。

② 李雪菲，曾正德：《家庭成员及其期望对大学生择业观的影响》，《科教导刊》2011 年第 21 期，第 216—217 页。

③ 黄希庭，郑涌著：《当代中国青年价值观研究》，人民教育出版社 2005 年版，第 160 页。

④ 皮格马利翁效应，即期待效应或罗森塔尔效应。由美国心理学家罗森塔尔和雅各布森提出，暗示人的情感和观念会不同程度地受到别人下意识的影响；人们也会不自觉地接受自己喜欢、钦佩、信任和崇拜的人的影响和暗示。

子女的影响越显著。

郑某[①]说：我家在苏北县城，父母是个体户，目前在江宁开了一家早点店，通过卖早点的收入供我读完大学，父母对我的成长和未来职业选择影响很大。我是家中的独生女，从小父母对我比较疼爱，但要求也很严格。从民营企业辞职是因为我想继续读研深造，将来谋取一份更好的职业，这也是父母的期望。我的父母不希望我在民营企业做销售工作，在他们看来，民营企业不稳定，朝不保夕，在民营企业工作就是给私人老板打工。因为我是个女孩子，父母希望我将来当一名公务员，或者在国有银行、证券公司等领域工作，这样的工作既体面、稳定，收入还高。

父母的思想道德素质对子女的思想品德和职业道德发展有着深刻影响。父母道德素质是指父母思想道德发展的水平和方向，它决定着父母为人处世的方向和原则。父母是子女的首任老师，在家庭教育中，子女常以父母的需要、道德情操为认同对象并内化到个人的价值信念体系中，对个人行为起着导向作用。诚如塞缪尔・斯迈尔斯所言，"家庭不仅是培养个体品格的第一所学校，也是最重要的学校。人们从家庭中所接受的道德训练，可能是最好的，也可能是最差的。这是因为人们的基本行为准则来自家庭教育，而这些行为准则会伴随他们一生，直到生命结束。只有在家庭中，人们才能彻底敞开心扉，习惯开始形成，理性开始觉醒，品格逐渐养成"[②]。

窦某[③]说：在我的成长过程中父母对我影响很大。我来自农村，农村出来的孩子比较能吃苦、爱面子，自尊心较强，但同时也很自卑。我不太注重金钱，这与小时候父母对我的教育有关。父母虽然都是农民，知识水平不高，但他们勤劳善良，乐于助人。小时候，父母就教育我要勤劳自立，努力工作，踏实做事，不要三心二意。即使现在我离开了家乡和父母，成立了自己的小家庭，父母也经常打电话教育我，要热爱工作，要尊重上级和同事，要忠诚企业，努力地把自己的工作做好，让领导看得起自己，对得起公司给的那份工资。

父母的知识水平还影响到子女职业发展和理想追求。父母的文化水平影响

① 郑某，女，23岁，本科，江苏徐州人，未婚，2014年入职Y集团从事房地产销售策划。访谈时间：2015年3月3日，地点：某咖啡馆。

② [英]塞缪尔・斯迈尔斯著，李迎春译：《品格的力量》，光明日报出版社2011年版，第29页。

③ 窦某，女，27岁，本科，宁夏人，已婚，从事人事行政工作。访谈时间：2014年12月26日，地点：某咖啡馆。

他们能否科学设定家庭的教育目标，选择正确的教育方式，并最终决定子女处在什么样的家庭环境中生活。一般来说，在对待子女的教育方式上，知识水平相对较低的父母常常缺乏对子女教育的关注，缺乏同子女的沟通交流，教育方式较为简单。文化程度相对较高的父母比较关心子女教育，注重同子女沟通交流，尊重子女的个人选择。当然，这种情况是相对的，现实中不少文化程度不高的父母十分重视子女教育，希望子女通过教育改变个人命运，将来能够过上一种幸福生活。这种现象在农村家庭和城市经济低收入家庭比较常见。

吕某①说：我小时候生活在农村，母亲是农民，没啥文化，她性子急，对我们兄妹要求严格，对子女教育很重视。父亲是镇政府的一名普通职工，属于临时工后来转正的，那个时代这种情况很常见。在家庭中，母亲比较强势，父亲属于不管事的那种，对我们的成长关心不多，再说父亲还要上班，因此，教育我们兄妹的任务都落在母亲身上。小时候，母亲就告诉我要好好学习，她经常拿讨饭的例子吓唬我，说不好好读书，将来就去乞讨。记得有一次逃课，母亲操起做饭的菜刀装着要砍我的样子，我吓得哭叫着跑开了。但最终没拗过她，乖乖地上学去啦。现在想起来她肯定不会拿刀砍自己孩子的，但那时候信以为真，那一幕我一直没忘记。也正是因为母亲的严格要求，我和弟弟读了研究生并留在省城工作，弟弟在国有银行上班。父母常以我们兄弟为骄傲。母亲对我在民营企业颇不满，她认为，在民营企业工作不稳定，风险大，为此，我毕业后一直参加公务员考试，主要是参加国考和本省公务员考试，我不想考外省的，因为外省经济赶不上江苏发达。本省的基层公务员，我也不报考，我不想到县城乡镇工作。前年我报考省国资委的，笔试第二名，面试太差，最终没被录取。去年被提拔为部门总经理助理，月薪8000多元，加上各项补贴，近1万元了，加上年终奖，到手年薪有17万元。父母看我收入高了，他们也不再说什么了。眼下就是催我找女朋友结婚，我弟弟都有孩子了，我还单身。前不久同事介绍一个，可女孩在外地，大专毕业，在平安银行做小额贷款。可是，父母就是不同意，横挑鼻子竖挑眼，说女孩子没一份正式工作，在民企做销售就是个临时工。在他们眼里，只有在体制内单位工作才算是一份正式工作。以前，父母总拿我和弟弟相比。说实话，没提拔为总经理助理以前，逢年过节都不敢回家。一是怕家人说，二是自己混得不好，回去没面子。弟弟工作稳定，事业有成，收入高，有地位，弟

① 吕某，男，32岁，硕士，江苏沭阳人，未婚，Y集团某分公司人力资源部门总经理助理。访谈时间：2015年1月6日，地点：某茶馆。

媳也在中国银行上班，人长得漂亮，然后，买房买车、结婚生子，一系列人生问题解决得很圆满。而我一样都没解决，虽然收入比以前提高了，但在民营企业，老板看你不顺，一句话就能把你打发了。

从上述案例可以看出，父母对子女的青少年时期的影响很大，这种影响甚至会伴随他的一生。窦某从她的父亲身上学会了自立自强、爱岗敬业等做人做事的道理，并把这些价值观念转化为自己的道德品格，在职业行为中体现出来。吕某在母亲的严格要求下获得学业的成功，但因其母亲的教育方式简单甚至粗暴，在他的童年时期留下阴影并伴随他走入成人阶段。这种专制的家庭教育方式，使他对母亲产生了情感隔阂和心理排斥，即便在他踏入工作岗位以后，童年时的刻板印象使他对母亲始终存在认识上的偏见，认为母亲轻视他，干涉他的职业选择和婚姻自由。尽管后来晋升到企业中层管理层，有一份很可观的薪水收入，但在他的思想观念中（显然受其母亲的影响），民营企业工作是情非得已的选择。

三、婚姻家庭维护

大学生员工一般都到了恋爱和结婚的年龄，面临着成立个人家庭的人生关键时刻。婚姻家庭关系维系常常成为影响他们职业选择和个人发展的重要因素。调查显示，民营企业 21.1%的被调查对象表示选择未来职业受配偶因素的影响（见表 4-14）。

康某[①]之前在南京某民营企业从事党务工作，女友是大学时候的同学，目前在北京某医药公司从事销售工作。最初日子，双方通过电话、微信、QQ等方式联络，但是长期分离和相思令人煎熬。康某也担心长期分离会导致双方最终不能走到一起。后来，女友实在忍受不了，要求康某离职到北京发展，否则就分手。尽管康某很喜欢目前的工作，公司给他提供的发展平台也不错，但由于女友的要求，再三考虑之后，他还是辞职后到北京与女友团聚，目前在北京某电器公司做销售。

范某[②] 2012 年硕士毕业进入 Y 集团，在分公司锻炼 6 个月后被调入集团总部董事会做秘书，工作内容是为集团总裁级高管发送报纸、公文等日常事务，还常扛着桶装水为高管办公室更换饮用水。尽管有同事取笑他，堂堂研究生竟然当起了送水工，对此，范某置之一笑。在他看来，作为刚毕业的

① 康某，男，24 岁，本科，江西赣州人，未婚，Y 集团党委办公室秘书，2014 年 12 月离职。访谈时间：2014 年 11 月 12 日，地点：某茶馆。

② 范某，男，28 岁，硕士，陕西西安人，行政秘书。访谈时间：2014 年 11 月 16 日，地点：某茶馆。

大学生，进入职场后更应该抱着谦恭好学的态度，送水并不是件丢脸的事，服务好领导才是自己的职责。范某的务实态度和踏实作风赢得了领导好评。由于范某妻子在西安工作并照顾出生不久的孩子，两地分居成了范某一块心病。尽管留在总部有更大的晋升空间，但由于家庭原因，他还是回到了妻子的身边。

蒋某[①] 2010 年大专毕业后在某公司从事印刷工作，妻子是皖北某县幼儿园教师，月薪 1600 元，孩子一岁半，由妻子抚养。他说，我家离这里不远，大概每个月回去 2 次，两地分居很不方便。目前在县城已经买了房子，家属、孩子和母亲在一起住。以前很支持妻子考教师，因为她学的是幼教专业，去年她考上了编制。现在倒不想让她在老家教书了，工资太低了。最近公司在裁员，打算辞职到上海发展，同时看看新单位周边能否找个民办幼儿园，让妻子到那里教书，这样一家人也好生活在一起。现代社会，人为了生活搞得四分五裂的(他叹了口气)。

康某、范某和蒋某都处于家庭维护和个人发展两难选择的困境，这反映了现代社会家庭与工作的紧张关系。工作和家庭是人生的两个最重要的场所，二者和谐发展，可以提高个人的工作效率和生活质量，提高工作和生活的幸福感。反之，则会增加个人内心的焦虑和冲突。传统社会，家庭和工作活动区分并不明显，家庭承担经济生产功能、消费功能、政治功能、宗教功能、夫妻生理功能、子女教育功能、文化娱乐功能等。“现代社会发展使工作场所与家庭脱离，由组织而不是由家庭来监督和管理生产活动，家庭功能缩小为维系血缘、婚姻和亲情的场所。”[②]随着这种分割的清晰化，工作与家庭的冲突愈加明显。人们在工作中获得物质收入、社会认可、工作成就感和满足感，在家庭中获得爱、亲情和归属的需要满足。这些都是现代人物质生活和精神生活中不可或缺的部分，当个人无法调解工作与家庭的角色冲突时，它不仅对个体和家庭带来不利的影响，还会对工作的动机和业绩造成消极的后果，进而阻碍个人的职业发展和职业理想实现。

第三节　企业因素

民营企业是大学生员工工作的微观组织环境。企业的管理制度、企业内部

---

① 蒋某，男，27 岁，大专，安徽凤阳人，Y 集团从事产品商标的制作印刷工作。访谈时间，2014 年 12 月 20 日，地点：Y 集团员工 B 公寓。

② 李原：《工作家庭的冲突与平衡：工作—家庭边界理论的视角》，《社会科学战线》2013 年第 2 期，第 180—188 页。

的人际关系、企业管理者的领导风格、企业的党群组织等对大学生员工的职业发展有着重要影响。

一、民营企业科层管理制度

当前我国多数大中型民营企业采取科层制管理制度。科层制是依照职能职位进行分工，以制度为管理主体的管理方式。“在当今社会，科层制已成为主导性的组织制度，在事实上成了现代性的缩影。”①科层制具有专业化、规章制度、权力等级、非人格化等基本特征。科层制管理在提高组织行政效率的同时，也造成了消极的管理后果。科层制金字塔式的组织结构和“命令—服从”式的权力等级管理模式，压制了底层员工潜能的发挥，科层制自身的封闭性阻碍了组织成员诉求的途径。在企业科层组织和管理制度下，组织成员按照既定的程序和规则进行工作，没有灵活性和主动性，久之就丧失了对工作的热情，进而降低了工作效率。

笔者 2012 年曾与康宝莱公司在杭州的一家代理商有过交流，她得知我在 Y 集团工作后就力劝我离职，加入康宝莱公司。她半开玩笑地说，大学生入职 Y 集团前是个“人”，5 年后出来就是头“猪”。所谓“人”与“猪”的区别，在她看来，前者是有思想、有个性的人，后者是经过 Y 集团制度化规训，“人”变成了没有头脑、没有思想、没有独立性，只会服从上级指示、按照既定规则行事的工具。在科层制组织里，组织成员只需明白自己的位置按照常规行事即可，任何冒险和创新的行为都不受欢迎，因为这会妨碍组织既定政策的执行。当前民营企业大学生员工多属于 80 后、90 后青年，他们追求平等、渴望独立，有着强烈的自主性、成就欲和创新精神，在对企业管理制度、组织关系和管理方式的认识上，对满足需要的对象、层次以及手段上，有着与国有企业员工不同的特点。科层制无法适应大学生员工追求个性、平等和自尊的需要，如果企业管理者不对他们授权和放权，难以发挥他们工作的主动性和创造精神。与此同时，单调的程序化工作难以激发他们的工作热情，久之，就会产生职业倦怠。当他们感到职业发展受阻或工作不能满足期望时，就会采取应付或冷漠的态度，有的选择了逃避或离开。

> 钱某②说：我离职的主要原因是工作没有自主性。大型民营企业各个岗位都比较稳定，个人像螺丝钉一样被固定在那里，像机器的一个零件，生产链条的一个环节，平平淡淡一辈子，一下子就看到了自己的未来。我从事

---

① [美]彼得·布劳，马歇尔·梅耶著，马戎等译：《现代社会中的科层制》，学林出版社 2001 年版，第 3 页。

② 钱某，男，23 岁，本科，安徽黄山人，未婚，曾从事食品销售工作，2015 年 3 月离职创业。访谈时间：2015 年 3 月 6 日，地点：某茶馆。

食品销售，专供商业连锁超市，Y集团商业公司全国各地都有，组织模式就是一个城市业务经理，外加几个销售员。5年之后，城市经理晋升到大城市经理，大城市经理发展空间更小。我开始对企业充满期望，觉得在大公司可以学到很多知识，得到很多锻炼。现实情况与自己理想差距很大。如果再干几年，还是觉得对自己发展没有实际帮助，不如趁早离开，另做打算。Y集团缺乏人性化管理。我工作半年多了经常加班，20:00以后才能吃到晚饭，这让人受不了。在国有企业，加班只是个别现象，而在民营企业，加班则是普遍现象。现在国家提倡每周四天半工作日，这在民营企业怎么可能呢？多数民营企业连双休日、正常年假都无法保障，怎么奢谈两天半休息日。再说，自己的付出和报酬不成比例，我在这里工作大半年了，扣除保险、公积金等，到手也就2000元多一点，这让人没法生活，生存都是问题，怎么奢谈理想？目前的销售工作与我大学里想象的不一样。我做的是商超连锁和专卖店，需要上级授权。而公司制度管理严格、不授权，下面无法根据市场变化及时处理出现的问题。比如，行业对手根据市场行情下调了产品在商超、专卖店的价格，或者给予他们更大的返点，这时候，这些卖家就要求我们也降低进价，给他们同等优惠。而我们却没有权处理这事，只好逐级向上反映情况，结果上层领导要么不同意，要么等批下来也几个月过去了，市场时机也错过了。几次下来，大家都不想向上面反映情况了。

郭某[①]说：Y集团最令人难以忍受的是管理太严格，把人分个三六九等，存在人格歧视。上班打卡，晚一分钟就算迟到，碰到下雨、下雪等特殊天气也不变通，对迟到照罚不误。上班期间出去一会儿就得请假。办公楼大门，普通员工还不让走，只允许总经理以上的领导进出，普通职员只能走地下通道，这不是明摆着歧视人嘛。就连吃饭也分干部、员工和职工餐厅，处处显示领导高人一等，搞得人心里不舒服。我在公司这么多年了，我的QQ车谁不认识呢？（郭某会化妆，她在车前灯装了一对毛刷，像人的眼睛贴上的假睫毛，而且公司搞文艺晚会，由她负责为演员化妆，在公司知名度很高）每天上班，公司保安非让我下车出示证件不可，而对领导的车就直接放行。

从上述案例可以看出，钱某离职是因为企业科层化管理使他看不到职业发展的希望，长期加班，较低的经济收入，工作付出和回报的失衡，工作自主性缺乏等因素促使他离开企业走上自主创业的道路。郭某的不满在于企业管理制度的

① 郭某，女，27岁，硕士，Y集团投资中心行政人员，未婚。访谈时间：2014年11月20日，地点：某茶馆。

僵化,缺乏对员工的人格尊重。大学生员工群体的特点就是有较高的成就欲望,要求工作的自主性、弹性的工作时间、较大的发展空间以及企业对他们人格的尊重,然而,这恰恰是多数民营企业所欠缺的。

二、企业内部低信任的人际关系

企业内部的人际关系问题关乎企业组织的团结,直接影响企业员工的工作态度,并间接影响到他们对职业发展和人生目标的实现。帕森斯和 E. A. 希尔斯把人际关系分为普遍主义和特殊主义两种模式,二者的区分标准是,支配人们彼此取向的标准是否依赖存在于他们之间的特殊关系。传统社会特殊主义人际关系比较盛行,现代社会普遍主义人际关系较为普遍。中国社会属于特殊主义人际关系模式,在这种人际关系模式下,“圈子里”的人互信度高,交易成本低,对“圈外人”信任度低,交易成本高。在特殊主义的企业文化环境中,企业主倾向于让自己人掌控权力,而不对外人放权。根据费孝通的观点,中国社会的人际关系呈现以个人为中心的差序格局特征。人际关系以己为中心,像石子一般投入水中,和别人所联系成的社会关系,像水波纹一般,一圈圈推出去,愈推愈远,也愈推愈薄①。这就是说,中国人依据圈子距离中心的远近来判断人际关系的亲疏。这种关系延伸到民营企业,就是企业所有者、经营者和管理者根据关系的远近来界定自己人和外人。对自己人亲密和信任有加,与自己人互动频繁,对待自己人宽大体谅、考核宽松。因此,自己人获得奖励的机会多,职位晋升快。而对于外人则缺乏信任,要求严格,给外人的互动机会少,因而外人参与管理和决策的机会也少。大学生员工既非老板家族的成员,也非老板娘家族的成员,从这意义上说就是外人。据笔者了解,Y 集团下属产业关键部门的领导,基本上是老板的亲戚或信得过的人,或者聘请来的退休政府官员,外人很难进入核心圈子。这种人际关系模式导致民营企业内部的低信任的特征,这也与中国传统文化的影响关联密切。早期西方社会学者就把中国定义为“低信任国家”。马克斯·韦伯在关

① 在费孝通看来,西洋社会有些像我们在田里捆柴,几根稻草束成一把,几把束成一扎,几扎束成一捆,几捆束成一挑。每一根柴在整个挑里都属于一定的捆、扎、把。每一根柴也可以找到同把、同扎、同捆的柴,分扎得清楚不乱的,在社会,这些单位就是团体……我们不妨称之为团体格局。在中国社会,我们的格局不是一捆一捆扎清楚的柴,而是好像把一块石头丢在水面上所发生的一圈圈推出去的波纹。每个人都是他社会影响所推出去的圈子的中心。被圈子的波纹所推及的就发生联系。每个人在某一时间、某一地点所动用的圈子是不一定相同的。我们社会中最重要的亲属关系就是这种丢石头形成的同心圆波纹的性质……以己为中心,一圈圈推出去,愈推愈远,也愈推愈薄。见费孝通著:《乡土中国》,人民出版社 2008 年版,第 26—30 页。

于中国宗教的研究中涉及信任的问题指出，中国人信任不是建立在信仰共同体而是建立在血缘共同体的基础之上，是一种难以普遍化的特殊信任①。福山在比较多个国家的信任状况后认为，低信任的国家只能形成家族企业，但无法超越家族在异姓人中合作，注重家族主义的社会比较难以创建大规模的经济组织。在他看来，中国传统家族主义文化使中国人与人之间没有普遍的信任因子，社会信任度很低，对不在“圈子”的外人，一般缺乏信任②。

程某③说：现在很多（民营）企业业主和员工之间缺乏信任。企业主不信任员工，员工不信任企业主。企业主认为，员工冲着钱来的，企业支付了员工薪酬，员工理应为企业全力服务，在他们眼里，员工就是为他们不断赚钱的工具。员工则认为，自己不过是出卖劳动力换取工资的雇员，老板给多少钱，自己就做多少事，谈不上对企业的忠诚和对职业的热爱。能尽力干好自己的事，对得起老板发的那份工资就不错了。

由于企业主与员工相互缺乏信任，大学生员工难以形成对企业的认同感和归属感，难以产生职业热情和对组织的忠诚意识。在此情况下，如果企业再缺乏必要的激励制度，员工的薪酬待遇和工作环境等达不到他们的心理期望或满足不了他们的需要，他们就会选择离职。然而，频繁离职又会影响到社会对个体的职业道德和人格的评价，进而影响到个人的职业发展和职业理想。这一点，日本企业文化值得我国民营企业学习。同属于东方文化，同受儒家文化的影响，日本企业的管理制度和企业文化就明显不同。从企业的管理制度和模式来看，日本企业采取柔性的管理模式，实行人本主义，企业信任员工，员工忠诚企业。日本企业的雇佣终身制度把员工绑在企业发展的战车上，企业的兴衰成败关乎每个员工的利益和命运，这样，个人发展就与企业发展的目标紧密结合在一起，形成价值共识。日本企业的年功序列制为员工的未来职业发展勾画了美好蓝图，使他们看到自己的职业理想目标，并愿意为实现这一目标付出终生的努力。从企业文化上看，日本企业强调“家内和合”④，弱化雇佣意识，塑造企业与员工的利

① [德]马克斯·韦伯著，王容芬译：《儒教与道教》，商务印书馆1995年版，第289页。

② 王学秀：《文化传统与中国企业管理价值观》，中国经济出版社2007年版，第241页。

③ 程某，男，25岁，大学本科，江苏句容人，在Y建设集团从事技术工作，未婚。访谈时间：2014年10月12日，地点：某茶馆。

④ “和”的观念源于中国的儒家思想“仁、礼、义”，在日本发展为“和、信、诚”，它是日本团队精神的基础。日本企业界有识之士认为，传统文化中所具有的道德观、秩序观为企业提供了全部活动的思想基础，在日本人看来，真正实行了“和”的团体必然带来和谐和成功。见陈丽华，张海波：《透视日本企业文化及其对我国的启示》，《东北大学学报（社会科学版）》2003年第3期，第190—192页。

益共同体和命运共同体。也就是说，日本人把企业看作家族的延伸，强调形成“家内和合”的家庭氛围，把雇佣关系转化为亲情关系。管理者除了指导员工的工作以外，还关心员工的生活，在情感上给予满足。因为他们认识到，只有当人的需要能在企业内得到满足，才能安心地工作。日本企业还吸收了禅宗的“一日不作，一日不食”的勤俭精神，把职业劳动上升到一种神圣义务，这为企业发展提供了一种强大的精神动力。

三、上下级关系和领导风格

上下级关系是组织中上下级之间发生的一种非正式的私人关系，这种关系会影响到员工的组织忠诚、离职意向、组织公民行为、工作绩效以及职业晋升等。从员工的角度来说，与上级关系较好的下属，可以提前了解企业的内部信息，可以分配到更有价值的工作，通过与上司经常性的沟通交流，容易获得上司在工作上的指导和帮助，能够轻松顺利地完成工作任务，从而增强对工作的满意度和组织的认同感。从上司的角度来说，上司愿意帮助关系较好的下属解决工作上的问题，为下属争取更多的利益，为下属创造更多的职业发展机会。上下级关系还影响到下属对上司的信任。对于上下级关系较好的下属，上司与他们之间的信任程度高；而对于上下级关系较差的下属，上司对其信任度不高。良好的上下级关系还有助于提高下属的工作效率，降低员工的离职意向，与上级关系好的员工更满意自己在组织中的角色。

受中国传统文化的影响，中国员工习惯听从上级的指示办事，即使自己有不同的想法，通常也不会明确表达自己的意见，避免与上司发生正面冲突，引起上司的不满和报复，从而置自己于不利的境地，这一点与美国企业不同。美国企业的下属有较大的自主权及对上级的建议权、质疑权，有意见当面提，即使上下级之间发生矛盾和冲突，也不会影响上下级的关系。良好的上下级关系有利于发挥下属工作的主动性和未来职业发展。表5-1为中、日、美传统文化特点比较。

表5-1　中、日、美传统文化特点比较

比较对象		中国	日本	美国
个体特征	处世哲学	中庸之道	团队精神	自我精神
	行为表现	言不由衷	言不由衷	言行一致
	求稳心理	强	中	弱
决策思维	指导思想	系统与综合		分析
	推理模式	原则演绎		归纳
组织观点	人际交往	和为贵　重情面	和为贵	我行我素
	权威崇拜	强	中	淡薄
	集体主体	强	强	弱

受中国传统文化的影响，民营企业一般存在着家长制作风。这种文化传统产生了下属依赖心理和接受等级制度的社会规范，尤其是在所有权和控制权一体化的情况下，企业往往依赖于某一处于主宰地位的企业主或经理人的集权化决策，整个企业的运作都围绕着他转，一切决策都取决于他。在这种集权模式下，企业的大权一般集中在总裁或少数高管手中，他们作出的决策不需经过民主讨论，要求下属对上级的绝对服从。Y 集团董事长要求员工学习华为集团的"狼性文化"、《致加西亚的信》，一时间，从集团高层到基层员工，纷纷购买书籍，掀起了学习的热潮。董事长的指示对于员工来说，就是绝对命令。老板的思想就是企业的思想，老板的爱好就是大家的爱好。在日常行为沟通上，企业管理者一般习惯于"施恩"或"下察"式的沟通，很少出现下对上的沟通，上级经常漠视下级的建议，在公开场合，很少表现出对下级具有高度的信心。这样，上级管理者无法获得下面充分的信息，从而导致决策偏差或失误。下级员工由于提出的建议没有引起上级管理者重视而丧失工作的主动性，从此也不愿意再为企业发展建言献策。

有学者从"权力距离"①角度对企业组织内的上下级关系进行了深刻分析，认为受传统等级制度的影响，形成了中国企业上下级之间较大的权力距离，表现为企业管理者等级秩序严格，集权程度高。在这种权力模式下，上级享有较大的权力，下级主体性相对不足，对上级有较强的依赖性②。而在一些低权力距离的国家，员工较少依赖于他们的上级或老板，上级或老板在遇到问题时也会选择与下属沟通商议，下属不怕质疑或顶撞他们的老板。中国社会的权力距离较大，上下级之间等级分明，上级总处于主动支配者的地位，下级往往比较被动服从。例如，中国多数企业选拔干部的标准首先是听话，其次才是才能。Y 集团干部素质要求第一项就是忠诚，即对企业和老板忠诚。事实上，真正的忠诚源自员工对企业文化的价值认同，而非权力规训下的表面顺从。由于上级掌握较大的权力，在管理上就容易滋生简单粗暴的工作作风，以致"骂人文化"成为一些民营企业的特色。Y 集团某分公司每天有"三会"，即晨会、午餐会和总结会。顾名思义，午餐会就是在午餐时间召开的生产会。大家在一起边吃饭边开会。饭前，分公司总经理通报当天的生产情况，谁干得好，谁干得不好，等等，说白了，就是批评会、

① "权力距离"源于荷兰社会学家霍夫斯泰德提出的概念。根据霍氏的定义，权力距离是所能接受的上下级之间不平等的程度。当一个社会接受的不平等程度较大，称之为高权力距离；反之，为低权力距离。高权力距离的人或社会崇尚等级与秩序，低权力距离的人崇尚平等。

② 王学秀著：《文化传统与中国企业管理价值观》，中国经济出版社 2007 年版，第 200 页。

骂人会。有的员工因工作中的问题，先被主管骂，然后被科长骂，最后被总经理骂。不但分公司如此，集团高层管理人员会议也如此。集团董事长在召开高层管理人员会议的时候，常以训代会，对于绩效考核较差的高层管理人员点名批评、不留情面，有时还让他们站起来说明原因并立下保证。被点名批评的高管，就像犯了错误的小孩子接受父亲的呵斥一样，红着脸、低着头，不敢出声。事后，这些受训的高管又把窝囊气发泄到下属身上。上有所好，下必甚焉。这种上下级关系无疑会伤害大学生员工的人格尊严，使其丧失对工作的热情和自信，找不到工作的满足感和幸福感，对个人和企业发展有着消极的影响。

企业领导者的风格对大学生员工职业发展也有着重要影响。在企业组织管理理论中，领导风格有专制型、权威型、关系型和放任型四种主要类型。在民营企业，专制型领导风格较为普遍，放任型领导风格则比较少见，因为企业产权归属私人所有，无论企业主或管理者，对下属放手不管的极为少见。

专制型领导。专制型领导的特点要求下级服从，作风专断，不愿意对下级授权、放权，这种“一言堂”或“家长式”的专制型领导风格容易把大学生员工的新思想、新思维扼杀在萌芽中。由于他们没有得到起码的人格尊重和重视，难以激发追求卓越工作的热情，从而导致员工对企业价值观不认同、对企业不忠诚、对工作无所谓。专制型领导风格的弊端在于对员工士气和情感的漠视，对工作的氛围会造成毁灭性的影响。专制型领导可以短时间内把企业战略意图贯彻到基层，保证企业的政令畅通，有利于提高企业的行政效率，但同时也抑制了大学生员工的主体意识，挫伤他们的工作热情和创造精神，久之就会养成依附性人格，这对企业的长远发展是极为不利的，因为市场经济社会，企业的竞争力源于创新型人才的培养和使用，过分专制只能培养员工的奴性人格和守旧意识，这也是我国一些民营企业短命的主要原因。从大学生员工需要和发展来说，他们不仅有物质和安全的需要，也有尊重与自我价值实现的需要。大学生员工不再像传统社会的人那样盲目地绝对服从权力，他们更尊重的是专业知识，追求的是平等对待，希望得到上级的信任和尊重，而不是领导的管制和约束。

权威型领导①。权威型领导强调企业的远景目标，号召员工为之奋斗，让员工全力以赴地投入组织战略目标当中，把员工个人的任务设定在公司远景的目

① 马克斯·韦伯将组织的权威分为传统型权威、魅力型权威和法理型权威，具体地说，传统型权威是建立在一般适用的传统的神圣性和传统授命事实权威的统治者的合法性之上；魅力型权威是建立在非凡的献身于一个人以及由他所默示和创立的制度的神圣性，或者英雄气概，或者楷模样板之上；而法理性权威建立在相信统治者的章程所规定的制度和指令的合法性之上，他们是合法授权进行统治的。

标框架内，使每个员工都知道自己的目标和奖惩的依据。权威型领导强调最终目标，他不会指挥员工如何实现这一目标，而是充分授权让员工为实现这一目标而不断实践、创新和冒险。汪某（辞职到武汉某生物制药企业从事人员招聘工作，本次是电话采访）说，原来分管人事的上司，对人事管理比较专业，尊重和信任下属，对下属授权。员工工作心情愉悦，自愿加班加点，内心感到充实，上下级关系和谐融洽。上个月发生了变化，新来的人事部门经理，对人事管理不专业，要求部门员工写日报、周报、月报，定硬性指标，卡时间节点，每一天完成到什么程度，都要写得清清楚楚。对上级布置的任务，不会从人事管理的角度来考虑，只会盲目执行。比如公司要求本月招 20 个新人，前者会考虑，企业到底需不需要 20 个人，能不能找到合适的 20 个人，他在给下级下达任务时，比较弹性，会根据企业实际需要下达任务。而后者就不会从人事角度来考虑，只会按照上级的要求强制布置下去，并要求按时完成任务。在前任领导手下工作，工作有激情、有干劲、有奔头，心情舒畅，有成就感；在后者手下干事，感到压抑、憋屈、没劲。大学生员工与操作性工人不同，他们既注重工作所能带来的经济收入，更希望独立自主地开展工作，实现个人的职业发展。

关系型领导。关系型领导重视情感纽带，创造一种和谐的人际关系，得到员工拥护和尊敬，有助于提高组织的灵活性。同事之间相互信任、帮助，形成一种宽松的组织氛围。关系型领导对员工的积极表现给予正面评价，注重对员工精神激励。关系型领导关心下属的情感，重视与下属的交流与沟通，增强员工对组织的归属感①。

四、"失语"的党群组织

企业工会是劳动者合法权益的代表者和维护者。《中华人民共和国工会法》规定，工会通过平等协商和集体合同制度，协商劳动关系，维护企业职工权益。虽然法律明文规定了工会的职责和权利，但现实情况是，多数民营企业工会组织松散、形同虚设，不能真正发挥工会应有的作用。即使一些组织健全的企业工会，面对资方侵害员工合法权益的事件也无能为力，在同资方的谈判中缺乏制约企业违法行为的有效手段。当工会有效开展工作时，还要面临巨大的压力，这是因为，其一，民营企业主掌握企业的经营管理、人事聘用以及工资待遇的绝对话语权和决定权，面对强势的资本，员工常常忍气吞声、不敢怨言。工会主席如果与企业主顶撞也难免遭遇被解雇的命运。其二，地方官员担心加强工会工作会

① 黄静著：《以人为本的企业文化》，武汉大学出版社 2003 年版，第 143 页。

影响本地的投资环境，对企业工会工作支持有限。一些地方政府把工会维权的工作定位于稳定、兴业，这与工会的性质和职能是相违背的。其三，民营企业员工的法律意识淡薄，临时打工心态使他们难以团结起来表达群体的利益诉求，维护群体的共同利益①。由于民营企业工会职能缺位，企业侵犯员工利益的事件并不少见。

吕某②说：民营企业工会就是一个形式，实质上发挥不了什么作用。再说，相当部分民营企业工会领导人由出资人的亲戚担任，他们怎么可能会站在工人一方、代表员工利益与资方博弈呢？劳资双方的利益本身是对立的，当然也有统一的一面。他们往往替老板说话，而不是代表员工说话，这和西方社会工会组织差别很大。西方社会工会的权力是很大的，企业主忌惮企业工会，工会也确实能够维护工人的利益。至于人事劳动社会保障局，他们是政府机构，和企业主的关系非常微妙，一般企业主都会和地方政府搞好关系，希望得到他们的关照。这种政商关系下，怎能完全指望他们严格执行国家法律制度呢？再说，相当部分政府官员退休之后，往往被聘为企业高管，为企业效力。当然，这种现象从党的十八大以后得到遏制，这是好现象。无论财务报表和工资报表，民营企业一般都有两本账。人事劳动部门来查的话，一般都提前打招呼的，企业人事部门就把符合劳动法规定的账本递交上去，从形式上看不出一点破绽，即使有问题，核查人员也装作没看见，因为在他们来之前，他们的领导就已交代好了。还有就是，民营企业员工缺少维权意识。员工之间关系比较冷漠，团结意识差，除本部门以外，部门之间的员工很少沟通。有时甚至因利益关系，本部门内的员工也缺乏团结，他们就像中世纪的农民，倒在地上的一堆马铃薯。这也是现代社会的共相。因此，一旦利益受损他们很少团结起来，为争取共同利益而斗争。当然，也有些大学生员工维权意识较强，懂得运用法律武器来维护自己的合法权益，但这毕竟不多见。加上个人力量过于渺小，基于时间、精力等成本考量，多数人往往放弃自己的合法权益。

余楠把民营企业工会问题的根源归结为认识问题和制度设计。从认识上看，主要在于一些地方政府主要负责人对民营企业工会的作用和维权职能认知错误，把组建工会、开展工会维权工作与招商引资、发展经济对立起来，担心加强

---

① 余楠著：《民营企业思想政治工作及其价值研究》，厦门大学出版社 2007 年版，第 223 页。

② 吕某，男，32 岁，硕士，江苏沭阳人，未婚，Y 集团某分公司人力资源部门总经理助理。访谈时间：2015 年 1 月 6 日，地点：某茶馆。

工会工作会影响到地方的投资环境,没有看到工会协调劳资关系、维护员工合法权益的重要作用,没有看到推动工会维权工作对促进社会公平正义的重要意义。在他们看来,只要不得罪企业老板,只要能增加地方经济收入,其他的一切都是次要的。造成这种问题的原因与政府前期片面强调发展经济,忽视社会建设和“唯 GDP 论”的政策导向不无关系。同时,许多企业主担心组建工会会与自己对着干,纯属自找麻烦,因此对工会组织热情不高。从制度设计上看,由于历史和体制等原因,工会在维权职能方面既不突出,也缺乏有效的制约手段,在很大程度上成为依附于政府的准行政机构,致使“工会组织行政化”①。这一特点影响到工会领导的产生,工会主席的产生由地方工会组织和企业主协商产生,或者由企业主指定聘用,不少企业工会主席是企业主的亲戚或至交,更多的是维护和代表企业主的利益,而不是代表员工的利益。在没有党组织的企业中,工会受地方党组织的领导。在有党组织的企业中,工会受企业党组织的领导。在党政工作密切联系的现行体制下,工会工作与政府工作要保持高度一致。一旦劳资关系破裂,如果劳方利益要求与政府利益一致,工会就选择站在工人一边;如果劳方利益要求与政府不一致,工会就会选择维护政府的利益。而政府的财政来源要依靠企业纳税大户,因此,当劳资双方发生冲突时,政府常站在企业主一方,损害了工人的利益②。

民营企业工会组建率低、工作不力的根本原因在于,民营企业工会依附于企业,不能独立性开展工作。民营企业产权为私人所有,企业建立目的就是为了获得资本利益最大化。企业领导人的产生、生产经营、劳动用工等方面不受政府的直接控制,这一点与国有企业不同。国有企业受政府控制,企业的领导人基本上

---

① “工会行政化”是指工会组织在其组织、活动等方面,在相当程度上受到政府或企业行政部门的控制,在相当意义上作为政府或企业行政附庸而存在。为什么工会会行政化?按照现有政策和文件规定,工会在同级党委的领导下独立性开展工作。而“接受领导”和“独立自主”是一对矛盾,要接受领导就要贴上从属性标签,独立自主就是不充分的;要独立自主,就要有独立性、自主性而不是从属性,对于中国工会组织来讲,始终处在寻求从属性和独立性平衡这对矛盾之中。有论者指出,中国工会行政化的原因是历史形成的,中国工会运动是在党的组织和领导下产生发展起来的,党产生在前,组织产生在后,工会从属于党的领导是历史原因造成的。其实,组织产生的早晚,与这个组织的重要性和它在社会的地位并不必然正相关,主要原因在于,早在革命年代,中国共产党就实行高度集权的领导体制,这种体制最大程度上突出了党在政治权力结构中的绝对权威,成为实际的最高权力者。政府和其他政治组织置于党的领导之下,因此工会组织行政化具有某种客观必然性。见黄孟复:《中国民营企业劳动关系状况调查》,中国财政经济出版社 2008 年版,第 183—184 页。

② 余楠著:《民营企业思想政治工作及其价值研究》,厦门大学出版社 2007 年版,第 224—226 页。

由政府委派，他们直接负责的对象是上级政府或官员，当国家要求企业建立工会组织，这些领导人会照章办事，很少出现抗命不遵的现象。在组织结构上，国有企业不仅是独立的法人行动者，而且是政府行政架构的延伸。在组织功能上，国有企业不仅是物质产品的生产单位，还是政治产品、精神产品的生产单位。在管理者角色上，管理者不是一个与政府之间有契约关系的被雇佣者，而是一个被委派的干部，是政府行政架构中的一员。无论是政府还是百姓，都不可能只用经营者的角色规范去评价企业管理者，还要用干部的角色规范，用执政党代表的角色规范去评价①。政府要求管理者的行为能够体现政府倡导的价值、道德原则和政治原则，这种道德和价值的基点是利他主义和集体主义的。而民营企业是建立在私人产权的基础之上，企业主追求的是个人利益最大化，其价值基点是个人主义和利己主义。因此，民营企业主对那些他们认为对其经营管理产生不利影响的政府法令刻意规避，有时甚至通过行贿等手段换取不执行政府法令或减少政府执法力度。

当前，多数民营企业党的组织不健全。一部分中小型民营企业没有设置党的组织，有些大中型民营企业即便设置了党组织，但在企业也无任何实际的权力和地位。除一些日常事务和迎来送往外，在企业基本无实质性的事情可做，角色十分尴尬，处于企业的边缘地位。相当部分民营企业主并不希望在企业内部建立党组织，认为这会影响到企业的正常生产经营，增加用工成本。有的还认为企业党的组织会为员工撑腰、打气，维护员工利益，增加管理难度。迫于地方政府的压力，许多民营企业主不得已而建立党的组织。在这种思维方式的主导下，一些民营企业党的组织成立以后，并不能发挥在企业中的政治作用，而常为企业主所利用，成为他们与政府沟通的渠道和展示企业形象的招牌。原因在于，首先，民营企业的党组织工作开展依附于企业内部的管理组织，企业党建工作人员开展工作时，看企业主的脸色行事，甚至发展企业党员，也要按照企业主的意图和指示来办。笔者刚到Y集团上班的第一年，集团总部发展的6名共产党员都是董事长指定的高管，而其他基层员工积极想入党，却被拒在党的组织大门之外。其次，多数民营企业党组织的负责人来自企业的社会招聘，他们对老板的负责超过了对上级党委的负责。其他党务工作人员，多数也由企业其他部门员工兼任。即便有些大型民营企业设有专职党务工作人员，也多是企业自行招聘的员工，其薪酬由企业发放，工作绩效由企业负责考核。这样的话，他们想独立开展企业党

---

① 蔡禾:《企业职工的权威意识及其对管理行为的影响——不同所有制之间的比较》,《中国社会科学》2001年第1期，第119—129页。

建工作,加强企业员工的思想政治工作,无异于缘木求鱼。而国有企业则明显不同。国有企业党的组织机构相对健全,党组织在企业经营决策及重要的人事任免方面享有参与权、建议权。在党的组织领导下,企业的思想政治工作能够正常开展,党的理论政策能够得到有效宣传和贯彻。笔者从在上海某家央企工作的侄子那了解到,尽管他是一名企业财务人员,每周也要参加政治理论学习。从去年开始,企业党组织要求党员员工学习党的"三严三实"活动,还要求撰写学习的心得体会。

由于民营企业党建工作开展不力,民营企业的思想政治工作也流于形式。说起来重要,做起来次要,忙起来不要。一些企业青年工作制度、思想政治工作制度只是写在纸上、挂在墙上、喊在嘴上、记在本上,却最终不能落实到行动上。一些大学生员工由于缺乏企业党组织思想政治教育和正确的价值观引导,在社会多元价值观的冲击下思想困惑,对人生的未来道路迷茫无措,没有清晰的目标规划。党的十八大以来,非公有制企业的党建工作明显得到加强。2012 年中共中央办公厅印发的《关于加强和改进非公有制企业党的建设工作的意见(试行)》明确了非公有制企业党组织的功能定位,强调在非公有制企业推进党的组织覆盖和工作覆盖,加强以党组织书记为重点的党务工作者队伍建设和对企业出资人的教育引导,这无疑为新形势下非公企业党建工作指明了方向,对于加强民营企业思想政治工作有着重要的指导意义。

第四节 社会环境因素

马克思说:"人创造了环境,同样环境也创造人。"[①]这说明环境对人的发展有着重要的作用。大学生员工职业理想除了受个体、家庭和企业的影响之外,还受到社会环境的影响,与前者相比,这种影响更为持久和深远。鉴于社会环境是一个内涵极其丰富的概念,本节主要从市场经济、大众传媒、国家政策和社会保障等维度进行讨论与分析。

一、市场经济因素影响

市场经济制度改革解放了计划经济体制对生产力的束缚,推动了民营经济的蓬勃发展。为了适应市场经济发展的需要,高校毕业生就业制度也发生了根

① 中共中央马克思恩格斯列宁斯大林著作编译局编译:《马克思恩格斯选集(第 1 卷)》,人民出版社 1995 年版,第 92 页。

本性的变革，从计划经济体制下的统包统分，过渡到市场经济制度下的双向选择、自主择业，许多大学毕业生入职民营企业已成为当今社会的常态。市场经济发展不但改变了大学生就业制度和职业空间，而且对大学生价值观念还产生了重大影响。

计划经济时期，国家是社会资源的绝对占有者和分配者，几乎所有组织和个人可使用的资源都由国家统一分配，这意味着个体无须为获取生存和发展所需要的资源采取积极的行动，久而久之就形成了被动的依附性性格。个人的主体意识、参与意识和创造精神就不自觉地被弱化了。同时，由于国内外复杂的形势，国家运用行政权力和宣传工具等强化意识形态领域的管理，倡导个人对国家和社会的服从与贡献，人们信奉和崇尚集体利益高于个体利益的社会本位价值观。在一定程度上忽视了个人权力和利益，致使个人利益和需要被集体利益所淹没，个体的自我意识和创造精神被遏制，压抑了人们的主体意识。市场经济唤醒了人们沉睡的自我意识和利益观念，市场经济社会优胜劣汰的竞争法则激发人们的竞争意识、创业观念和进取精神，人们开始重视自身利益追求和自我价值实现，这是社会的进步。市场经济还创造了一个相对公平的社会制度环境，一定程度上打破了传统计划经济时期只有通过社会身份、学历等对个人发展的限制，并为个体的人生道路选择和人生理想实现提供多元、开放的就业渠道和组织空间，丰富了现代人的职业生活。在这种开放、自由和宽松的社会环境下，个体的主动性、积极性被空前地激发，草根阶层也可以凭借个人的努力走向事业的成功。

市场经济在带来人的解放和发展的同时，市场经济逐利性则导致人的物化，体现在职业理想方面为职业价值功利化。当前，相当部分的大学生员工把经济收入和经济成功作为衡量个人事业成功的主要标准。访谈对象钱某、程某和李某均表示，人生的主要目的是攫取更大的物质财富，获得个人经济上的成功。前文问卷调查的结果表明，有 37.8%的被调查对象表示，职业目的在于赚钱谋生。有学者对北京市 1908 名青年职工抽样调查的结果显示，不同群体的青年职工价值观存在差异，党政机关的职工社会贡献意识强，对金钱追求的欲望最低，国有企业青年职工注重自身修为，追求物质金钱的欲望强烈，民营企业青年职工重视自身技能的提高，但社会荣誉感不强，更加关注实际的利益①。2013 年由人民网强国社区调查专栏《态度》联合国内专业民意调查机构——北京美兰德调查公

① 彭庆红，邵艳军：《当代青年职工价值观的特征及影响因素分析——基于北京市 1908 名青年职工的调查》，《中国青年研究》2013 年第 5 期，第 68—72，31 页。

司，在全国范围内开展"当代中国青年价值观调查"的结果显示，青年人择业时看重发展前景的占70.5%，看重稳定性的占67.3%，看重薪酬福利的占60.0%[①]，这充分说明了经济收入已经成为当代青年包括大学生员工择业的主要价值标准。

由于人们把主要的精力投入经济活动，现实的经济压力使他们忙于生计，无暇顾及政治社会责任，致使他们政治参与热情不高，社会责任淡化。如前文关于职业意义的问卷调查，选择"服务社会"的只有5.2%。赖特·米尔斯认为，美国白领阶层政治冷漠，物质至上，精神空虚，个人主义。他们是"政治的后卫"，不相信现实的忠诚和未来的期望，不关心本阶级的利益，更不关心国家的前途。访谈对象汪某表示，个人觉得政治和自己的生活联系不大。对政治不热心，也不冷漠，应该属于中性。政治热情不高，没有政治信仰。在谈到个人的社会责任时，他认为，现代人都在追求金钱，很少想到社会责任。至于为国家和民族应尽的责任，只要不违法乱纪就行了。在实证调查中，笔者遇到不少类似的情况，甚至有的受访者对提出这样的问题感到很意外，认为"这种问题本身很幼稚，在一切向钱看的时代谈理想和社会责任是那么不合时宜"。

客观地说，大学生员工职业理想功利化既是市场经济的使然，也是他们现实生存的境况所迫。大学生员工工资待遇并不高，工作压力大，职业安全缺乏保障，还要面临购房、结婚生育、子女教育、赡养老人等现实问题，这些问题使他们不得不重视职业带来的经济收入。但是，人的需要是多维度、多层次的，有生存需要，也有享受和发展需要；有物质生活需要，也有精神生活需要；有生理、安全等较低层次的需要，也有爱与归属、尊重和自我实现等较高层次的需要。因此，如果大学生员工过度地片面追求职业的经济利益，满足于个体的物质生活需要，而忽略对精神生活的追求，就会感到精神空虚和生活的无意义，就将会沉溺于网络游戏或低俗的文化产品等寻求生理感官的刺激而成为马尔库塞所指称的"单向度的人"。针对现代人的物化现象，韦伯不无悲观地指出，"个人职业责任的理念，如同已经死去的宗教信仰的鬼魂，在我们的生活中游荡。完成职业责任，不再直接和精神、文化的最高价值有什么联系"，"在美国，追求财富的行为，已经剥去了它原有的宗教伦理内涵，而趋于和纯粹的尘世欲望结合"，"人们对于生活的意义，将会完全地麻木"，"社会上到处都充斥着没有精神的专家，没有信仰的声色沉迷之徒"[②]。

---

① 当代中国青年价值观报告。http://www.people.com.cn/n/2013/0506/c347407-21382834-15.html.

② [德]马克斯·韦伯著，李修建、张云江译：《新教伦理与资本主义精神》，中国社会科学出版社2009年版，第150页。

事实上，职业活动除了可以带来直接的经济利益，满足人们的物质生存的基本需要以外，职业活动本身还具有实现自我价值和社会价值等社会性功能。台湾地区学者叶至诚从职业社会学角度把现代职业分为经济、社会、文化、生理、教育、家庭等八大功能[①]。人们通过职业活动的交往、交流，可以增进社会互信，促进社会安定团结。通过职业活动，人生将变得更加丰富、充实而富有意义，人的精神需要会得到满足。职业成功不仅彰显个人的自我价值，还对社会发展起到重要的推动作用。如果职业活动完全为经济利益所驱使，把挣钱当作唯一的动机和目的，就容易产生极端个人主义。不可否认，市场经济和个人主义具有一定的亲和性，但市场经济不一定必然导致极端个人主义。如果把职业经济动机当作唯一的目的，求利的出发点和最终目的都是为了个人需要，个人就会只站在个体利益和立场上理性地算计，并进行价值判断和价值选择，而不是从社会需要的角度去思考，就容易走向极端个人主义。这无论对于个人的全面发展，还是社会文明进步都将是不利的。

当然，对于市场经济下的大学生员工职业理想功利化取向，也不必过于悲观，这是社会发展的必然。依照马克思的观点，人类社会的发展有三个阶段，人的依赖关系占统治地位的阶段，以物的依赖性为基础的人的独立性阶段及人的自由和全面发展阶段。当前我们正处于以物的依赖性为基础的人的独立性阶段。市场经济在激发人的主体意识、竞争意识，在使人摆脱对传统社会的依附关系的同时，也使人产生对物的依赖和人的物化，这是人类发展不可逾越的历史阶段。但他还认为，摆脱人的物化状态，从人类社会发展的第二阶段跃迁到人的自由和全面发展阶段，需要社会生产力持续发展，创造更多的社会物质财富满足人们生活需要，也需要提高人们的思想文化道德水平。当然，社会经济发展是第一位的。从这个意义上来说，加快市场经济体制改革，进一步解放和发展生产力，创造更大的社会财富是大学生员工摆脱职业价值取向功利性，实现职业理想跃迁的物质前提和基础。

二、大众传媒影响

大众传媒是指特定的社会主体通过一定的组织方式对社会大众进行信息传播活动的媒体，主要包括报纸、杂志、广播、电视、网络等传播媒介。作为一种信息沟通和思想交流的载体与中介，大众传媒已成为公众获取各种信息、认知社会、沟通交流的重要渠道。除了工作和睡觉之外，它占据了我们生活的大部分时

① 叶至诚著：《职业社会学》，五南图书出版有限公司2001年版，第5—6页。

间。毫不夸张地说，现代人正生活在以网络为主的大众媒体所编织的信息海洋之中，形塑着我们的价值观念、生活方式和行为导向。针对大众传媒对现代人的生活方式和价值观念的影响，米尔斯无不深刻地指出："大众传媒的内容已成为当代人的体验、情感、信仰和向往的共同标准，它不仅渗透到不同的物质和社会环境之中，还影响年龄很小的孩子，使他们在明辨是非之前就不自觉地接受了那些东西。它浸入了我们的自我形象，成为我们理所当然的一部分。"①

以网络为主的大众传媒占据了大学生员工大量的生活时间，丰富他们的生活方式，并成为他们获取信息、认识社会和社会交往的重要工具。中国互联网络信息中心(CNNIC)发布的第39次《中国互联网络发展状况统计报告》显示，截至2016年12月，中国网民规模达7.31亿人，其中手机网民规模达6.95亿人。就网民职业结构来说，企业一般职员占11.9%，专业技术人员占4.8%，商业服务业职工占4.4%②。2014年《新周刊》发起的"中国80后生存现状调查"结果表明，80后员工中24.18%的人在上网，14.81%的人在睡觉，11.96%的人在看电视，10.81%的人在看书看报，10.15%的人在逛街，10.11%的人在旅游，剩下的80后玩体育运动、相亲。调查指出，80后生活中最主要的休闲娱乐活动就是上网，上网淘宝、追剧、打游戏、玩微信，当你看到地铁和街道遍地都是低头族的时候，你就会明白，上网已经成为人们深入骨髓的生活方式。

人有物质生存的需要，也要有精神生活的需要。现代人承受着来自生活和职场等各方面的压力，面对快节奏的城市生活、激烈的职场竞争、高昂的房价等，大学生员工渴望得到身心放松。大众传媒的便捷性和所传播内容的新奇性、娱乐性刺激了他们的感官神经，迎合了他们的心理欲求，使他们暂时遗忘身体疲劳和精神焦虑，一定程度上满足了大学生员工多样化和娱乐化的精神需求。如访谈对象汪某和钱某，他们日常休闲的主要方式就是上网看新闻、电影、娱乐节目、刷微博，关注朋友微信圈，与朋友微信交流等。

大众传媒在丰富大学生员工精神生活、满足他们心理需要的同时，大众传媒的泛娱乐化倾向弱化了社会主导价值对青年价值观的影响。有学者根据对贵州5所大学的500名在读大学生随机抽样调查结果认为，在影响当代大学生职业价值观的诸因素中，大众传媒的影响尤为显著。大众传媒在为大学生提供丰富的就业信息同时，大众传媒的娱乐化、低俗化和快餐化等助长了大学生职业理想

① [美]C.赖特·米尔斯著，杨小东译：《白领——美国的中产阶级》，浙江人民出版社1987年版，第373—375页。

② 第39次《中国互联网络发展状况统计报告》。http://www.cnnic.net.cn/hlwfzyj/hlwxzbg/hlwtjbg/201701/t20170122_66437.htm.

功利化倾向。在对职业选择动机的价值排序上，选择“为国家为社会作贡献”的仅占3.04%[①]。

以网络为主的现代传媒突破了传统媒介的时空限制和文化界限，各种信息、文化及其所承载的价值观念相互影响、渗透、交锋和撞碰，对大学生员工的价值判断和价值选择带来一定的困惑。面对海量信息和多元价值观念的激荡，他们感到无所适从而陷入了选择的困境。社会多元价值观也挤压了社会主导价值的生存空间，一定程度上弱化了社会主导价值对大学生员工价值观的正确引导。

随着媒体市场化改革，大众传媒对自身定位也出现价值偏差，过分强调其商业性而忽略其应该承担的社会责任。一些媒体在经济利益驱使下为了博取受众的眼球效应，偏好负面题材报道。或者为了迎合受众情绪化心理，把一些个别性事件无限放大，使人们对社会现状和主流价值作出错误判断[②]。当前很多人深信，学得好不如嫁得好、好学历不如好爸爸、高学历不如高颜值，价值标准和价值取向发生了变异和扭曲，这与大众传媒的社会责任缺失和价值导向偏差不无关系。

> 吕某[③]说：近些年国家虽然在经济上取得世人瞩目的成就，经济总量全球第二，但忽视了文化和道德建设。各大媒体、网站都为了经济效益不顾社会责任，宣传和报道一些乌七八糟的东西，如某影星出轨了，某某恋爱了，某某结婚了，等等；要不然就是某人赚了多少钱，财富又升值多少，位居富豪排行榜多少名，中国富豪又上升了多少人；再就是某官员被情人举报了，贪污受贿多少钱，等等，这些对青年（价值观）是怎样的引导啊？除了诱导追求财富、名声、女色、享乐和成功外，还有什么呢？眼下中国人特别浮躁、功利，崇尚财富，官员失德，富人奢靡享受，媒体推波助澜，社会风气和文化环境极差。

现代社会，大众传媒作用越来越强大，乃至对世界和人的生活实现了操纵。吉登斯认为，“现代性条件下，媒体并不反映现实，反而在某些方面塑造现实”[④]。或者说，“它反映社会，但只是有选择性地反映，它通过推广某些特点来强化这些

---

① 唐昆雄，杨斌：《大众传媒与当代大学生职业价值观的相关性研究》，《思想教育研究》2008年第2期，第61—63页。

② 魏永强：《论网络批判的泛政治化倾向》，《南通大学学报（社会科学版）》2017年第2期，第149—153页。

③ 吕某，男，32岁，硕士，江苏沭阳人，未婚，Y集团某分公司人力资源部门总经理助理。访谈时间：2015年1月6日，地点：某茶馆。

④ ［英］安东尼·吉登斯著，田禾译：《现代性的后果》，译林出版社2000年版，第29页。

特点，通过强化和选择，它创造了一个世界。只要人们仍然无法接触到第一手资料，他们就不得不生活在这个世界之中”。实践证明，“一个人对所有事件的认识，在某种意义上说，是对环境的体验，他与别人接触的第一手资料，以及所接触到大众媒介共同作用的结果，而往往正是后者，为他提供了标准的现实体验”①。这就是说，人们通常根据自身对环境的体验和从他人获得的资料，以及所接触到大众传媒的信息等因素共同作用下形成个体的价值观，在这些影响因素中，大众媒介为个人的价值观形成提供了“社会参照标准”。

三、国家政策影响

国家政策对大学生员工职业理想有着重要的导向作用，特别是国家关于大学生就业、创业政策以及城市户籍管理制度，对于大学生员工的未来发展影响很大。

第一，就业和创业政策的影响。新中国成立以后到20世纪80年代中期，国家对高校毕业生采取“统分统包”的就业政策。在这种就业政策的指导下，大学生就业由国家统一分配，这样就解除了大学生及其家庭的后顾之忧。随着计划经济体制向市场经济体制转换，单一的高校毕业生分配制度满足不了市场需求，国家实行“一定范围内的双向选择”的就业制度。高校扩招后，在校大学生规模和数量骤然增加，国家根据市场经济发展的需要对大学生就业政策进行了新的调整，实行高校毕业生自主择业的就业制度。高校扩招在提高国民素质、增强教育公平的同时，也造成了大学毕业生就业难的问题。为了缓解大学生就业压力，从2002年起国务院就制定并印发了专门文件促进和指导大学生就业。政策内容包括前期的“西部计划”“大学生村官”“三支一扶”等基层计划，以及后期利益导向型的自主创业。由于沿海城市与中西部地区在发展潜力、收入待遇等方面差异较大，大学生去基层一线就业的动力不足，大学生就业政策实施效果并不理想②，前文对民营企业大学生员工的实证调查对此也足以证明。多数大学生员工并不愿意到中西部地区或者回到县城、农村老家就业。他们“宁要北上广一张床，也不要县城一套房”。为了提高大学生就业质量和拓宽大学生就业渠道，2011年教育部提出了“优化创业环境，实现自主创业人数增长”的目标，一方面通过政府投入和民间募集的方式筹集大学生创业基金，让创业大学生尝到甜头，

① [美]C. 赖特・米尔斯著，杨小东译：《白领——美国的中产阶级》，浙江人民出版社1987年版，第373页。

② 靳敏：《我国大学生就业支持政策供需分析》，《中国青年研究》2014年第6期，第82—86页。

获得收益；另一方面要求高校进行大学生创新、创业教育，要求各地整合资源，打造大学生创业孵化基地，通过对大学生自身能力的挖掘，创造就业机会。尽管如此，激励大学生自主创业的效果并不理想，实际参与创业的人数不到大学毕业生总数的1%，创业成功率只占创业大学生的3%①。至于大学生创业难的原因，从外部条件上看，主要缺乏创业资金的支持，各项优惠政策难以落地，高校缺乏创业教育以及缺乏系统的创业扶助政策等；从个人原因看，主要是大学生创业经验不足，缺乏一定的社会关系，对企业和市场缺乏基本了解。因此，政府作为大学生创业的倡导者、组织者、管理者和支持者，应从宏观战略的角度出发，完善各项配套措施，协调财政、金融、工商、税务等职能部门，制定有利于大学生主动创业和保护创业者利益的政策机制。

第二，户籍制度的影响。客观地说，许多大学生不愿意到民营企业就业，民营企业大学生员工离职深造或者跳槽国有企业、报考行政事业单位的一个主要原因，就是因为民营企业解决不了他们的城市户籍问题。尤其对于那些来自经济欠发达和农村地区的大学生来说，他们读大学的初衷就是想改变以前的生活状态，留在城市工作和生活，然而，目前我国多数省份和城市并没有放开城市户籍管理，依然采取城市户籍限制政策，这样，只有那些在体制内单位就业的大学生能够解决城市户籍问题，而绝大多数民营企业大学生员工只能以集体户口的形式暂住城市，既无法解决个人的城市户籍问题，也无法解决他们子女的城市落户和入学问题，除非他们在城市购买一套自住商品房。在城市房价如此高昂的今天，买房对于那些毕业不久、收入不高的民营企业大学生员工来说，遥不可及。等到他们能够在所工作的城市购买起一套住房的时候，或许早就错过了结婚和生育的最佳时期，这也是现代社会青年晚婚晚育的一个重要原因。安居才能乐业，为了能够使民营企业大学生员工在城市安顿下来，政府应该加快城市户籍制度改革，取消城市对外来务工人员的户籍限制，给予民营企业大学生员工同等的城市户籍身份，这样，即使他们暂时买不起房子，也可以租房居住，他们的子女能够与城里的孩子一样同等地接受教育。唯有满足他们的基本利益需要，解决他们家庭后顾之忧，他们才能够在民营企业安心工作，才能把民营企业作为实现人生理想的舞台。

四、社会保障影响

社会保障是保持社会机制正常运转的安全阀，起到社会兜底的作用。党的

① 赵劲：《建立大学生创业支持体系的场域路径分析》，《教育与职业》2014年第27期，第123—125页。

十八大报告指出，社会保障是保障人民生活、调节社会分配的一项基本制度，到2020年全面建成覆盖城乡居民的社会保障体系。当前民营企业大学生员工心里焦虑和缺乏职业安全感，主要原因就是民营企业社会保障不足。依照马斯洛的需要层次理论，人们只有在基本物质生活得到保障后才能有追求更高层次的需要。恩格斯指出，人们只有先满足吃喝住穿，然后才能从事政治、科学、艺术、宗教等。社会保障主要解决大学生员工的基本生存问题。从前面的调查和访谈中可以看出，与国有企业相比，民营企业的大学生员工的社会保障相对不足，一些民营企业劳动合同签订率低，社会保障参保率低，不缴保费和少交保费的现象比较严重，损害企业员工的合法权益事件时有发生。

2014年有学者对我国青年社会保障问题进行了专项问卷调查，选取的样本总量4320人，其中在职青年1865人，涵盖国有集体企业、三资和民营企业、事业单位、国家机关、民间非营利组织的员工以及个体和自由职业者。统计数据显示，国家机关、事业单位、国有和集体企业在养老保险和医疗保险两方面的参保率高达97.0%，个体和民营企业的参保率只有28.6%[①]。2007年全国工商联对民营企业劳动关系调查显示，50%以上的私营企业员工未签订劳动合同，企业建立集体合同的比例只有15.7%，低于其他类型企业；近半民营企业职工未参加基本养老保险和医疗保险，近60%的未参加失业保险，38%的未参加工伤保险[②]。访谈对象陈某和汪某所在的浙江义乌、湖北武汉等地的一些中小型民营企业，它们中大多数没有给员工缴纳社会保险，一些企业即使给员工缴纳了五险一金，由于资金有限或其他原因，也是按照缴费最低标准进行，社会保障程度较低。《中华人民共和国社会保险法》规定，国家建立基本养老保险、基本医疗保险、工伤保险、失业保险、生育保险等社会保险制度，"用人单位和个人依法缴纳社会保险"[③]。依照法律规定，职工社会保险比例中养老保险单位缴纳个人平均工资的20%，个人负担8%；医疗报销单位缴纳8%。而现实中一些民营企业为了规避或者达到少缴社会保险费的目的，通常把员工绩效工资从员工平均工资中扣除出来。

依照法律关系和契约精神，作为大学生员工的雇佣单位，民营企业对员工的社会保障行为负有一定的法律责任。不交或少交都意味着对市场契约精神的违

---

① 徐明：《当代青年社会保障问题及对策研究》，《中国青年研究》2017年第3期，第55—61页。

② 黄孟复主编：《中国民营企业劳动关系状况调查》，中国财政经济出版社2008年版，第5—6页。

③ 《中华人民共和国劳动法典》，中国法制出版社2015年版，第202页。

背，也是对我国劳动法律关系的侵犯，理应受到严格的监管、惩戒乃至必要的处罚。但由于我国民营企业是在特殊的社会体制环境下成长起来的，具有一些先天的弱点，如起点低、积累不足、资金薄弱、盲目投资、生命周期短、行为短期化等，再加上国家对民营企业缴纳社会保险费的比例没有作出明确的规定，只是概括地提到按各地劳动和社会保障部门核定的缴费比例执行，政策的模糊性给具体实施和执法过程带来相当大的弹性和操作空间，同时，法律约束和政策监督机制的缺位，也为民营企业少报参保人数、压低缴费基数提供了可乘之机。还有，一些民营企业主法律意识淡薄，为追求利润最大化刻意逃避对员工的社会保障责任，等等，这些都为民营企业社会保障制度的建设和完善增加了相当的难度。

不仅如此，一些民营企业违犯劳动关系的事件也时有发生，以致企业员工的职业安全得不到有效的保障。例如，一些民营企业招工不办理正规的用工手续，不签订劳动合同，或者签订了劳动合同，却不依法执行，存在随意辞退、解雇员工的现象。甚至有的企业以试工的名义逃避缴纳社会保险，一到试用期满就辞退员工，形成轮流用工现象①。还有的企业为降低用工成本，不直接与员工签订劳动合同，而与第三方中介组织签订，这样，劳资双方就从劳动合同关系变成了劳务派遣关系，一旦劳资双方发生劳动争议，企业把责任推卸给劳务派遣公司，从而逃避法律责任追究。此外，一些民营企业随意延长员工的劳动时间，巧立名目克扣员工工资，或制定苛刻的管理制度，侵犯、限制企业员工的人身自由。还有一些民营企业劳动安全条件、设备和环境较差，缺乏必要的安全保障。

2013年10月，笔者陪同集团党委领导去湖南分公司调研企业党建工作，这家公司前身是湖南省肉联厂，20世纪80年代以前生产的白条猪肉专供北京需要，厂区内至今还保留那个年代的小火车和火车轨道，然而，经历岁月的侵蚀和打磨，已破旧不堪。2003年企业改制被Y集团收购。进入冷库车间后，发现里面设备锈迹斑斑。据工作人员介绍，这些设备还是20世纪六七十年代原国有企业的生产设备，Y集团收购后一直继续使用至今。因受当年6月吉林宝源丰公司液态氨泄漏重大安全事件的影响，国家安全生产监督管理总局决定对全国涉氨企业进行安全检查，各省市主要领导负责督办，对检查不合格的企业责令限期改造。Y集团湖南分公司是长沙市市长蹲点和对口督办的企业，据公司副总经理介绍，几天前市长亲自到车间视察，要求10天内务必完成氨气设备改造。对于企业氨气管道老化现象，

---

① 钱海婷：《民营中小企业员工社会保障问题的成因分析》，《理论导刊》2007年第4期，第88—90页。

2012 年公司总经理就把情况反映到总部。吉林液态氨泄漏事件发生后，他又专程飞到南京面见总裁汇报氨气设备改造一事，总裁表示高层已经研究通过了，批专款进行设备改造，可是 2 个月都过去了，改造资金还迟迟没有到位。市长马上要来检查，该怎样交代呢？（副总经理面露愁容）

由于民营企业的社会保障水平相对较低，企业员工普遍缺乏一种职业安全感和对企业的信任感、归属感，这从前面实证材料中得到充分体现。一些大学生员工的父母也是因为民营企业寿命短、风险大、社会保障水平较低而竭力劝子女离开民营企业的。在这种情况下，他们常抱有一种过客心理，把民营企业作为个人职业生涯过程中的跳板或者驿站，作为暂时委身之地，而非安身立命场所和终生服务对象，进而缺乏对民营企业的责任意识和忠诚意识，他们把职业单纯地看作谋生的工具，内心缺乏对职业的热爱、责任和敬畏。从长远来说，无论对于民营企业，还是对于个人的职业发展来说，这都是极其不利的。

第六章　民营企业大学生员工职业理想实现条件

大学生员工职业理想实现无疑需要一定的条件支持。就个体方面而言，要培育现代职业理想，以社会共同理想引领个人理想实现；要加强价值观教育，在践行社会主义核心价值观中实现理想；要制订职业发展规划、培养职业兴趣、提高职业能力、培育职业精神，通过个人奋斗在职业实践过程中实现理想。就企业方面来说，要建立企业共同愿景，用企业发展目标整合个人目标，融合个人和组织同向发展；要增进企业人文关怀，增强大学生员工对企业的情感认同和组织归属；要加强企业员工的职业技能培训，提高他们的职业行为能力；要完善企业的管理制度，健全民营企业党的组织，积极开展企业思想政治工作，为大学生员工职业理想实现提供组织和制度保障。从社会方面来说，要深化市场经济体制改革，夯实职业理想实现物质基础；要加强对大众媒体监督管理，重视大众媒体的舆论导向，营造良好的社会文化氛围；要加大对民营企业政策支持力度，健全和完善企业相关法律法规和社会保障制度建设，为大学生员工职业理想实现提供政策制度支持。

第一节　培育现代职业理想

大学生员工职业理想的实现，需要社会共同理想的引领，需要社会主义核心价值观教育和引导，同时也需要个体在职业实践的过程中制订职业发展规划、培养职业兴趣、提高职业能力、培育职业精神，通过努力奋斗不断实现人生理想。

一、以社会共同理想引领个人理想

理想是人生的奋斗目标和精神支柱。毛泽东说，“人是要有一点精神的”。这里的“精神”实际上就是理想追求。面对西方社会意识形态的渗透，邓小平从国家富强和民族振兴的历史高度指出青年树立理想的重要性，“我们一定要教育我们的人民，尤其是青年要有理想”[①]。针对当前一些党员干部政治信仰坍塌、

① 邓小平著：《邓小平文选》第3卷，人民出版社1993年版，第110页。

理想信念缺失的现象,习近平总书记把理想(信念)比作共产党人的“精神之钙”,没有理想,共产党人就会“缺钙”,就会得“软骨病”。不仅个人需要有理想,对于一个国家和民族来说,同样也需要有理想,它体现了一个国家和民族的价值追求,事关它们的兴衰成败乃至生死存亡,因为一个国家是需要梦想的,没有梦想的国家终将灭亡。

理想表现为个人理想和社会共同理想两种类型。贺来把个人理想理解为安顿个体生命的超越性价值追求。共同理想是社会共同体的集体梦想,它旨在巩固社会生活共同体的团结,凝聚共同体的意志和力量,明确社会共同体一致的奋斗目标,确立共同体成员遵循和信奉的核心价值共识和基本价值信念,为社会成员的共同生活建立起公共的价值尺度和理想目标①。一般认为,个人理想是指个人的职业理想、生活理想和道德理想;共同理想指的是社会共同理想,是人们对未来社会制度的设想和未来社会面貌的构想与追求。就二者关系而言,社会理想统摄个人理想,并对个人理想起着价值引导的作用。依照历史唯物主义的观点,人是社会中的人,人不能脱离社会而独立存在。“人就是人的世界,就是国家、社会”。换言之,个体不是孤立存在的,他生活在通过交往产生的社会联系而形成的共同体中。个人理想的实现,离不开共同体的环境,个人的生存发展需要共同体的繁荣。人不是在社会之外奏响自我生命的乐章,个人的成长条件、发展机会、肩负的责任都是与社会发展状况紧密相连的,个人理想只有具备了社会的意义,才是更美好的、有意义的。因此,人不仅要有个人理想,还要有社会共同理想,它不仅为个人理想指明了发展的方向,同时也为个人理想的实现提供了强大的精神动力。

中国特色社会主义共同理想是现阶段社会共同理想,凝聚着各社会阶层成员的价值共识,是全国各族人民共同团结奋斗的目标。党的十八大以来,随着“中国梦”的提出,中国梦成为社会共同理想的代名词。中国梦的基本内涵是国家富强、民族振兴和人民幸福,其基本精神、价值追求、奋斗目标与中国特色社会主义理想是一致的。可以说,中国梦是中国特色社会主义共同理想的生活化、大众化、口语化的表达,更贴近人民的生活、人民的感情和人民的需要,更草根化、接地气。当前,由于社会结构转型和市场经济等因素影响,一些大学生员工忙于追求世俗的物质生活,以至理想具有较强的实用主义色彩,重视个人理想、忽视社会理想,重视生活理想、忽视道德理想,呈现个人理想不断加强、社会理想日趋

① 贺来:《“共同理想”与“个人理想”:划界与一致——对“共同理想”与“个人理想”关系的前提性思考》,《吉林大学社会科学学报》2016 年第 6 期,第 116—122 页。

弱化的趋势。有学者坦言，当代大学生理想诉求的重要特点是更多地趋向务实。他们中多数人不愿避开物质空谈精神、离开经济空谈政治、脱离现实空谈理想。他们的生活理想较多地追求物质享受，艰苦奋斗精神淡化，择偶标准趋同世俗；道德理想从注重理想主义转向注重实惠实用，对合理的利己主义的认同度高于对奉献意识的认同度，诚信意识有所淡薄；对个人的职业理想有设计和追求，更偏重经济价值和权利价值，追求成功的愿望强烈；对社会理想疏远，没有他们的前辈那样对远大目标的追求和为理想献身的政治热情①。

青年是国家的未来和民族的希望。与社会其他群体相比，青年是思想上最先觉醒、行动上最为积极的群体。从人的生命历程上说，青年时期是人的思维最为活跃、精力最为充沛的阶段。正是从这个意义上说，青年立则国立，青年强则国强。“青年一代有理想、国家就有前途，民族就有希望，实现我们的发展目标就有源源不断的强大力量。”②大学生员工作为现代知识青年，肩负着实现社会主义强国梦、中华民族复兴梦、人民生活幸福梦的历史使命，因此，历史的责任和使命决定了他们不但有个人的理想追求，还应有对社会的责任和担当。一个人追求世俗生活幸福固然没有错，它是推动个人成长和发展的精神动力，但如果把理想追求只沉浸在追逐个人私利的小圈子，过分追求工作带来的物质利益，忽视对崇高理想的精神追求，则容易导致人的物化和人的发展片面化，同时，作为社会生活中现实的具体的人，对社会发展、国家富强、民族振兴及对他人利益也负有一定的责任和义务。马克思指出，每个人的自由发展是一切人自由发展的条件。每个人都不应该局限于个人利益和需要，还应该兼顾社会、他人的利益和需要，既要关照生活中的“小我”，更要成就社会中的“大我”，正确处理个人发展和社会需要的关系，把个人利益与社会利益，个人理想同国家富强、民族振兴、人民幸福紧密地结合起来，应投身社会、俯身向下、砥砺思想、踏实行动，不辜负时代、不愧对青春。这一方面，青年马克思是我们的楷模，在他看来，“在选择职业时，我们应该遵循的主要指针是人类的幸福和我们自身的完美”，“人只有为同时代人的完美、为他人的幸福而工作才能使自己过得完美”③。马克思正是确立了这种为人类工作的崇高的理想目标，才能够深刻揭露和批判资本主义私有制的本质，并

① 祖嘉合：《论当代大学生社会共同理想的教育和引导》，《思想理论教育导刊》2012年第7期，第50—54页。

② 习近平：在同各界优秀青年代表座谈时的讲话（全文）。http://www.gov.cn/ldhd/2013-05/05/content_2395892.htm.

③ 中共中央马克思恩格斯列宁斯大林著作编译局编译：《马克思恩格斯全集（第1卷）》，人民出版社1995年版，第459页。

创立为全世界无产阶级谋求解放和发展的科学社会主义理论。诚如习近平总书记所言,历史告诉我们,每个人的前途命运,都是与这个国家和民族的前途命运紧密相连,国家好,民族好,大家才会好①。因此大学生员工应该超脱个人狭隘的私利,把个人追求和国家富强、民族进步和人民幸福结合在一起,用社会共同理想引领个人的发展和进步。

二、在践行社会主义核心价值观中培育理想

价值观是人类意识的核心并制约和指导人的行为。一般来说,人们有什么样的价值观就会做出与之相适应的行为选择。现代社会频繁的食品安全、生态失衡、环境危机等可以说是人的价值观错位和变异的结果。个人主义膨胀、消费主义泛滥、利己主义猖獗,其幕后推手皆为人们扭曲的价值观,因此价值观教育肩负人们思想变革和价值观矫正的使命。青年是祖国的未来和民族的希望,青年的价值取向决定了未来整个社会的价值取向。青年时期又是价值观形成的关键时期,社会历练相对缺乏、思想困惑较多,分辨能力较弱,需要价值观教育和正确的价值观指引。社会主义核心价值观是社会主义意识形态的基石和各族人民团结奋斗的精神支柱,也是实现中国梦的价值支撑,因此,作为当代知识青年,大学生员工要培育和践行社会主义核心价值观,用社会主义核心价值观矫正自身的价值偏差。

第一,要有对国家和社会的责任意识与奉献精神。社会主义核心价值观对个人层面的价值要求,第一项就是爱国。爱国是现代民族国家每个公民的责任和义务,是个体获得生存发展保障的前提和精神归属的需要。当今世界没有哪一个国家不对自己的公民提出爱国的要求。由于受市场经济负面影响,人们对于国家和社会责任意识淡化,仿佛爱国只是革命战争年代和计划经济时期的事情,和平发展的年代再谈爱国,思想就落后、过时了,并把一些青年的爱国行为视为狭隘的民族主义和极左思潮加以嘲笑。事实上,个人的发展和国家命运是紧密相连、密不可分的。试想如果我们生活在政治动乱的伊拉克、叙利亚,连生命都无法保全,何谈个人的幸福生活?连温饱都无法解决,何谈个人的理想追求?也许保全生命、填饱肚子就是最高理想目标。因此每个现代青年,无论是民营企业的大学生员工,还是国有企业的大学生员工,都应该有对国家和社会发展的责任意识和使命意识,个人理想要同社会理想相结合,个人的发展要同对国家和社

① 本书编写组:《习近平总书记系列讲话精神学习读本》,中共中央党校出版社2014年版,第7页。

会的责任相结合。

第二,大学生员工要有敬业精神。敬业是基本的职业道德规范和要求,是社会主义核心价值观在个人层面的一项价值准则。西方人把敬业理解为"信仰上帝一样信仰职业","热爱生命一样热爱工作"[①]。敬业包括对职业的责任感、投入和热爱。"责任感代表对事的坚持。"[②]投入是用心去履行职责,把责任化为主动,"热爱"是全部身心的投入。敬业是一种职业态度,也是一种职业精神。试想一下,一个对职业没有责任心和不热爱职业的人如何实现事业的成功?阿里巴巴的马云、华为集团的任正非、腾讯公司的马化腾等,如果他们没有对职业的热爱和执着追求,能够获得今天事业的成功吗?敬业的最高境界体现为一丝不苟、精益求精、追求完美和推陈出新的工匠精神。日本人、德国人正是凭借这种工匠精神制造出领先世界的工业产品,使其国的经济实力位居世界前列。敬业不是能吃苦,工作时间长、工作量大也不是敬业。中国民营企业员工工作时间长、压力大,工作辛苦是全球共知的,但中国员工缺乏敬业精神也众所周知。据盖洛普公司发布的2013年"员工敬业度和工作环境研究"报告称,中国的敬业员工比例仅为6%,远低于13%的全球平均水平。中国员工的敬业度差别不大,受过高等教育的员工敬业比例为7%,比初中以下学历的工作者高2%。报告认为,是中国的体制造成了员工敬业度低下。中国的公司常有"指挥控制"的等级色彩,在很多情况下,管理者位居其职,却不具备鼓励员工的能力[③]。虽然结论不乏带有西方人的偏见,数据来源的可靠性也值得质疑,但中国企业员工频繁跳槽、缺乏对企业的忠诚、谋求职业的功利价值倒是不争的事实。真正的敬业是超越工具论意义上谋生的考虑,而是上升到目的论意义上的自我完善。

第三,大学生员工要树立诚信观念。诚实守信是中华民族的传统美德,是市场经济运作的基本法则,是社会主义核心价值观的价值准则。中国传统社会就重视诚实守信并把它作为衡量人的道德标准。社会也不乏诚实守信的故事。"得黄金易,得季布一诺难",一诺千金的成语故事就由此而来。商鞅的"徙木立信"也是践行承诺,重建政府公信力的经典案例。市场经济是契约经济,契约精神可谓市场经济的内核。重信守诺、践行合同可以有效降低市场交易成本,是经济理性人的要求,也是实现经济秩序良性有序运转的保证。可是市场上制假售

---

① [美]詹姆斯·H.罗宾斯著,曼丽译:《敬业》,世界图书出版公司2004年版,第17页。

② [德]马克斯·韦伯著,钱永祥等译:《学术与政治》,广西师范大学出版社2010年版,第140页。

③ 盖洛普称中国员工敬业度仅6%全球最差,美国领先。http://www.guancha.cn/america/2013_11_08_184201.shtml.

假、违背交易合同、坑害消费者的现象依然层出不穷，这不仅降低社会公共道德水平，加大社会治理的成本，削弱社会价值共识的基础，还提供了社会矛盾滋生的温床，加剧了社会分化和断裂。对于个体来说，诚实守信是公民的道德底线和个体立身处世的基本准则。“一个缺乏诚信的人，无法赢得他人的信任，既丧失了个体德性发展的基础，也割断了与他人相知相助的通道。”[①]信任是社会团结的基础，是个人获得发展的条件。缺乏对他人的信任，难以和他人建立丰富的交往关系和密切的情感联系，加剧了个人的精神孤独。一些大学生员工由于缺乏对民营企业的信任，难以产生对企业的认同感和归属感，难以产生对职业岗位的热爱和坚守，以至于频繁跳槽、混日子、活在当下等现象成为当今社会生活的常态。

第四，大学生员工要培育友善观念。友善是友爱善良，与人为善，它是增进人际和谐的纽带。亚里士多德将友善誉为把城邦联系起来的纽带。中国自古就提倡讲信修睦、与人为善、世界大同、美美与共的价值理念，并在当代发扬光大，成为建构和谐世界的价值基石。社会主义核心价值观所倡导的友善，既是传统友善美德的当代发展，也是现代社会增进人际和谐、凝聚中国力量的内在要求。现代社会，人的频繁流动、快节奏的生活，人际关系的功利化、人际交往的表面化，斩断了传统礼俗社会人与人之间天然的情感联系，家庭、村社等公共生活的缺乏削弱了社会集体意识。传统熟人社会中维系人们交往的道德关系和情感关系，逐渐被陌生人社会的利益关系、契约关系所取代。在充满竞争的现代社会，人们专注于个人的生计、利益和自我发展，无暇顾及他人的需要和帮助，逐渐失去了同情心和责任感，变得冷漠和自私。这从驻马店女子被二次碾压事件中20位路人的冷漠可见一斑。这不仅仅是“小悦悦事件”悲剧的重演，而折射出转型时期社会道德的衰落，拷问的是人的道德良知。虽然学界不少人解释这种现象是社会转型时期的道德失范，旧的道德规范和秩序瓦解，新的道德规范尚未形成，是社会转型的代价和市场经济的必然。姑且不论市场经济发展是否必然以社会道德的退步为代价命题的真伪，就社会道德如何重建？重建的内容和思路是什么？由于道德本身就是依靠人的内心良心来遵守，依靠社会舆论压力来制约，弥合人际关系的冲突和道德冷漠、重建社会道德秩序，除了需要从宏观层面社会制度、社会意识建设入手，如鲍曼的重建社会共同体理论，贝克提出的通过超验共意、共同利益和国家意识进行整合，以及国内有些学者提出的加强法治，

① 沈壮海：《爱国、敬业、诚信、友善：公民的价值准则》，《湖北社会科学》2014 年第 10 期，第 177—180 页。

通过法治界定个体的权利和义务，发展社会事业，增加社会福利，提供个人社会保障以外①，还需要关注微观个体的生活本身，需要从个体的自我道德修养提升，通过社会交往增进社会群体间的诚信、友善和互助来实现，因为道德领域的问题终归需要通过道德建设来解决，即便有时需要法律和制度等外在规范作保障。

因此，大学生员工在追求个人幸福生活，追求个人发展和自我价值的同时，还应该树立崇高的社会共同理想，肩负起国家发展和民族复兴的历史责任。在追求个人利益的同时，还要考虑对国家、社会、企业和他人的责任。在职业实践的过程中不断提高自身的道德修养，不断增强个人的责任意识、敬业意识、诚信意识和友爱观念，用中国特色社会主义理想引领和统摄个人理想，用社会主义核心价值观整合和塑造个人的道德品质，为个人的全面发展创造条件。

三、在职业实践过程中实现职业理想

如果说确立社会共同理想对大学生员工的个人理想起着方向引领，践行社会主义核心价值观对大学生员工起着价值引导和价值矫正的话，那么职业实践则是大学生员工实现职业理想的中介和手段，因为理想是对现实生活的超越，再美好的理想如果不付诸实践行动，不依靠个人努力奋斗和进取拼搏，是无论如何不能实现的。针对实践对理想和现实关系的中介作用，寓言家克雷洛夫用诗性的语言进行了描述："现实是此岸，理想是彼岸，中间隔着湍急的河流，行动则是架在川上的桥梁。"根据马克思的实践观，实践是认识的源泉、动力和中介，是检验真理的唯一标准，就深刻揭示了实践对认识和社会意识的主导性和决定性作用。职业理想是人们关于未来职业发展以及所取得成就大小的观念建构，需要通过职业实践来实现。具体地说，大学生员工在职业实践过程中要科学制订职业发展规划、培养职业兴趣、提升职业能力、培育职业精神，通过不断努力奋斗实现个人的职业理想。

第一，制订职业发展规划。凡事预则立，不预则废。职业发展规划是个体或组织对职业发展生涯的设计或安排，是实现职业理想的有效手段。职业规划分为个人职业发展规划和组织职业发展规划。科学的职业发展规划要满足个人和组织的双重需要，实现二者的共同目标。当前，多数民营企业把大学生招聘进来以后，因诸多条件的限制，未能有效地对他们进行职业发展指导。高校职业发展

---

① 揭芳：《从"友爱"到"友善"——儒家友德与社会"个体化"的道德问题救治》，《云南社会科学》2015年第2期，第40—46页。

课程也偏重就业技能指导，忽视职业理想教育，加之高校教师缺乏企业工作经历，不熟悉企业内部的管理流程及运作机制，授课效果并不理想。对民营企业大学生员工关于“大学期间职业生涯规划和就业指导课程对职业发展的作用”的调查，结果显示，27.3%的调查对象表示“没有指导作用”，48.4%的表示“作用不明显”，表示“有指导作用的”仅占 24.3%，如表 6-1 所示。譬如，汪某认为，大学阶段所学的职业发展规划课程对个人发展指导作用不大，因为高校对这门课程不重视，授课教师不专业，授课照本宣科，不结合社会、企业和大学生的实际情况，仅把它当作一门课程和“死的知识”来传授和灌输，对这门课程的考核也是要求学生写一篇相关的文章……①因此，职业发展规划主要落在大学生员工个人身上。

表 6-1　大学期间职业生涯规划和就业指导课程对职业发展的作用

选项	有指导作用	没有指导作用	作用不明显
民营企业员工	24.3%	27.3%	48.4%
国有企业员工	26.9%	25.6%	47.5%

确立职业目标是职业发展规划的关键环节，一定意义上说，制定目标比选择行动更重要。人生与职业发展犹如大海航行，如果没有明确的目标和罗盘，只能是茫无目的的航行，这样的航行既没有意义，也随时可能遭遇触礁的危险。美国一家研究关于成功的机构，曾长期追踪 100 名年轻人，直到他们 65 岁以后，结果发现，其中只有 1 人富有，5 人有经济保障，剩下的 94 人晚年经济拮据。他们贫苦的原因并非年轻时不努力，而主要因为没有清晰可行的职业发展目标。没有目标，就没有希望，也就丧失了奋斗的动力。调查表明，多数大学生员工有清晰的发展目标但很短暂，并随着环境变化而不断改变。比如访谈对象魏某根据市场需要的热点不断地改变自己的工作目标。有学者把这种比较注重眼前现实利益的、马上能实现的、为了满足生存需要的目标称为“工作目标”②，而非职业目标，真正的职业目标是有科学规划的长期目标，它体现了个体的人生理想和价值追求。

第二，培养职业兴趣。兴趣是成功的基石，这说明了兴趣对个人成功有着重要意义。但兴趣并非仅是先在的、与生俱来的和既定不变的，心理学研究表明，

① 汪某，男，27 岁，硕士，江西瑞昌人，从事人事管理，未婚。访谈时间：2014 年 10 月 20 日，地点：某茶馆。

② 王荣发主编：《职业发展导论——从起步走向成功》，华东理工大学出版社 2006 年版，第 153 页。

人的兴趣是可以后天培养的、可变的。现代社会，由于劳动力市场供大于求，为了谋求个人的生存，一些大学生员工当前所从事的并非是自己喜爱的或者符合个人专业特长的职业岗位，鉴于兴趣的可塑性，大学生员工可以根据自身的发展目标、企业愿景和社会需要，自觉地培养符合企业和社会所需要的职业兴趣。人的发展要符合时代潮流和社会需要。大学生员工只有在企业和社会需要的前提下培养和发展个人的职业兴趣，理想才有最终获得实现的可能，这也是理想的局限性所在。但人的兴趣是多方面的，如果没有一个侧重点，则容易朝令夕改，这山望着那山高，就会像马克思所说的那样，容易被“虚荣、功利心、浮躁、热情和幻想”等所蒙蔽和迷惑，成为“被名利弄得鬼迷心窍的人，理智无法支配的人”①。

第三，提升职业能力。职业能力是大学生员工实现职业理想的关键要素。职业能力不是先天就有的，而是后天形成的，是在遗传素质的基础上通过环境与教育并在学习与实践中逐渐培养、形成和发展起来的。有学者把现代社会求职者所需要的职业能力概括为实践能力、表达能力、管理能力、适应能力、创造能力、社会交际能力、竞争能力、决策能力、计算机和外语能力、终身学习能力、心理调适能力、随机应变能力 12 种能力②。事实上，在现代社会，这些能力仍不能有效满足个人职业发展和适应社会的需要。在这些能力当中，最关键的是提升个人的学习能力和交往能力。前者在于，通过提升自身的知识资本、增强自我的社会竞争力可以化解现代社会竞争的压力危机。后者意义是，通过扩大社会交往、丰富社会关系可以有效应对心灵孤独，丰富人的精神世界。现代社会，知识更新日新月异，大学生员工如果不具有学习能力容易被时代发展和社会竞争所淘汰，更谈不上实现个人理想。依照马克思的交往理论，人是社会关系的总和，交往是人的需要，是人的本质体现和存在方式。人的社会交往关系丰富和发展的程度决定着一个人能够发展到什么程度。现代社会生产方式下的异化劳动使人的交往关系发生了“物化”或“异化”。譬如，人的精神空虚和内心孤独，人际交往关系的表面化和功利化，礼貌式的微笑和象征式的礼仪并不能掩盖现实社会中人际的情感冷漠和信任危机等。而社会交往扩大和交往能力提高意味着人们可以摆脱“狭隘地域性”的局限，形成各个方面、各个领域和各个层次的社会联系，使人的社会联系更加丰富全面。因此在职业生活中，大学生员工在追求物质财富的同时，需要加强人际的精神交往和情感联系，克服社会交往关系的异化，提高职

---

① 中共中央马克思恩格斯列宁斯大林著作编译局编译:《马克思恩格斯全集(第 1 卷)》,人民出版社 1995 年版,第 457 页。

② 王荣发主编:《职业发展导论——从起步走向成功》,华东理工大学出版社 2006 年版,第 78—86 页。

业交往能力，为实现个人职业理想创造有利的条件。

第四，培育职业精神。职业精神是个体在职业实践中形成的具有独特职业特征的一种客观意识存在，它展示着个体现实中的职业理想、职业心理、职业情感、职业风范和职业境界，反映着从业者在职业品质和境界上的特殊性①，是个体职业素养的体现。实现职业理想，仅凭良好的专业技能是不够的，还需要有良好的职业精神。职业精神不但可以振奋人们的进取心，激励人们勤奋工作、努力进取，不断实现自我价值和人生理想，而且还能够促进企业和谐健康持续发展。职业精神的实践内涵主要有四个层面：一是敬业。它是从业者对职业的热爱和尊敬，承载着从业者主观需求和价值取向，规范着从业者的职业活动并体现出他的事业心与责任感。二是勤业。业精于勤荒于嬉，它体现了从业者对工作的态度。三是创业。职业发展的动力在于创业，创业的本质在于创新，它是职业竞争的关键要素，也是一个国家兴旺发达的不竭动力。马克斯·韦伯在考察美国资本主义发展后指出，美国资本主义经济迅速发展和繁荣得益于欧洲新教徒迁至美国后所迸发的空前的创业热情。四是立业。立业是自立自强、开拓创新、艰苦奋斗、建功立业的精神状态。不可否认，由于市场经济的负面影响，一些大学生员工在工作中缺乏敬业、勤业、创业和立业的精神，眼高手低、频繁跳槽、心气浮躁、急于求成，功利主义和个人主义价值取向严重，责任意识、风险意识、大局意识和集体主义精神不足，这阻碍了个人职业发展。因此培育一种脚踏实地、自立自强、勇于拼搏和敢为人先的职业精神，对于大学生员工实现个人理想来说尤为重要。

第二节　增进家庭支持

家庭是社会生活的基本单位，是传承生命的场所和传递文化、培育道德品格的家园，也是个体社会化特别是政治社会化的重要场所。家庭塑造了子女的心理特征，传递的价值规范，对于子女的生活习惯、行为态度、理想信念的影响是其他社会组织无法比拟的，因此，约翰·奈比斯特指出："家庭是亚洲社会的基石，无论在社会、经济或情感方面，家庭——而非政府——成为个人与整个家庭本身的支柱。即使是所说的自力更生或个人责任，也都是在家庭范围内孕育的。"②

工业社会发展和家庭结构变化使得家庭一些基本功能被分化到社会组织中去，并由专门组织机构来承担。如家庭经济生产功能为企业组织承担，家庭教育

① 林幸福：《回顾与展望：近15年来我国教师职业精神研究述评》，《中国职业技术教育》2016年第15期，第81—86页。

② [美]约翰·奈比斯特著，蔚文译：《亚洲大趋势》，外文出版社1996年版，第74页。

功能由学校制度承担等，但这并不意味着家庭重要性的丧失，相反，家庭的有些功能，如心理安慰和情感满足功能在现代社会反而被强化。富永健一认为，“在现代社会中，家庭功能的范围与蒙昧社会和农业社会相比较，的确是小了，而且这种功能的缩小又是与总体社会中的功能分化相对应的，但如果因此把往往表现为家庭功能的丧失的上述事实理解为家庭重要性的丧失，那是很不合适的”①。奥本格把工业社会中家庭丧失的功能称为制度性功能，留在家庭中的功能为人格功能，认为现代社会家庭的人格功能反而增强了。家庭是家庭成员的情感、价值观、利益、责任和命运的共同体。依照孙其昂的观点，家庭不同于企业、学校和机关等制度化组织，它是制度的空隙和个性化的领域，是安慰人的心灵、舒缓人的焦虑的地方。只有家庭阻止了社会现代化以来特有的市场关系和商品经济关系的侵袭，基本保存了人们精神生活中的圣地。社会市场的结果反而增强了家庭情感化的价值，多元化的结果反而强化了家庭一体化的价值，满足了人们在社会得不到的东西②。从这个意义上说，家庭共同体意识，如情感、信任、责任、忠诚和利他精神是抵御市场理性侵蚀的有效手段。家庭对人的道德教育、情感满足、心理抚慰乃至自我认同(家人的支持和认同增强个人自信心)有着重要功能。鉴于家庭支持主要是发挥家庭在道德教育、情感满足和心理安慰等方面的作用。因此本节主要从家庭立德树人、家庭情感满足以及家庭配偶支持等维度来讨论。

一、发挥家风立德树人功能

“人无德不立，国无德不兴。”一个人的道德品质是个体品德修养的体现，关乎个人的未来发展乃至事业的成败。人是社会性的存在，个人的成功既要靠自己的努力奋斗，也需要社会与他人的帮助支持。无论是传统社会，还是现代社会，道德始终是对个体评价的重要标准。一个道德品质低劣的人很难得到他人的认同和支持。譬如，前文所列举的销售员案例就是明证，他为了实现个人的销售业绩罔顾做人的道德底线，招致在场老板全部灭灯，求职失败后黯然离场。家庭是个人的道德培育的最初基地，是人的德性养成的历史始点，因为家庭是生活化场所。一种价值观要真正地发挥作用，必须融入社会生活，让人们在实践中感知它、领悟它。家庭成员在长期共同的家庭生活中，家风家规、父母的言传身教对子女道德品格和价值观的形成潜移默化地熏陶和感染。

---

① [日]富永健一著，严立贤等译：《社会学原理》，社会科学文献出版社 1992 年版，第 189 页。

② 孙其昂著：《社会学视野中的思想政治工作》，科学出版社 2017 年版，第 133—134 页。

家庭道德教育功能主要通过家风的影响发挥作用。家风是人们在长期的家庭生活中逐步形成和世代延传下来的生活作风、生活习惯、生活样式的综合①。家风是一种精神文化、一种教育方式、一种伦理规范和一种道德实践。家风蕴含着家庭日常生活场景中的生活习惯、思维方式和行为模式，是家庭成员立身行事的规矩和标准，形塑着每个家庭成员的道德品格和价值观念。家训家规是家风的形式载体，也是广义的家风。家风对人的道德影响是隐性的，它使家庭成员在不知不觉中受到感染和教育。与别的社会规范不同，家风是凝聚着亲情的价值规范，能够借助亲情的力量打动和感化人心，提高个体的道德自觉。生活中不乏这样的场景：如果一个人做错了事，内心就会觉得对不起父母，丢祖辈的脸。因此家风比一般的宣传教育和制度规范更有影响力和约束力。家风是言传身教，也是道德实践。家风的作用机制需要父母言行示范，需要长辈躬身践行，这样家风才能对后辈产生道德感召力和说服力，使他们把家风所蕴含的道德规范内化于心、外化于行，成为个人的日常行为习惯。实践证明，优良家风有助于人们形成正确的价值判断和取向，养成遵纪守法、诚信友爱、爱岗敬业的道德品行，并在社会生活中自觉遵守社会规范，乐善合群，以公正、平等和谦和的态度对待他人。我国传统社会很重视家风、家训、家书等对人的道德教化和人格养成的作用，并形成了丰富的家风育人资源，如《朱子家训》《颜氏家训》《曾国藩家书》等对后世影响深远，至今仍然被人们作为教育子女的重要道德资源。下面是一篇关于全国道德模范郭明义的新闻报道，以此为例探讨家风立德树人的功能。

郭明义的父亲是劳动模范，曾受到周恩来总理的接见，这件事在郭明义幼小心灵中撒播了善的种子，滋生了家庭的荣誉感，至今家里仍保存着周总理的请柬。郭明义的父亲叫郭洪俊，16 岁进入鞍山市齐大山铁矿务工，抡大锤，放炮眼，用稚嫩的肩膀扛起家庭的重担。同时，他放弃求学机会，供弟弟读完大学。郭洪俊为人亲和、乐善好施，经常有人到他家做客。谁家有困难，他总是出手相助。一次，一位知青因水井坍塌被埋在井下，郭洪俊急忙赶来后跳下水井救人，结果自己受了重伤。郭明义的母亲是一名工人，懂得正骨推拿，无论是单位工友，还是附近村民，胳膊扭伤或是下巴脱臼，都会找她救治，而她从不收费。“家庭是最好的老师，父母对我的影响很大”，采访中郭明义说。同时他教育女儿要自立自强。女儿大学毕业后，有许多单位向他表示，可以解决他女儿的工作问题，但都被他谢绝了。后来女儿读了研究生，毕业后在历经三次公务员、事业单位招考失败后最终考上一家普通的事

① 康雁冰：《论家风的实质及发展价值》，《教育与教学研究》2015 年第 12 期，第 58—61 页。

业单位。在上班后的很长时间里,别人都不知道她竟然是郭明义的女儿①。

从郭明义案例中可以看出,父母舍己为人、乐善好施、助人为乐的品质无形地感染着郭明义,滋润着他的道德的形成,对他日后助人为乐、爱岗敬业的道德品格的形成起到了道德榜样和行为示范作用。父亲受到周总理接见,这件事使他产生家庭的荣誉感,无形地激励着他。同时他关心下一代的健康成长,教育女儿自立自强,这种助人为乐的家风和自立自强的家训深深地影响着女儿,自觉遵守社会规范,崇尚公正平等,追求独立自强,拒绝接受因父亲的光环带来的工作机会,而是凭借个人的拼搏奋斗实现了个人职业理想,为当代大学生树立了自立自强、追逐梦想的榜样。

可见,家风的影响需要依靠父母的言传身教和道德示范,因此父母要肩负起子女道德教育的责任和义务,以身作则,做好子女健康成长的引路人。父母要眼界开阔,树立立德树人、以德兴国的教育理念,培养子女的责任意识;转变重智轻德的教育理念,改变简单粗暴、独断专制或者放纵溺爱的家庭教养方式,采用民主、商谈式的家庭教育方式,促进子女良好的道德品格的生成。同时对子女的职业期望合理适度,不能越俎代庖替代子女设计人生目标和发展规划,更不能把自己未能实现的理想强加给子女并由他们来完成。要尊重子女的独立意识和合理选择,营造宽松民主和谐的家庭氛围。譬如,钱某的父母,虽然他们是农民,文化程度低,但他们比较开明、宽容,并不认为儿子放弃 Y 集团的工作是瞎折腾,而是尊重儿子的创业选择,并给予很大的情感支持和精神鼓励。窦某的父母同样也是乡下农民,但他们勤劳善良、务实能干、目光长远,具有朴素的道德情感。他们注重对窦某的道德教育,甚至在窦某参加工作以后仍然告诫窦某要爱岗敬业、与人为善、踏实做事、自立自强。而吕某的母亲尽管疼爱吕某,但她对吕某期望过高,教育方式简单甚至粗暴,并且干涉吕某的职业选择和婚姻自由,极大伤害了吕某的自尊和自信,母子情感相对淡漠,关系逐渐疏远。可见,不同的家风和家庭教育方式对个体道德和价值观的影响明显不同。

家风不仅是一种德性伦理文化,也是一种规范伦理文化。家风家规的训导和熏陶是道德教育的重要内容和载体,它不仅关乎子女的道德教育和未来幸福,还能促进社风、民风的淳朴。家庭是社会的细胞,社会正是由无数个家庭构建起来的。家风正则社风、民风淳朴。正是认识到家风在社会文明建设的重要作用,党的十八大以来,党和政府非常重视家庭家风建设,要求结合培育和弘扬社会主

---

① 郭明义:家风对我影响巨大(讲家史、立规矩、正家风、传家训)。洛阳网:http://news.lyd.com.cn/system/2016/06/16/010732414.shtml.

义核心价值观，发挥家风立德树人的作用，发扬光大中华民族传统家庭美德，促进家庭和睦，促进亲人相亲相爱，促进下一代健康成长，促进老有所养，使千万个家庭成为国家发展、民族进步、社会和谐的重要基点。

家庭不仅是个体道德人格生成的主要基地，还是培育关爱、责任和利他主义的重要场所。家庭的核心价值观就是关爱、责任、互惠、利他乃至牺牲的精神，这些都是实现个人理想的基本条件，因为一个人如果没有对工作的责任心，没有对工作的热爱和奉献，没有团队合作意识和利他精神很难实现个人理想和组织愿景。现代社会分工越来越专业化、精细化，工作有竞争，也要有合作，需要个人有团队合作意识和集体主义观念，这恰恰是市场经济理性下的个人主义所欠缺的，家庭恰好能够弥补市场理性这一缺陷。家庭规定每个成员根据其在家庭中的角色要承担一定的责任和义务，这有助于培育家庭成员的责任意识、集体观念和利他精神。恩格斯指出："父亲、子女、兄弟、姊妹等称谓，并不是简单的荣誉称号，而是一种负有完全确定的、异常郑重的相互义务的称呼。"①在涂尔干看来，"家庭是学习自我牺牲和自我克制精神的课堂，是至高无上的道德圣地"②。如果把市场经济所奉行的利己主义的价值原则照搬到家庭生活场域，每个家庭成员都成为理性自利的个体，家庭就无法延续下去，人类也不会有自身的再生产，因为生育显然是利他的行为。个人在家庭中形成的责任意识、集体观念和利他主义精神，对于个人职业发展、企业经济增长、社会和谐稳定有着积极的意义。

二、增进家庭情感支持

家庭情感支持是指当家庭成员工作上遭遇困境时，家人通过谈心和交流给予其精神上的鼓励和安慰。情感需要是人的基本需要。与学校、企业等制度化组织不同，家庭是充满温情的地方，它能给人们带来其他社会组织无法提供的心理安全、情感慰藉和精神满足。正是从这个意义上说，家庭常被人们用诗化的语言称为心灵的港湾。现代社会发展使家庭的核心功能和功能体系发生了根本性的变化，家庭不再是物质生产单位，主要是生命生产空间和个人情感寄托的场所，成为私人生活的世界。"有些社会上得不到的东西，如亲情、私聊、谅解等，这些元素主要在家庭中获得。"③

---

① 中共中央马克思恩格斯列宁斯大林著作编译局编译：《马克思恩格斯选集（第4卷）》，人民出版社1995年版，第25页。

② [法]埃米尔·涂尔干著，渠东译：《社会分工论》，生活·读书·新知三联书店2000年版，第28页。

③ 孙其昂：《社会学视野中的思想政治工作》，科学出版社2017年版，第134页。

大学生员工工作压力大，人际交往关系短浅，人们之间的情感相对冷漠，迫切需要家庭的情感支持。家庭的情感支持不仅有助于大学生员工消除工作中产生的不良情绪，及时从精神疲惫的状态中恢复过来，同时家人的鼓励和支持，还使他们体验到家庭认同和自身存在的价值，从而激发更大的工作热情和成就欲望。有学者对新疆、河南和河北多家企业400名员工关于企业员工的家庭情感支持和创造力进行相关性问卷调查，在调查样本中，男性员工比例49.1%，学历涵盖硕士(11%)、本科(57%)、大专及以下(32%)。调查结果表明，当员工具有高水平的家庭情感支持时，会产生积极的情感体验，增强工作的内部动机和创造力；反之，家人对员工不能给予足够的安慰和鼓励，甚至在情感上阻碍员工的工作，员工很难产生积极的情感体验，就会对工作产生抵触情绪，并把家庭关系的部分冲突归咎于工作[①]。

家庭情感支持可以在一定程度上缓解大学生员工的精神焦虑和内心孤独，起到心理安抚和精神慰藉的作用。现代社会，大学生员工不仅承受着来自工作方面的压力，还面临着解决购房、婚姻、生育、子女抚养教育等一系列的人生问题。繁忙的工作和沉重的生活压力交织在一起，加重了他们的心理负担，加上自身知识资本的不断贬值，他们面临着年龄增长、竞争优势的逐渐失去，失业风险的不断增大，民营企业社会保障相对不足，对未来生活不确定性的忧虑，人际交往关系短暂以及交往关系功利化，现代转型时期社会道德滑坡、理想信仰迷失和多元文化价值观冲突下的价值迷茫等问题，无疑加重了他们的精神焦虑。有些大学生员工为了逃避现实中的精神焦虑，沉溺于物质生活享乐，或流连于歌厅酒吧寻求感官刺激，或沉迷于电竞游戏、美女直播视频的虚拟空间中不能自拔。这种基于感官刺激或虚拟空间的精神寄托并不能给他们带来真实的情感满足和精神需要，在短暂的感官刺激后又陷入无限的精神空虚。而基于家庭亲情基础之上的对话、交流、安慰和鼓励，可以满足大学生员工的真实情感需要，有效缓解他们在竞争压力下所产生的心理孤独和精神焦虑，进而促进他们身心平衡和协调发展。

问题的关键是，大学生员工脱离了原生家庭以后(这里主要指尚未组建新生家庭的大学生员工)，他们从原生家庭获得的情感支持逐渐减弱，包括经济支持和情感支持。有学者对郑州市金水区471名租住“城中村”的大学毕业生进行问卷调查，其中男性310人，占65.8%，女性161人，占34.2%；来自农村、城镇和

---

① 石冠峰，王爱华：《领导—成员匹配、家庭情感支持与员工创造力激发》，《现代财经》(天津财经大学学报)2016年第10期，第39—47页。

城市的分别占67.9%、21.6%、10.5%；学历为大专、普通本科(非“211工程”高校)、重点本科(“211工程”高校)分别占65.5%、27.5%、7%；毕业后参加工作时间2年的占51.9%，工作3年的占23.8%，工作时间在4年及以上的占24.3%。调查结果表明，父母在情感方面的支持减弱。82.3%的受调查者在和父母交谈时会感觉有压力，61.2%的受调查者不会向父母倾诉工作和生活上的苦恼，72.9%的受调查者只报喜不报忧①。一些受访者表示，他们不希望父母再为个人的前途操心，读大学已经花费了家庭的不少钱，自己已经参加工作可以挣钱了，怎么还好意思向父母开口、伸手。再说父母的年龄大了，身体逐渐衰老，随时都有用钱的可能。就情感支持方面，一些受调查者表示，自己和父母存在代沟，无法交流。也有的表示，不想让父母为自己工作上的事情操心，父母把他们供养到大学毕业已经很不容易了，再说，自己工作上的事情向父母说，他们也不懂，徒增担心。所以遇到工作上不顺心的事情，就自己扛着，或者找好友倾诉，或者向女友诉说②。可见大学生参加工作以后，他们从原生家庭获得的支持减弱。经济支持减少的原因是他们不希望再给父母增加经济负担，但他们中也有不少人表示买房、婚姻等大事仍需要父母的经济援助。情感支持减弱的原因是，他们与父母的观念上存在差异、无法沟通，这是因为，传统社会是“前喻文化”，即父母或长辈是知识的主要掌握者，年龄大、社会阅历丰富，在家庭中享有权威地位，子女需要向长辈学习才能获得个体的成长。现代社会是“并喻文化”和“后喻文化”，特别是信息技术的发展打破了父母或长辈对知识的垄断，有些新的知识或技能，父母反过来还需要向子女学习，父母在家庭中的权威和地位遭到后辈们的挑战，特别是一些农村父母在现代知识储备上低于他们的大学生子女。因此在一些大学生员工的思想观念中，父母不了解自己工作中的压力，即使与父母说，他们也不会理解。与其说了不明白，还不如不说，免得徒增父母的担心。在这种情况下，一些大学生员工向家人只报喜、不报忧，工作和生活的压力由自己独自承受。

三、增强家庭配偶支持

如果说家庭情感支持属于家庭支持内容维度的话，那么配偶支持则是家庭支持的主体维度。俗话说，每一个成功的男人背后都有一个默默付出的女人。夫妻关系是维系婚姻家庭关系的基石，配偶支持对于大学生员工(这里指已婚大

---

① 朱磊:《毕业大学生租住“城中村”现象的调查与思考——基于郑州市10个“城中村”471份问卷的分析》,《中国青年研究》2009年第10期,第49—55页。

② 2017年5月26日,笔者对南京C集团一些大学生员工进行了群体访谈,旨在了解原生家庭对他们的经济和情感支持情况,这是根据当时谈话的录音材料整理而成。

学生员工)职业理想实现起到重要的情感慰藉和精神激励作用。我国古代就有“断织劝学”[①]的故事,并成为后世褒扬妻子辅佐丈夫成就学业的美谈。马克思能够创作出《资本论》、建立“科学社会主义”等无产阶级革命理论和学说,离不开恩格斯的援助,更离不开其妻子燕妮的理解和支持。燕妮是他的伴侣,更是他的朋友和助手,她既要料理家务、照顾孩子,使马克思能够安心地从事理论研究和革命斗争工作,同时也帮助马克思收集材料、复写文稿、代写回信、订立合同、交涉出版等事宜,担任他前期的工作秘书。青年毛泽东能够全部身心投身于革命,离不开杨开慧的支持,她不但照顾好家庭和孩子,还协同毛泽东创办农民夜校,并亲自授课启发农民的阶级觉悟,参与和支持丈夫的革命事业。

与强调个人主义的西方社会不同,深受儒家传统文化影响的中国人十分重视家庭观念。虽然随着社会结构转型和工业化、城市化的深入发展,中国家庭结构和形态发生了变化,核心家庭、单子家庭、空巢家庭、失独家庭、丁克家庭等新的家庭结构形态出现,逐渐替代了传统家庭结构,传统家庭对个体的影响减弱。特别是大学生走向工作岗位后,逐渐脱离了原生家庭,原生家庭影响减弱,但新生家庭,尤其是配偶对个人发展的影响逐渐增强。一些大学生员工出于维系新生家庭的需要,当面临工作与家庭发生冲突时,他们通常放弃个人发展而选择维系家庭,如访谈对象康某、范某和韦某的事例即是佐证。有学者认为,改革开放以来,随着传统大家庭的解体与核心家庭的大量涌现,“家庭伦理关系轴心从纵向的亲子关系转向横向的夫妻关系”,现代社会的“年轻人越来越注重横向夫妻间的感情”[②]。2006 年全国综合社会调查显示,只有三成被访者认同“对于个人幸福而言,工作成就比家庭更重要”;赞成“为了多挣钱/争取更好前程,夫妻即使分居两地也没有关系”的只占三成。年轻的、城市的、高学历、高收入的受调查者的认同率更低[③],这说明尽管受频繁的社会流动和市场竞争压力的冲击,大多数人仍未将个人的发展价值居于家庭价值之上。

上述案例虽然均是女方对男方事业的支持,但无论是作为妻子的一方还是作为丈夫的一方,都应该彼此关心和支持对方的职业理想。鉴于民营企业大学生员工两地分居现象较为普遍,因此笔者主要针对这种现象尝试提出一些有效的策略和建议。

---

① “断织劝学”是范晔《后汉书》中的一个故事。讲述的是乐羊求学中途未成而返,其妻子剪断织布以警示其不可半途而废。乐羊幡然醒悟,发愤苦读,卒学业有成。

② 孟宪范:《家庭:百年来的三次冲击及我们的选择》,《清华大学学报(哲学社会科学版)》2008 年第 3 期,第 133—145 页。

③ 徐安琪:《家庭价值观的变迁特征探析》,《中州学刊》2013 年第 4 期,第 75—81 页。

一是理性认识现代社会工作和家庭冲突的必然性。现代社会开放性强，人员流动频繁，现代人再也不可能像传统社会的人们那样终身固守在某一城市、某一企业或某一职业岗位。为了生存发展，两地分居已经成为现代社会家庭生活的常态(现代社会不乏“月末”夫妻、“周末”夫妻)。同时，与传统社会多数家庭属于单职业家庭不同，现代社会年轻家庭多数是双职业家庭，夫妻双方都有自己的工作或事业，在这种情况下，工作和家庭的关系更为紧张。如果两者关系处理不好的话，则容易激化家庭矛盾，产生婚姻危机乃至家庭面临解体的风险，因此，夫妻双方更需要相互包容、相互理解和支持，或者一方牺牲当前工作到对方所在的城市谋求新的职业岗位。

二是加强双方沟通和交流频度，增强婚姻家庭的情感基础。人是有情感的动物，爱和关怀是人的基本需要。夫妻间情感需要是维持婚姻家庭生活正常化的纽带。现代社会许多婚姻家庭关系瓦解通常是因为夫妻双方缺乏有效的交流沟通导致的感情不和或情感基础薄弱所引发的。有学者从理性和情感平衡的视角分析了现代家庭面临的风险在于，理性对家庭生活领域侵袭所导致的理性和情感的失衡，抑或说家庭领域的理性过度所导致的家庭的去情感化，表现为情感的内卷化、情感脱域和情感悬置，并指出夫妻情感沟通的渠道有正常渠道和非正常渠道，非正常渠道如婚外情等，如果夫妻间通过正常的渠道情感得不到满足，就会寻求非正常的渠道来替代，如一夜情等。一旦正常渠道被破坏和瓦解，常规的家庭关系也就瓦解①。譬如，一些大学生员工迫于现实的生活压力，为了撕下房奴的标签，在理性的算计下忙于拼命挣钱还贷，忽视了夫妻间的情感正常沟通从而导致情感脱域。情感生活是人生活的一个重要组成部分，每个人都需要情感支持，夫妻双方可以利用现代即时通信工具如微信、QQ 等，通过网络视频聊天等方式，加强双方情感交流的频度，这不仅可以消除个体在工作中遇到的心理压力，形成积极向上的心态，还能增进家庭的情感基础，消除个体化社会趋势下人的情感寂寞，满足双方情感需要。

三是彼此信任和忠诚对方，打消对方的思想疑虑，为对方实现个人理想守卫好家庭的“大后方”。相互信任和彼此忠诚是维系婚姻家庭关系的基础和保障。随着市场经济理性向家庭生活领域的渗透和扩张，现代社会一些年轻人的婚姻观出现拜金主义取向。例如，轰动一时的“南京宝马女事件——宁可坐在宝马车里哭，也不愿在自行车上笑”就折射了时下部分青年的婚姻观。2013 年由人民网强国论坛组织的“当代中国青年价值观”调查报告表明，65.7%的非青年人认

---

① 陈雯:《理性失衡与现代家庭风险》,《长白学刊》2009 年第 2 期，第 115—119 页。

为现代青年择偶非常功利,52%的青年人认为导致“剩男剩女”的原因是没有经济基础。在金钱诱惑下,婚外情、一夜情、包养小三和离婚现象呈上升趋势,它不仅削弱了年轻人对家庭的责任感,破坏家庭和谐幸福生活,直接影响到个人的职业发展,还冲击了婚姻家庭的伦理规范,对社会的和谐稳定造成不利的影响。

四是利用假期和周末时间相互探望和走动,筑牢夫妻双方的感情基础。虚拟空间的网络交流毕竟不能替代现实生活中的面对面交流。“小别胜新婚”,短暂分别后的重逢,有时候是增进夫妻情感的“黏合剂”,彼此的误解、独自生活的怨言、操持家务和教育孩子的辛劳都在见面的一瞬间烟消云散。夫妻双方面对面交流,通过肢体接触等亲密行为以及生理欲求的满足,更能巩固双方的情感基础,促进家庭生活和谐稳定,增强家庭生活的幸福感。同时也激发个人追求事业成功、实现人生理想的斗志和激情。现代快捷的交通工具缩短了城市间的距离,为夫妻见面提供了极为便利的条件。

第三节　完善企业管理制度

企业是大学生员工工作的微观环境,职业理想实现更需要企业组织的内部支持。具体地说,要建立企业共同愿景,融合个人和企业组织同向发展;加强民营企业的人文关怀,增进大学生员工对企业的情感认同和组织归属;加强企业员工教育技能培训,提高他们的职业行为能力;完善企业管理制度,建立公平竞争的激励机制;建立健全企业党的组织,积极开展企业思想政治工作和职业理想教育,帮助企业员工树立正确的职业价值观。

一、建立企业共同愿景,融合个人和组织同向发展

“共同愿景”是彼得·圣吉在建立“学习型组织”中提出的核心范畴,是指“被组织成员共同认可、向往、渴望的愿望和景象”①。彼得·圣吉认为,组织的共同愿景源于并高于个人愿景,是组织中所有成员的共同愿望。共同愿景是企业共同追求的发展目标,也是企业员工的共同理想,它主要引导和激励员工追求什么、创造什么。这一发展目标既可以是有形的量化指标,也可是无形的价值理念。共同愿景有三个层次的内涵,一是共同目标,指企业员工在一个时期内使工作达到什么标准或使企业发展到什么程度;二是共同价值观,指企业员工在努力

① [美]彼得·圣吉著,郭进隆译:《第五项修炼——学习型组织的艺术与实务》,上海三联书店1994年版,第213页。

实现企业发展的目标过程中共同遵循的行为准则和价值标准；三是共同使命感，指企业职工为实现企业发展目标所付出的努力和不达目的誓不罢休的精神。共同愿景分为组织愿景、团体愿景和个人愿景。其中，个人愿景是为实现组织愿景所确立并追求的自我价值最大化实现的目标。一定意义上说，个人愿景就是个人的职业理想。团体愿景是组织愿景实现的支撑，是连接个人愿景和组织愿景的中介。建立共同愿景就是把不同个性的人团结和凝聚在一起，培养成员为共同目标而真诚投入和奉献的精神，从而实现个人与工作的真正结合，使人们在组织中活出生命的意义。本质上说，建立共同愿景就是建立企业和员工的利益、责任和命运的共同体。共同利益是形成集体意识的基础，也是建立企业组织共同愿景的前提。只有当人们从企业发展中看到自己的利益，并能体现出公平、公正时，才能为之共同奋斗。反之，如果没有个人利益的具体目标，就无法形成团队共同奋斗的目标，无法建立企业组织的共同愿景，即使建立共同愿景，也只能停留在企业的宣传口号上。

建立共同愿景是必要的，也是可能的。依照马斯洛的社会需要理论，个体出于生存需要，与组织达成互利双赢；个体出于归属需要，与组织保持情感维系；个体出于自我实现的需要，把组织作为个人发展的平台，同时，组织也需要与个体成员的互利共赢。组织是个人实现目标的跳板，个人是组织实现目标的工具，个人目标的实现依赖于组织目标的实现，组织目标实现同样依赖于个人目标的实现。二者相互利用与配合，在组织目标实现的同时，个人利益和需要也得到满足。当前，许多民营企业都有组织战略目标或发展规划，然而这些目标并没有同企业员工的发展目标有机融合，形成企业的共同愿景。同时，在一些大学生员工的思想观念中，雇佣思想严重，认为企业发展是企业的事，与自己无关，这样，他们就不能把个人发展和企业发展有机融合起来，实现二者互利共赢。因此，建立企业共同愿景是化解个人与企业发展相互冲突的有效策略。

二、加强企业人文关怀，增进员工情感认同

人文关怀就是肯定人的价值、意义和本性，尊重人的人格尊严和主体地位，关心人的丰富多样性的需求，激发人的主体意识，促进人的全面发展。人文关怀是社会主义制度的必然要求。党的十八大报告明确提出了加强和改进思想政治工作，注重人文关怀和心理疏导，把注重人文关怀上升到社会和谐、建设伟大的中国梦的战略高度。当前大多数民营企业在“经济人”的利益驱动下，以效率为目标、以管制为手段，以服从为标准，以利润最大化为目的，忽视员工自我管理和

需求的多样性，缺乏对员工的情感关怀。例如，2010 年富士康“14 连跳”[①]就是有力的证明。一方面，企业以员工追求获得经济报酬为前提，延长工作时间，强调经济刺激，忽视员工精神生活需要，进而影响到他们的身心健康，甚至导致心灵扭曲和人格异化。另一方面，由于员工休闲娱乐时间相对减少，缺乏与亲友、同事之间的交流沟通，致使他们之间情感淡漠、信任缺乏，承受着巨大的精神压力而无法得到有效排遣，极端的甚至轻生。人的需要是多层次、多方面的，单纯物质利益刺激并不能给人们带来真正的幸福，因为人不仅是“经济人”，同时还是“社会人”和“道德人”，人有物质生活需要，也有精神追求的需要。作为社会中的个人，企业员工需要得到组织的人格尊重和精神关怀。依照彼得·德鲁克的观点，“个人能否全心地为团体服务，很大程度上取决于他对工作、同事和上级的感觉，这种感觉更多的来自被接受为团体的成员，而非银行存款的数额。”实践证明，企业生产效率的提高，不在于有什么特别的奥秘，而在于员工对企业的组织忠诚，对企业的情感认同和价值认同，在于为企业的奉献精神。简言之，在于员工与企业领导人之间充满人情味的关系。

企业不仅是一个经济组织，还是一个社会组织，需要承担一定的社会责任。在彼得·德鲁克看来，企业是员工赖以生存、发展的组织和社会稳定的基础，而不是单纯的经济单位和雇主挣钱的机器。作为社会组织，企业要把人放在首位，以人为本，满足人的基本诉求。同时，社会也必须把企业看作一个社区，赋予企业社会地位、权力和功能，形成社会、企业和个人三位一体的社会结构。“现在的情景是，社会、企业和个人脱节，大规模的生产方式使每个工作中的人不知道工作的意义，不清楚自己的社会价值。企业并没有把他们当作组织的一员。他们被边缘化了，成了可以随意替换的零件，被安置在只重效率而毫无人性的机器中，丧失了做人的尊严，导致人无意为企业承担责任，也无意为社会承担责任，只是一群出卖劳动力，获取工资的自然人。”[②]

那么如何实施人文关怀？

首先，要尊重员工，尊重员工的主体人格和主体地位。早在 20 世纪 30 年代，美国芝加哥西部一家电器公司就提出了“工人不单是靠工资来调动积极性的经济人，而是有尊重和友谊需要的社会人”[③]。80 后、90 后大学生员工追求平

---

① 富士康回应全总违法加班指责：结论草率。http://news.sohu.com/20150204/n408476970.shtml.

② [美]彼得·德鲁克著，余向华译：《工业人的未来》，机械工业出版社 2006 年版，第 6—7 页。

③ 邓志海主编：《联想人力资源管理》，内蒙古人民出版社 2002 年版，第 47 页。

等,崇尚自由,自我主义倾向严重,有着鲜明的人格特征。因此,企业管理者要尊重和理解他们的个性特点,增强对他们思想的了解,宽容他们合理的思想和行为,引导他们职业追求与企业发展目标一致。比如,通过在管理中引进“学习型组织”模式,建立企业共同愿景,挖掘员工心中的愿望,赋予其责任感和使命感,激发其创造的热情和动力,激励他们实现人生的理想目标。

其次,建立人性化管理的外部环境。民营企业员工压力大,企业要积极为他们缓解压力创造必要的外部条件。例如,建立心理咨询室为员工免费提供心理咨询服务,建立健全员工心理档案,定期检查员工心理健康,定期举办各种形式的知识讲座,经常性举办员工户外集体活动,等等。通过改善工作环境,营造关心员工的企业文化氛围,增进企业管理者和员工以及员工之间的感情交流。

再次,改变企业工会工作不力的现状,增强工会维护员工权益的能力。当前,民营企业工会软弱、工作不力是不争的事实。有学者指出,非公企业工会存在“数字工会”“表格工会”“失范工会”“形式工会”“影子工会”和“缺钱工会”六大问题①。民营企业工会领导人通常由企业主的亲信担任,由于同企业主的利害关系,当劳资关系发生冲突时,他们很少维护员工合法的权益,进而丧失其应有的组织功能。在富士康“连环跳”事件中,工会始终没有成为职工的“代言人”,而被全国总工会点名批评。《中华人民共和国工会法》明确规定,维护职工合法权益是工会的基本职责。事实上,即使在国有企业,由于工会组织的行政化倾向,作为政府的“派出机构”,无论工会的组建程序,还是经费来源都严重依附于政府或企业,从而缺少强有力的措施和手段来维护职工的合法利益。当前民营企业劳资纠纷事件时有发生,就与民营企业工会组织的软弱瘫痪不无关系。因此,民营企业应该建立能够独立于政府和企业之外的工会组织,这是现代社会发展的必然要求。

三、加强员工技能培训,提升职业行为能力

大学生员工职业理想实现,不仅需要企业组织的目标引导和情感关怀,还需要企业对他们进行职业技能培训,提高职业行为能力,夯实理想实现的现实基础。

在知识经济社会里,人才是企业的第一资本。企业不能只是消极地管理人,还应该重视对员工的技能培训和持续开发。只有不断加强对员工的教育培训,

---

① 乔健,钱俊月:《对民营企业工会建设问题的思考》,《中国人力资源开发》2010 年第 10 期,第 83—87 页。

才能提高员工的职业素质和职业行为能力，企业才能在市场竞争中占据优势地位。美国经济学家舒尔茨指出，美国的国民收入、新增财富有 80%是由人力资本投资所提供的。不发达国家经济落后的原因在于，只重视物质资本投资而忽视人力资本投资。因为物质资本是被动性的资本，而人力资本是主动性的资本，没有人力资本推动，物质资本是运转不起来的。一些民营企业发展遭遇困境的一个重要原因就是企业的人才缺乏，忽视企业的人力资本投资，或者对员工的教育培训限于短期化、应急式的岗前培训，缺乏长期持续的人力资源管理与开发，究其原因，这与一些民营企业的用人观念和用人机制有关。不少民营企业急功近利，热衷于外部的人才招聘和人才引进，忽视对企业内部的员工培训与开发。他们习惯性认为，内部培训费时耗力，收效甚微，徒增用工成本。他们笃信，“外来的和尚会念经、念好经”。此外，加上企业人力资源部门员工自身业务素质不高，致使企业员工的教育培训形式化、短期化，培训效果自然不佳，这反过来更坚定了企业主对培训工作的偏见，进而形成恶性循环。当然，也有一些民营企业，特别是大中型民营企业制定了比较完善的培训制度体系，但制度执行的效果并不理想。例如，Y 集团管理制度规定，培训是公司组织开展的一种有计划的、持续的学习行为或过程，培训的目的是增长员工的知识和技能，改进员工的态度和行为。其内容培训包括两个方面①。

(一)内部培训：包括军训、入职培训、“导师”制培训、师徒培训、集中培训等。

1. 军训。集团统一招聘的大专以上学历应届毕业生，应参加公司每年组织的军训。

2. 入职培训。入职培训每周或每两周定期开展，内容涉及公司简介、公司文化、安全知识、人事基本制度和员工手册……

3. 导师制培训。对于职能性员工，公司将为每一位新员工指派一名导师，导师辅导期为一年。

4. 师徒制培训。对于生产性员工，公司将为每一名新员工指派一名有经验的技师为师傅，师傅辅导期为一年。

5. 集中培训。

(二)外派培训。外派培训是指由公司统一安排参加的外部组织机构开办的培训活动。

培训纪律。外派培训受训员工必须参加整个培训过程，不得中途缺席。

① Y 集团人力资源中心编：《Y 集团员工手册》2011 年，第 43—44 页。

受训员工未参加完整的培训或未取得有效的培训合格证书，其培训费由受训人员个人承担。如果培训费已由公司垫付，公司有权要求受训人员予以赔偿。

可见，Y集团员工培训制度详细完备，对于培训对象、培训内容、培训类型、培训目的以及组织机构、培训经费、服务期限、赔偿责任、保密要求等都作了详细规定，这对于大学生员工转换职业角色、提高职业行为技能、增进企业组织认同有着重要意义。问题在于，尽管培训制度制定得很详细，执行效果却并不理想。而且企业仅限于对大学生员工的入职培训，后期的发展培训未能及时跟进，后者对于企业和个人的职业发展更为重要。与体力型员工相比，大学生员工更注重企业能否为其提供教育培训的机会，个人在企业能否得到迅速成长以及企业能否为其提供广阔的发展空间。不少受访者表示，入职以后，没有哪个领导告诉他未来职业发展的目标是什么、怎么做，对自己在企业的发展定位模糊。因此，企业主和管理者要转变观念，认识到员工培训对企业发展的重要价值，本着企业与员工合作共赢的原则，明确培训的目标、内容，优化培训的方式方法，建立有效的培训制度机制。

葛某[①]说：企业能不能让员工对它忠诚，关键在于企业为员工做了什么。企业对员工要有关怀、有帮助和有指导。与国有企业相比，民营这方面做得还不够，对员工缺少情感关怀和职业发展指导。国有企业领导每月都会与员工沟通交流，问问工作中遇到了哪些困难，心理上或思想上有哪些困惑，未来有哪些打算，等等。而民营企业没有，招进来以后没人管没人问，所以员工不知道该做什么、怎么做，对自己的工作职责比较迷茫，对未来的发展也比较困惑。

四、完善企业管理制度，建立公平竞争激励机制

公平是大学生员工的行事准则，他们对自己是否受到企业的公平对待十分在意。中国人自古就有“不患寡而患不公，不患贫而患不均”的思想，在公平的工作环境下，员工有着更高的忠诚度和工作满意度。亚当斯认为，个人在组织中更加注意的不是他所获得报酬的绝对值，而是与他人比较的相对值。也就是说，人们在生活中会不自觉地把自己付出的努力与获得收入的比例与他人进行比较。如果自己付出和收益的比例与他人大致相等，就会产生公平感；若付出和收益的

---

① 葛某，男，27岁，本科，曾供职于某国企，现在Y集团从事技术岗位，访谈时间：2014年11月28日，地点：某茶馆。

比例与他人的差别太大,则会产生不公平感。由于亚当斯偏重于分配的结果,因此他的理论被称为“分配公平”理论。虽然分配是否公平的判断标准是主观的,因人的个性、动机、价值观和成长环境等因素影响而有所不同,但只有当个体主观上感觉不公平时,才会产生一种力图恢复公平的愿望。不公平感是一种令人厌恶的刺激,此时个体会产生一种消除紧张状态的内驱力,这就形成了激励,其强度与个体所感受的不公平程度成正比。感觉不公平的员工会采用一些措施发泄不满,如发牢骚、离职等对企业不利的行为。罗宾斯指出,当员工感到不公平时,会改变自己投入、改变自己产出、改变自我认知、改变对他人的看法或离开工作场所①。

作为现代社会知识型员工,大学生员工有着更强烈的自尊心和自信心,凡事讲究依靠自身的能力来获得,致力于对公平制度的追求,把个人能力提升和事业发展作为努力目标,一旦遇到不公平的待遇,容易产生不满等消极情绪。当前,一些民营企业在人才的选拔任用、晋升考核、奖惩激励等方面缺乏制度性规范和保障,特别是一些中小型民营企业并不是根据员工的德、能、勤、绩量才使用,而是以血缘、地缘和老板关系的亲近程度作为选人、用人的主要标准。这样会使大学生员工感到民营企业缺乏一种公平、公正的竞争激励机制。同时,一些企业“圈内人”和“圈外人”、“自己人”和“外来人”的划分和排外行为更是伤害了他们对企业的感情,弱化对企业的组织认同,进而把企业当作临时跳板,而不是作为终身服务的对象。这种情况下,大学生员频繁跳槽就在所难免。民营企业也因为缺乏稳定的人才队伍支持和人才枯竭而陷入经济发展的困境,并进入了“人才招聘—人才流失—人才再招聘”的循环怪圈。因此,民营企业应具备长远发展的战略眼光,摒弃短期的急功近利的思维模式和用人导向,建立健全企业的激励机制,在人才招聘、选拔任用、考核奖励等各个环节按照公平、公正、公开的竞争原则,为大学生员工的职业发展提供完善的制度保障。

五、健全企业党的组织,加强员工职业理想教育

在中国,无论是国有企业、民营企业,还是外资企业,都是在社会主义制度下和中国共产党的领导下进行生产经营的经济实体,因此,都应该建立健全中国共产党的组织,在党的组织领导下开展企业思想政治工作,推动企业健康发展。

第一,健全民营企业党的组织,充分发挥企业党建工作的作用。党的组织健全是民营企业党建工作开展的基本前提。由于民营企业产权归属私人所有以及

① 黄静著:《以人为本的企业文化》,武汉大学出版社 2003 年版,第 107 页。

部分企业主的认识误区等条件限制，民营企业党组织组建率较低。据统计，截至2011年底，全国非公企业党组织组建率为21.2%，规模以下的企业占15.1%[①]。为了巩固党的执政基础，扩大党在非公经济组织的群众基础，党的十八要求加强非公企业党建工作，扩大党的组织覆盖和工作覆盖，发挥党组织在企业中促进发展、服务群众、凝聚人心的作用。随后，各地方党委相继成立了“两新组织”，派遣党建工作指导员指导民营企业党建工作。事实上，由于民营企业党组织在经济上依附企业行政管理机构，再加上民营企业党建工作专业人员缺乏以及受经费、时间、活动场地等因素制约，党组织并不能独立有效地开展企业党建和思想政治工作，多数民营企业党建工作有名无实，党的组织成了企业的摆设，企业党建工作也只是挂在墙上、说在嘴上、最终不能落实到行动上，企业思想政治工作说起来重要、做起来次要、忙起来不要，不能发挥党组织在企业发展中的政治核心和政治引领作用。因此，建立健全民营企业党的组织，无论对于企业、员工，还是党的建设来说都很重要。与此同时，民营企业党的组织负责人应本着对党、对企业和对大学生员工负责的态度，改变以往党组织在民营企业软弱瘫痪、消极被动的工作局面，工作上挺起腰杆、硬起手腕，领导企业工会积极协调劳资关系，有效化解劳资冲突，监督企业安全生产和合法经营，维护企业员工合法权益，真正做到有名有实、有位有为。

第二，加强民营企业思想政治工作，发挥企业思想政治工作的功能作用。随着市场经济深入发展和非公有制经济不断壮大，党和政府不断加强民营企业思想政治工作。由于多数民营企业思想政治工作的方式方法、内容载体、工作机制、思维方式，仍沿袭和照搬传统国有企业的思想政治工作模式，不考虑民营企业的特点，不能适应民营企业发展的实际需要，思想政治工作效果并不理想。加强民营企业思想政治工作，首先，要加强企业党组织对企业思想政治工作的组织领导和思想领导。作为企业思想政治工作的组织者和领导者，企业党组织要领导企业工会、团委等群众组织，根据员工的心理特点和利益需要，积极融合企业管理和企业文化，有针对性地开展思想政治工作。要充分利用和发挥新媒体技术平台与优势，创新思想政治工作的观念内容、方式方法、工作机制和工作队伍，发挥企业思想政治工作的意识主导功能、信息聚焦、思想创新、文化认同、价值实现和氛围营造功能[②]。其次，要加强对企业主的教育和引导，改变企业主对思想

---

① 李源潮：《以改革创新精神加强非公企业党的建设》，《党建研究》2012年第4期，第6—12页。

② 孙其昂，邱建中，董岗彪：《新形势下企业思想政治工作展望——上海调研思考》，《唯实》2003年第8—9期，第129—132页。

政治工作的片面认识和错误观念，获得他们对思想政治工作的理解和支持，在思想政治教育活动场地、资金、时间、人员等方面给予有力支持，保证企业思想政治教育活动有序开展。再次，在活动开展中，要处理好思想政治教育活动和企业生产经营的关系，注意活动主题与企业生产经营相结合，与员工日常生活相贴近，与员工心理需要相契合，在丰富大学生员工文化生活的同时，还要对他们进行正确的价值引导和理想教育，避免把思想政治教育活动等同于游山玩水、生日派对，避免把思想政治教育活动娱乐化和庸俗化。

第三，加强大学生员工职业理想教育，引导他们树立正确的职业价值观。大学生员工是企业的骨干，青年时期是人生观和价值观形成的重要时期，这一时期他们面临购房、婚育、职业发展等一系列人生的重大问题，思想问题较多。由于受诸多因素的影响，除了一些有良心的企业外，部分民营企业在经济利益的驱动下，只把员工当作谋利的“经济人”，缺乏企业人文关怀，忽视员工的心理健康和情感需要，甚至还有一些企业侵犯员工的合法权益。与此同时，社会各界对这一群体关心关注不够，包括学界，比较关注在校大学生、留守儿童和青年农民工等群体的心理健康和思想道德问题，而不能真实地了解大学生员工这一社会群体的生存状态、精神面貌和心理状况。因此，社会各界应加强对民营企业大学生群体的关心和关注，了解他们的所需所想、所急所难，为他们的成长成才提供必要的支持和帮助。同时，针对大学生员工职业理想的现状和特点，企业党组织需要加强企业员工职业理想教育，帮助他们转变只重视个人利益、忽视社会责任，重视物质追求、忽视精神提升，重视个人理想、忽视社会共同理想的错误观念，澄清认识误区，矫正价值取向，帮助他们树立正确的职业价值观。在教育载体、教育方式和教育手段上，联合企业人力资源部门，运用现代化网络技术手段，帮助大学生员工制订与组织发展相适应的个人职业发展规划，正确处理社会、企业和个人发展的关系。在教育目标和教育内容上，教育他们要克服临时的打工心态、雇佣思想，使他们真正认识到个人发展离不开社会需要，离不开企业提供的组织平台，企业和个人不是单纯的契约关系，而是利益、责任和命运的共同体。

第四节　增进社会支持

大学生员工职业理想实现既需要个人的勤奋敬业和坚持不懈，需要家庭道德教育和情感支持，需要民营企业人文关怀和制度完善，同时也需要社会环境、政府政策的大力支持。具体地说，需要深化市场经济体制改革，夯实大学生员工职业理想实现的物质基础；需要加强对大众媒体的监管管理，重视大众传媒的舆论导向，营造良好的社会文化氛围；需要政府加强民营企业发展的政策支持，健全企业相关法律法规制度，使民营企业成为大学生员工乐业敬业、实现人生梦想的舞台；还需要加强对民营企业劳动关系保护，完善企业社会保障制度，做好社会兜底工程，为大学生员工实现职业理想提供有力的社会支持。

一、深化市场经济体制改革，夯实职业理想实现物质基础

物质生产力对于人类活动来说具有基础性意义，因此职业理想实现需要以社会生产力的发展作为必要的物质前提。江泽民指出，推进人的全面发展，同推进经济、文化的发展和改善人民的物质生活是互为前提和基础的。人越全面发展，社会物质文化财富就创造得越多，人民的生活就能得到改善，而物质文化条件越充分，又越能推进人的全面发展①。依照历史唯物主义的观点，人类历史上所取得的一切进步都依赖于生产力发展水平和状况，大学生员工职业理想实现也是如此。职业理想实现的条件和过程需要充分的物质生产力和经济发展作为基础。高度发达的社会生产力，不仅为他们提供了丰富的职业种类和职业活动，造就了丰富多彩的职业生活，为他们职业选择提供了更大的范围和空间，同时还为他们的个人发展和人生理想实现提供坚实的物质保障。马克思指出："唯有借助于生产力，才有可能实现这样一种社会状态，这里不再有任何阶级差别，不再有任何对个人生活资料的忧虑，并第一次谈到人的真正的自由。"②因此生产力除了具备创造社会物质财富外，还对丰富人的本质、促进人的发展具有重要价值。

肇始于20世纪90年代初期的市场经济体制改革，不仅是一次经济革命，使中国社会经济面貌发生前所未有的变化，也是一场深刻的社会思想变革，引起经济主体的人格变化，人的自我意识逐渐觉醒，为现代化建设准备了最需要的主体力量。有学者指出，市场经济的实质是主体独立的经济形态，它要求人自觉地通过物来表现、实现和确证自己，实际上是把人从指令性计划、行政命令和长官意志的人格依附中解放出来，使其走向市场，成为经济活动的主体。而这种经济地位的确立又必然为其在政治上、社会上独立人格的形成提供有力支持，为其自由全面的发展创造必要的条件③。职业理想是人们关于未来职业发展的目标设计和价值追求。人们追求和实现人生目标的过程，既是创造个人财富、实现个人幸

① 江泽民著：《江泽民文选（第三卷）》，人民出版社2006年版，第295页。

② 中共中央马克思恩格斯列宁斯大林著作编译局编译：《马克思恩格斯选集（第3卷）》，人民出版社1995年版，第456页。

③ 郑朝静：《大学生志愿精神培育研究——以福建省为例》，福建师范大学博士学位论文，2012年。

福生活的过程，也是创造社会财富，推动社会经济发展和人类文明进步的过程，还是实现个人的全面发展的过程，因为社会财富是通过无数个人的财富汇集而成的，社会发展也是靠无数个人的发展而推动的。因此，市场经济和人的发展是互为条件相互促进的。

对个体而言，物质财富是大学生员工追求职业理想的基本动力，也是实现理想的物质基础。因此，要支持物质财富的合理增长，满足他们对物质利益的正当诉求。马克思指出，无论思想的、精神的、道德的东西看上去如何神秘、抽象，都能够在现实生活中，在人的生产生活实践当中，找到其物质的利益根源。思想一旦离开利益，就一定会使自己出丑[①]。但是，人有物质生活的需要，也有精神追求的需要，二者是辩证统一的。离开物质基础的精神高尚只是暂时的，无法成为社会普遍和持续的现象；离开对精神的追求，人们就会陷入无限的物欲，无法找到生活的意义。

市场经济体制改革创造了极大的社会物质财富，经济总量位居全球第二，综合国力明显增强，人民群众的物质生活得到了极大改善，但我国人口多，人均GDP还位居世界中下国家行列，社会贫富分化悬殊，困扰经济发展的因素依然未能得到有效解决。就民营企业而言，国家给予民营企业的各项优惠政策还没有完全得到贯彻落实，民营企业及其从业人员在一些地方仍遭到歧视，社会上仍未形成支持民营企业发展的良好的社会舆论氛围，一些民营企业的管理制度、企业文化、用人制度、分配机制等未能适应市场经济发展的需要，等等，这都需要进一步深化市场经济制度改革，进一步解放和发展生产力，破除困扰经济发展的体制机制障碍，创造更多的社会财富，满足人民群众日益增长的物质文化生活的需要，夯实大学生员工职业理想实现的物质基础。

二、加强大众媒体监督管理，营造良好的社会文化氛围

大众传媒不仅占据了大学生员工的许多业余时间，成为他们日常生活的不可或缺的部分，还对他们的价值取向、审美观念、文化认同、生活方式乃至情感导向产生决定性的影响。从影响机制看，大众传媒通过传播特定的符号意义系统，影响人们的政治价值观念，参与人们道德品质的形成和发展过程，对个体的认知概念世界、价值观念系统形成一种隐性支配。这种影响不是刻意地把价值观念、道德规范和价值标准强加于人们，而是通过其传递的价值观念、道德思想信息来

---

① 中共中央马克思恩格斯列宁斯大林著作编译局编译：《马克思恩格斯全集（第 3 卷）》，人民出版社 1960 年版，第 102 页。

潜移默化地改变人们的价值观念。可见大众传媒是一种可以为善服务也可以为恶服务的传播工具,它对社会的影响主要取决于所负载的文化产品的性质、内容和价值取向。大众传媒对大学生员工的消极影响主要体现为,以网络为主的大众传媒带来的海量信息,及其所负载的多元价值观念导致的选择困境和价值冲突。大众传媒的过度娱乐化倾向,忽视了对大学生员工社会主导价值引导,削弱了社会主导价值观的影响,使得他们的价值取向偏向个人本位,价值观标准呈现功利化倾向。开放和多元是现代社会的特征,如何在多元和开放的社会环境下,有效应对大众传媒对社会主导价值的冲击,消解其对大学生员工价值观的消极影响,营造风清气正、积极向上的社会文化环境,这需要从以下方面着手。

第一,加强对大众传媒监督和管理,建立健全媒介法规。大众传媒不是法外之地,仍需要政府管理和监督。即便标榜“新闻自由”的西方社会,也建立了新闻分级审查制度。当今社会传媒高度发达,新的传媒、传媒形式及存在的问题层出不穷,一定意义上说,与我国对大众传媒监督不力和管理制度落后密切相关。我国的大众媒体大体可分为两类:党和政府领导下的大众媒体(主流媒体)和由一些社团、企业管理下的产业化经营的商业媒体。前者是党和政府的喉舌,是公众获得党和国家信息的主要途径。后者商业性、娱乐性突出,贴近民众的生活,社会影响力大。对于前者,要坚持正确的政治方向和社会舆论导向,弘扬社会主旋律,消解商业媒体对社会主导价值观的不良影响,强化社会主义核心价值观的主导地位。对于后者,要辩证看待它的娱乐功能,避免过度娱乐化。具体地说,党和政府在尊重传播规律的基础上,加强对这类大众传媒的管理与规范,加强传播内容、形式等方面的立法监督与技术监控。对于一些电视娱乐节目,如恶搞、相亲、选秀等低俗化、媚俗化倾向坚决予以抵制,对于一些吸毒嫖娼、道德败坏和违犯法纪的明星艺人、网络大 V 坚决予以封杀并追究其法律责任,对于一些传播淫秽色情的网站、视频直播坚决予以取缔。完善社会舆论引导机制,净化大众媒体的传播空间,为大学生员工成长成才营造天朗气清、积极向上的文化环境。

第二,媒体要肩负媒体的社会责任,坚持正确的价值导向。大众传媒毕竟不同于一般的商业企业,它既是文化产品的传播者,也是社会良知的守望者,肩负社会风尚引领、人类精神提升和推动社会文明进步的重要责任。在市场化的今天,大众媒体既要追求商业利益,也要承担媒体的社会责任。人类不仅需要娱乐,更需要真理和思想。可以说当前大众传媒泛娱乐化、媚俗化取向实乃大众传媒在利益驱动下的社会责任缺失所致。承担社会责任,首先,要坚持正确的价值导向。坚持以中国特色社会主义理论体系为指导,坚持马克思主义在意识形态领域的指导地位,坚持宣传思想工作为人民服务、为社会主义服务、为全党全国工作大局服务，满足人民群众日益增长的精神文化生活需要。其次，明确自身的社会责任。要认识到大众媒体在传播社会核心价值中的地位和作用，承担起积极传播先进思想和先进文化的社会责任，捍卫社会主义主流文化的主体地位。按照习近平总书记在全国宣传工作会议的讲话要求，坚持以团结稳定、鼓劲、正面宣传为主，巩固壮大主流思想舆论，弘扬文化主旋律，传播社会正能量，激发全社会团结奋进的强大力量。

第三，媒体人树立道德自律意识，坚守职业操守。大众传媒由人来操纵，其性质和影响主要取决于媒体人的目的和需要。大众传媒价值观的失序背后，其实是媒体人价值观的迷失与混乱。依照新闻“把关人”理论，传媒组织决定着什么样的信息能够进入大众传播渠道，这与记者、编辑个人的价值判断密切相关，也与传媒组织的方阵、定位密切相关。因此提高传媒的社会责任意识，首先要提高媒体人的道德自律意识。因为“任何一种伦理道德，不论其理论何其严谨，逻辑何其清晰，如果不能被道德主体真正接受并付诸，无异于废纸”①。一些媒体人正是缺少职业道德自律，违背了媒体职业操守，忘记了作为媒体人的社会责任，才把大众传媒作为圈钱的“跑马场”和传播低俗价值观的“主阵地”，致使一些恶俗、媚俗和低俗的文化产品以及煽情、偏激的言论充斥社会公共空间。其次，要提高自身的专业素质。社会发展不仅需要情感的凝聚，还需要理性的思考。这要求媒体人超越煽情、回归理性，坚持真实客观的原则，防止“价值预设”。一些媒体人为了追求发行量和点击率，博取报道的轰动效应，在采访之前就预设了报道基调，“标签化”思维报道引导，敲定了公众视线和道德批判的评价基调，使一些偶然事件被拔高为对政府和社会体制的批判。譬如，一些报道把少数体制内单位存在的“萝卜招聘”“事先圈定”的个别事件放大为整个社会现象，引发人们对社会不公的批判。一些媒体人未经核实，仅凭“线人”提供的材料就对一些社会重大突发事件公开报道，以致新闻失实引发人们的思想混乱，从而降低了媒体的公信力。例如，2017 年 6 月 15 日“江苏丰县爆炸事件”，某报两位记者为了抢新闻，仅凭幼儿园附近某商户老板介绍和目击者发来的视频就公开报道，声称“爆炸发生后，疑似在幼儿园门口位置有多名家长及幼儿躺倒在地，现场物品散落一地，多人身上有血迹”。“疑似”等语词显然违背了新闻的真实性原则。后“经核实，爆炸发生时，幼儿园尚未放学，该园无师生伤亡”②。媒体人要恪守新闻的真实性原则，警惕“价值预设”和“刻板印象”，端正报道方向，树立正确的社

① 逯改:《传媒社会责任的伦理审视》,《兰州学刊》2007 年第 9 期，第 149—152 页。

② 《江苏丰县爆炸事件初步判定为刑事案件　已致 8 人死亡》,《人民日报》,2017-06-16。

会价值导向。

三、加强民营企业政策支持，健全企业相关法律法规制度

民营企业的发展离不开党和政府的政策支持。改革开放以来，随着党和政府对非公有制经济认识的不断深化，对民营企业的态度经历了从初期的默许和允许发展到后来的鼓励、支持和引导的根本性变化。民营企业的法律地位也经历了从早期“计划经济的有益补充”到“社会主义市场经济的重要组成部分”的重大转变，获得同国有企业平等的法律地位和权利。民营企业主也从社会的边缘地位被拉到中心地位，成为社会主义事业的建设者和改革开放的受益者。随着民营企业的地位不断提升，社会对民营企业的评价也发生了重大变化。人们对民营企业的态度发生了巨大的变化，从初期的排斥、轻视，到后来的认同、接纳，再到进入民营企业就业。党的十六大报告中的“两个毫不动摇”，2005 年“非公经济 36 条”，党的十七大报告中的“两个平等”，2010 年“新非公经济 36 条”，党的十八大报告中的“两个都是”等论断，以及关于非公有制企业的一系列政策和法律制度的相继出台，降低了非公有制经济的市场准入门槛，赋予民营企业与国有企业平等的法律地位、权利义务和市场机会，推动民营企业的蓬勃发展。

值得指出的是，虽然民营企业已经获得与国有企业平等的法律和政治地位，但由于社会政治体制和文化观念等因素影响，民营企业至今在一些人的心目中评价不高，认为民营企业生命周期短，职业不稳定，到民营企业就是给私人老板打工，前北大学子“陆步轩事件”即是有力的证明。陆步轩认为，卖猪肉是给母校丢了脸，自我定位为“北大丑角”。虽然政府在政策和法律上给予民营经济发展的大力支持，但是政策和制度的落地与执行还需要一定的时间，还有一段很长的路要走。在现实生活中，民营企业特别是中小型民营企业在银行贷款、土地征用、财政补贴、税费减免等方面依然受到不公平对待。例如，许多民营企业如果不遵循社会的“潜规则”，他们就无法从银行获得贷款。这种情况下，为了企业发展，一些企业主在无奈之下只好走上民间资本借贷(高利贷)这条风险之路。一旦企业资金链断裂或者被债主逼债，他们只好选择“跑路”，留下一大堆的企业债务纠纷，引发社会矛盾和社会风险。一些民营企业倒闭、破产及“老板跑路”事件经过大众传媒的放大后，所产生的社会负面效应进一步强化社会公众对民营企业的不安全、不稳定和不负责任的认知、认同，降低了民营企业的社会地位。加之受我国民营企业生命周期短、“老板文化”、集权过多、管理过严、社会保障不足等因素影响，一些大学毕业生并非发自内心地愿意到民营企业工作，而是无奈之下的被迫选择。一些大学生即使到民营企业工作后，他们中有不少人也只是把

民营企业作为临时跳板，而非安身立命的场所和终身服务的对象，因此，考研、考公务员、频繁跳槽等现象在民营企业并不鲜见，这与大学生员工的价值偏好有关，也与企业制度文化有关。从根源上说，这是政府对民营企业的政策支持和落实不力的结果所致。民营企业与行政事业单位、国有企业相比，还没有真正获得平等的权利和地位，没有得到实际的同等优惠待遇。不少中小型民营企业主抱怨，国有企业是“亲生的”，民营企业是“后娘养的”。因此，如果要进一步发展和壮大民营经济，释放市场经济的动力和活力，政府要加大对民营企业的政策制度的支持力度，真正落实非公有制企业与公有制企业同等法律和政治地位，享有平等的政策优惠。放宽民营企业市场准入领域，在银行贷款、税负减免、土地审批等各个方面给予政策支持。

政府在对民营企业加大政策支持的同时，还要健全企业相关法律法规建设，强化对民营企业的监督和管理。可以说，民营企业员工的一些基本权利得不到保障的一个重要原因在于企业相关法律法规不完善，企业员工一些权利行使缺乏基本法律依据和保障。尽管现行的劳动保障法律和政策对劳动者的合法权益作了规定，但均比较笼统，缺乏有针对性地对弱势群体的特殊保护。例如，现行涉及工资规定的只是一些行政规章，如《工资支付暂行规定》(1994 年 12 月)、《最低工资规定》(2004 年 1 月)等，立法层次较低。这些规章制度由于没有相关法律的依据，对工资支付、劳动合同签订、争议处理及违法责任的追究等问题作出规定而受到限制。此外，现行法律法规对违法处罚力度不够。譬如，在工资支付方面，对拖欠和克扣员工工资的行为，只设定了 50%～100%的赔偿金，对企业主拖欠和克扣工资的行为缺乏强制法律手段，这样很难保障民营企业员工的合法权益。因此，政府要加强相关劳动法律法规建设，从法律上维护劳动者的合法权益。

此外，政府还要改革户籍管理制度，逐步放开城市户籍管理，打破城市户籍对外来务工人员的落户限制，畅通社会成员流动渠道，给予民营企业大学生员工与体制内单位人员同等的城市户籍身份。同时要有效解决大学生员工子女在城市入园难、入学难和入学贵的问题，使他们的子女能够与城里的孩子一样同等地接受教育，解决大学生员工的后顾之忧，使他们能够安心地在民营企业工作。笔者了解到，Y 集团有不少已婚大学生员工，虽然不少人想把子女接到身边读书，但因为个人没有城市户籍而无法解决子女在城市入学问题，只好把子女放在老家由父母隔代监护，并在老家上学接受教育。也有一些大学生员工把子女从父母那里接到自己身边，比如尹某，在多次请托别人解决孩子上学无果后，咬牙贷款在南京买了一套房子，才最终解决了孩子的上学问题。Y 集团是当地纳税大户，公司党委偶尔也请求政府部门出面协调公司附近的几所小学，解决企业员工子女的入学问题,但学校每年给Y集团的名额十分有限,还要经过严格的筛选,考试合格并交纳一笔不菲的赞助费后方可入学。

四、加强民营企业劳动关系保护,完善企业社会保障制度

马克思指出,社会保障是一切社会生产方式所共有的基础,也是人与社会发展的基础。社会保障是社会和谐稳定的安全阀,是社会安定的重要保证。与国有企业员工相比,我国民营企业员工的社会保障制度没有完善的建立,民营企业大部分员工的社会保障还游离于社会保障制度的主流框架之外,表现为总体参保率低,参保内容少,民营企业缴费不高,社会保障的监管服务体系不到位等,加上民营企业劳动关系保护不足,企业侵犯员工劳动权益的事件时有发生,这既伤害了员工的合法权益和他们对企业的感情和工作热情,降低对民营企业的信任感、认同感和归属感,同时也违背了劳动法律规范和社会公平价值,不利于民营经济的长期发展和社会和谐稳定。因此加强民营企业劳动关系保护,健全企业社会保障制度,消除大学生员工的思想顾虑,帮助他们实现个人理想。

第一,加强对民营企业劳动关系的保护,维护大学生员工的合法权益。党的十八大以来,民营企业劳动关系得到明显改善,总体和谐,但问题依然不少。例如,一些民营企业劳动签订率低,集体劳动合同签订较少,劳动合同缺乏规范,合同期限短,合同执行情况不容乐观。部分民营企业欠薪问题仍然存在,工资集体协商制度覆盖面不大,工资由企业单方规定现象仍较普遍,管理者与普通员工收入差距过大,尚未形成工资正常增长机制。企业工会有名无实,工会行政化倾向严重。企业员工参加社会保障比例不高,社会保险水平低。虽然《中华人民共和国劳动法》《中华人民共和国中小企业促进法》《中华人民共和国劳动合同法》等法律均明确规定了民营中小企业有实行社会保障的义务,但由于缺乏切实可行的法律监督机制,有法不依的现象比较严重。因此,以加强政府劳动监察部门执法监督,加强劳动执法队伍建设和提高劳动执法人员素质为前提,加强对民营企业劳动关系的法律保护和执法力度,对于那些恶意拖欠员工工资,侵犯员工身心健康,违犯劳动法律关系的企业管理者或企业法人予以必要的惩戒,有效维护大学生员工的合法权利和利益。

第二,健全民营企业社会保障制度,提高企业员工的社会保障水平。如前所述,一些大学毕业生不愿到民营企业工作,以及大学生员工频繁跳槽的一个主要原因是民营企业的社会保障程度不足。民营企业由于资金力量薄弱,起步水平不高,投资盲目性大,生命周期短,行为短期化等因素影响,加上一些民营企业主不能正确认识缴纳员工社会保险和保持企业长期发展稳定的关系,刻意逃避为

员工缴纳社会保险，再加上企业工会组织维权不力等，这些因素的叠加使得民营企业员工社会保障水平较低。从问题的制度根源说，在于民营企业员工社会保障制度不健全，缺乏对企业员工的社会保障。由于我国社会保障法律制定的不完善，这给一些民营企业留下一些法律和制度的漏洞可钻。因此，加强对民营企业员工的社会保障，完善民营企业社会保障制度，是促使民营企业履行社会保障责任的关键和提高企业员工社会保障水平的法律保障。要明确责任和惩戒制度，使民营企业认识到缴纳社会保险是企业的义务，对于一些少交或者拒不缴纳社会保险的民营企业，根据相应的法律规定强制执行，避免执法不严，使法律失去意义。

第三，建立低收入大学生员工社会救助制度。社会救助是国家或其他社会主体对遭受意外事故、自然灾害、失去劳动能力及其他低收入群体给予的物质或精神救助。一定意义上说，大学生员工尤其是刚就业大学生也面临生存贫困，属于社会弱势群体。随着高等教育大众化和劳动力就业市场饱和，大学生劳动力市场价格整体走低，他们的生存贫困问题愈发突出。廉思的《蚁族》中记录了大学毕业生的生存实况，高智、群居、弱小，像蚂蚁一般地活着[①]。问题在于，虽然他们普遍承受较大的经济和精神压力，但较少引起社会各界及政府部门的关注。每当他们遇到经济困难时，主要依靠父母、亲友和自己。这些支持均来源于个体化的社会资本，而不是单位或其他公共性的资源供给。因此个体所拥有的社会资本和资源的多少，在很大程度上决定了他应对风险挑战和自我发展的机会多少。这对于那些异地就业和家境贫困的大学生员工来说，他们将面临多重压力却无法得到社会有效援助。沉重的生活压力和社会分配不公容易使他们产生对社会的厌恶情绪，增加内心潜在的恶感。“原本同学亲近关系由于休闲时间短缺和经济窘迫而日益生疏，而工作关系又未能迅速地建立起各方和谐的人际交往网络，原本同学间的恋人关系随工作环境的变化而解体。”[②]这不仅影响到个人的职业发展，还增加了社会风险治理成本。所以政府应尽快制定与社会保障相配套的保护政策，建立针对这类特殊社会群体的保护和救助系统。在救助内容上，从物质层面的救助延伸到精神文化层面的救助；在救助主体上，除发挥政府的主体角色以外，还应发挥社会公益机构及个人的积极作用，形成多方合力，共同预防低收入大学生员工潜在的社会风险，有效地化解社会危机，维护社会和谐稳定，帮助他们实现职业理想。

---

① 廉思著：《蚁族》，广西师范大学出版社 2009 年版，第 33 页。

② 孙丽园：《初就业大学生的生存贫困及其社会保护》，《中国青年研究》2013 年第 11 期，第 71—76 页。

参考文献

一、马克思主义经典著作、文献

[1]中共中央马克思恩格斯列宁斯大林著作编译局. 马克思恩格斯选集(1—4卷)[M]. 北京:人民出版社,1995.

[2]中共中央马克思恩格斯列宁斯大林著作编译局. 马克思恩格斯全集(1—3卷)[M]. 北京:人民出版社,1995.

[3]中共中央马克思恩格斯列宁斯大林著作编译局. 列宁选集(1—4卷)[M]. 北京:人民出版社,1995.

[4]毛泽东. 毛泽东选集(1—4卷)[M]. 北京:人民出版社,1991.

[5]邓小平. 邓小平文选(1—3卷)[M]. 北京:人民出版社,1993.

[6]习近平. 习近平谈治国理政(1—3卷)[M]. 北京:外文出版社,2020.

[7]中共中央文献研究室. 十一届三中全会以来重要文献选读(上)[G]. 北京:人民出版社,1987.

[8]中共中央文献研究室. 十二大以来重要文献选编[G]. 北京:人民出版社,1986.

[9]中共中央文献研究室. 十二大以来重要文献汇编(中)[G]. 北京:人民出版社,1986.

[10]中共中央文献研究室. 十三大以来重要文献选编(上)[G]. 北京:人民出版社,1993.

[11]中共中央文献研究室. 十四大以来重要文献选编(上)[G]. 北京:人民出版社,1996.

[12]中共中央文献研究室. 十五大以来重要文件选编[G]. 北京:人民出版社,2000.

二、国内学术著作

[1]彭定光. 理想论[M]. 北京:中国青年出版社,2001.

[2]叶泽雄. 社会理想论[M]. 武汉:武汉大学出版社,1998.

[3]周中之. 理想与现实的冲突[M]. 北京:工人出版社,1988.

[4]范高社，郑冬芳．思想道德修养与法律基础教案程[M]．西安：西安交通大学出版社，2010.

[5]海鸣．中国民营经济发展研究[M]．北京：研究出版社，2011.

[6]刘伟．中国经济的盛世金言[M]．广州：广东经济出版社，2000.

[7]余楠．民营企业思想政治工作及其价值研究[M]．厦门：厦门大学出版社，2007.

[8]张厚义，明立志．中国私营企业发展报告(1978—1998)[M]．北京：社会科学文献出版社，1999.

[9]张军，王如胜，詹宇波，等．转型、治理与中国私人企业的演进[M]．上海：复旦大学出版社，2006.

[10]邱吉，王易，王伟玮．轨迹——当代中国青年价值观变迁研究[M]．北京：人民出版社，2012.

[11]孙新波，樊治平，秦尔东．知识员工激励理论与实务[M]．北京：经济管理出版社，2006.

[12]吴新颖．当代青年价值观的构建[M]．长沙：湖南人民出版社，2008.

[13]陶东风．社会转型与当代知识分子[M]．上海：上海三联书店，1999.

[14]王荣发．职业发展导论——从起步走向成功[M]．上海：华东理工大学出版社，2006.

[15]叶至诚．职业社会学[M]．台北：五南图书出版有限公司，2001.

[16]张岱年．中国哲学大纲[M]．北京：中国社会科学出版社，1982.

[17]车文博．当代西方心理学新词典[M]．长春：吉林人民出版社，2001.

[18]周中之．伦理学[M]．北京：人民出版社，2004.

[19]李少军．理想论[M]．北京：中央编译出版社，2000.

[20]张清明．理想教育与理想实践[M]．成都：四川大学出版社，2005.

[21]宋长生．职业理想导论[M]．徐州：中国矿业大学出版社，1988.

[22]汪荣有．当代中国经济伦理论[M]．北京：人民出版社，2004.

[23]金观涛．探索现代社会的起源[M]．北京：社会科学文献出版社，2010.

[24]刘学坤．友爱教育论[M]．合肥：合肥工业大学出版社，2015.

[25]邓志海．联想人力资源管理[M]．呼和浩特：内蒙古人民出版社，2002.

[26]孙维平．当代中国社会价值观调研报告[M]．北京：中国社会科学出版社，2013.

[27]黄孟复．中国民营企业劳动关系状况调查[M]．北京：中国财政经济出版社，2008.

[28]廉思.蚁族[M].桂林:广西师范大学出版社,2009.

[29]吴红梅,王凯博.像雷锋那样[M].北京:电子工业出版社,2007.

[30]何培忠.中日青年生活观比较[M].北京:经济管理出版社,2000.

[31]廉思.中国青年发展报告[M].北京:社会科学文献出版社,2015.

[32]叶奕乾.普通心理学[M].上海:华东师范大学出版社,2010.

[33]赵敏.社会转型期医学生职业价值观培育[M].济南:山东人民出版社,2013.

[34]孙其昂.社会学视野中的思想政治工作[M].北京:科学出版社,2017.

[35]黄希庭,郑涌,等.当代中国青年价值观研究[M].北京:人民教育出版社,2005.

[36]费孝通.乡土中国[M].北京:人民出版社,2008.

[37]王学秀.文化传统与中国企业管理价值观[M].北京:中国经济出版社,2007.

[38]黄静.以人为本的企业文化[M].武汉:武汉大学出版社,2003.

[39]沙莲香.社会心理学[M].北京:中国人民大学出版社,2011.

[40]张兴国,史娜.当代中国社会转型与价值观嬗变[M].北京:中国社会科学出版社,2012.

[41]周德孚,殷建平,蔡桂其.学习型组织[M].上海:上海财经大学出版社,1998.

[42]张琳.现代性的信仰困境与信仰塑造[M].北京:中国社会科学出版社,2012.

[43]韦革.中国特色社会主义背景下家族企业成长的制度分析[M].北京:中国地质大学出版社,2009.

[44]卢洁莹.生存论视域中职业教育价值观研究[M].武汉:湖北人民出版社,2010.

[45]黄希庭,郑涌,等.当代中国青年价值观研究[M].北京:人民教育出版社,2005.

[46]谢昌逵.改革开放中的青年和青年研究[M].上海:上海人民出版社,2007.

[47]王晓燕.私营企业主的政治参与[M].北京:社会科学文献出版社,2007.

[48]杨德广,晏开利.中国当代大学生价值观研究[M].上海:上海教育出版社,1997.

[49]夏征农. 辞海[S]. 上海：上海辞书出版社，1989.

[50]国务院法治办公室. 中华人民共和国劳动法典[S]. 北京：中国法制出版社，2015.

三、国外著作

[1]乌尔里希·贝克. 风险社会[M]. 何博闻，译. 南京：译林出版社，2004.

[2]丹尼尔·贝尔. 后工业社会的来临[M]. 高铦，等译. 北京：新华出版社，1997.

[3]赖特·米尔斯 C. 白领——美国的中产阶级[M]. 杨小东，等译. 杭州：浙江人民出版社，1987.

[4]宾克莱 L J. 理想的冲突——西方社会中变化着的价值观念[M]. 马元德，等译. 北京：商务印书馆，1988.

[5]埃德加·施恩. 职业锚：发现你的真正价值[M]. 北森测评网，译. 北京：中国财政经济出版社，2004.

[6]恩斯特·卡西尔. 人论[M]. 李化梅，译. 北京：西苑出版社，2009.

[7]彼得·德鲁克. 21 世纪的管理挑战[M]. 朱雁斌，译. 北京：机械工业出版社，2006.

[8]马克斯·韦伯. 学术与政治[M]. 冯克利，译. 北京：生活·读书·新知三联书店，2005.

[9]马克斯·韦伯. 新教伦理与资本主义精神[M]. 李修建，张云江，译. 北京：社会科学文献出版社，2009.

[10]爱弥儿·涂尔干. 职业伦理与公民道德[M]. 渠东，付德根，译. 上海：上海人民出版社，2001.

[11]爱弥儿·涂尔干. 社会分工论[M]. 渠敬东，译. 北京：生活·读书·新知三联书店，2000.

[12]阿尔文·托夫勒. 未来的冲击[M]. 黄明坚，译. 北京：中信出版社，2006.

[13]保罗·霍普. 个体主义时代之共同体重建[M]. 沈毅，译. 杭州：浙江大学出版社，2010.

[14]马文·佩里. 西方文明史[M]. 胡万里，等译. 北京：商务印书馆，1993.

[15]埃里希·弗洛姆. 逃避自由[M]. 刘林海，译. 北京：国际文化出版公司，2002.

[16]丹尼尔·贝尔. 资本主义文化矛盾[M]. 严蓓雯，译. 北京：人民出版社，

2010.

[17]安东尼·吉登斯.现代性与自我认同[M].赵旭东,方文,译.北京:生活·读书·新知三联书店,1998.

[18]约翰·穆勒.功利主义[M].徐大建,译.上海:上海译文出版社,2007.

[19]彼得·布劳.社会生活中的交换与权力[M].李国武,译.北京:商务印书馆,2008.

[20]班杜拉.自我效能:控制的实施[M].缪小春,等译.上海:华东师范大学出版社,2003.

[21]加里·斯坦利·贝克尔.家庭论[M].王献生,王宇,译.上海:商务印书馆,1998.

[22]塞缪尔·斯迈尔斯.品格的力量[M].李迎春,译.上海:光明日报出版社,2011.

[23]彼得·布劳,马歇尔·梅耶.现代社会中的科层制[M].北京:学林出版社,2001.

[24]马克斯·韦伯.儒教与道教[M].王容芬,译.北京:商务印书馆,1995.

[25]安东尼·吉登斯.现代性的后果[M].田禾,译.南京:译林出版社,2000.

[26]詹姆斯·罗宾斯.敬业[M].曼丽,译.北京:世界图书出版公司,2004.

[27]马克斯·韦伯.学术与政治[M].钱永祥,等译.桂林:广西师范大学出版社,2010.

[28]约翰·奈比斯特.亚洲大趋势[M].蔚文,译.北京:外文出版社,1996.

[29]富永健一.社会学原理[M].严立贤,陈婴婴,杨栋梁,等译.北京:社会科学文献出版社,1992.

[30]彼得·圣吉.第五项修炼——学习型组织的艺术与实务[M].郭进隆,译.上海:上海三联书店,1994.

[31]彼得·德鲁克.工业人的未来[M].余向华,译.北京:机械工业出版社,2006.

[32]英格尔斯.人的现代化[M].殷陆君,译.成都:四川人民出版社,1985.

[33]爱弥儿·涂尔干.职业伦理与公民道德[M].渠东,付德根,译.上海:上海人民出版社,2001.

[34]柏拉图.理想国[M].谢祖钧,译.北京:中央编译出版社,2013.

[35]孙志文.现代人的焦虑和希望[M].陈永禹,译.北京:生活·读书·新知三联书店,1994.

[36]让·鲍德里亚. 消费社会[M]. 刘成富,等译. 南京:南京大学出版社,2008.

[37]罗伯特·贝拉. 心灵的习性:美国人生活中的个人主义和公共责任[M]. 周穗明,翁寒松,翟宏彪,译. 北京:中国社会科学出版社,2011.

[38]赫伯特·马尔库塞. 爱欲与文明[M]. 黄勇,等译. 上海:上海译文出版社,2008.

[39]爱德华·希尔斯. 论传统[M]. 傅铿,等译. 上海:上海人民出版社,2009.

[40]尤尔根·哈贝马斯. 合法化危机[M]. 刘北成,等译. 上海:上海人民出版社,2009.

[41]古斯塔夫·勒庞. 乌合之众[M]. 冯克利,译. 北京:中央编译出版社,2005.

[42]米歇尔·福柯. 规训与惩罚[M]. 刘北成,等译. 北京:生活·读书·新知三联书店,2012.

[43]约翰·罗尔斯. 正义论[M]. 何怀宏,等译. 北京:中国社会科学出版社,1998.

[44]阿尔文·托夫勒. 权力的转移[M]. 吴迎春,等译. 北京:中信出版社,2006.

四、期刊论文

[1]王来顺. 霍兰德的职业选择理论及其现实运用[J]. 求索,2009(7):160-162.

[2]陈玉君,黄利秀. 青年马克思的价值理想及对当代青年的启示[J]. 教学与研究,2011(5):63-68.

[3]杨金洲. 对马克思《青年在选择职业时的考虑》的当代解读[J]. 学校党建与思想教育,2008(2):65-66.

[4]张继延,万勇华. 试论职业理想及其实现途径[J]. 学校党建与思想教育,2012(12):77-78.

[5]魏永强,魏思琪. 回顾与评价:我国职业理想理论研究进展[J]. 煤炭高等教育,2016(1):36-40.

[6]周小明. 论大学生文化修养和职业理想的塑造[J]. 煤炭高等教育,2006(3):102-104.

[7]周志纯. 解放思想 抓着机遇 实现民营经济第二次创业[J]. 理论月刊,

1999(3):23-26.

[8]盛毅.论民营经济是经济属性还是经营方式[J].社会科学研究,2003(6):28-32.

[9]李研.从经济史角度看我国民营经济的产生与发展[J].求索,2006(2):30-32.

[10]张卓元.混合所有制经济是什么样的经济[J].求是,2014(8):29-31.

[11]李鸿忠.支持非公有经济健康发展[J].求是,2013(23):9-12.

[12]阎大伟.改革开放以来大学生就业观念的变迁[J].淮阴师范学院学报,2009(5):580-584.

[13]刘成斌.改革开放30年与青年就业观念的变迁[J].中国青年研究,2008(1):5-7.

[14]王文惠,何有麟.东方管理学视角的企业知识型员工的管理[J].企业经济,2013(5):34-37.

[15]魏永强,刘文.回顾与展望:我国学术界关于理想基本理论研究进展[J].思想政治教育研究,2015(2):89-93.

[16]张继延,万勇华.试论职业理想及其实现途径[J].学校党建与思想教育,2010(12):77-78.

[17]魏永强,魏思琪.回顾与评价:我国职业理想理论研究进展[J].煤炭高等教育,2016(1):36-40.

[18]荆品娥.论理想结构的要素[J].商丘师范学院学报,2003(1):95-97.

[19]王新山.理想的内部结构初探[J].华中师范大学学报(哲学社会科学版),1989(增刊):43-46.

[20]张西方.教师职业理想及其教育[J].山东师范大学学报(人文社会科学版),2013(6):105-108.

[21]李蔺.大学生职业理想教育基本路径探析[J].海南师范大学学报(社会科学版),2010(3):163-166.

[22]张海辉.现代化视域下的当代中国职业道德研究[D].上海:华东师范大学,2010.

[23]涂龙峰,蒋凌霞.蚁族、蜗居:新生代的群体困境[J].中国青年研究,2010(5):62-65,70.

[24]闫世东.当代中国社会价值虚无现象研究[D].石家庄:河北师范大学,2013.

[25]赵秀清.知识型员工压力与工作绩效关系研究[D].北京:首都经济贸

易大学,2008.

[26]王小璐,风笑天.青年何以"暮气沉沉"——基于转型时期青年压力的分析与反思[J].中国青年研究,2014(1):22-29.

[27]华桦.论当代大学生的身份认同危机[J].当代青年研究,2008(10):44-47,43.

[28]任东景."生存之忧"与"发展之惑"——犹太哲学家齐格蒙特·鲍曼的现代性反思理论及其实践意蕴[J].河南社会科学,2010(6):63-65.

[29]贺腾飞,肖海燕.当代青年职业价值观问题研究[J].太原科技,2008(5):27-30.

[30]张应祥,蔡禾.不同所有制企业职工的竞争风险意识[J].开放时代,2001(2):88-90.

[31]蔡禾,莫家豪.企业职工工作价值观浅析[J].中山大学学报论丛,1997(6):156-168.

[32]宁本荣.新时期女性职业发展的困境及原因分析[J].西北人口,2005(4):24-27.

[33]张华.当代大学生职业价值观世俗化过程探析[J].青少年研究,2002(4):4-11.

[34]李强.转型时期冲突性的职业声望评价[J].中国社会科学,2000(4):100-111.

[35]王建民.转型社会中个体化与社会团结——中国语境下的个体化议题[J].思想战线,2013(3):80-83.

[36]龙柏林,王艺霖.个体化的困境及其拯救——基于贝拉等《心灵的习性》的思考[J].岭南学刊,2013(5):119-123.

[37]章国锋.后现代:人的"个体化"进程的加速[J].中国政法大学学报,2011(4):5-10.

[38]杨在军.脆弱性贫困、沉没成本、投资与受益主体分离——农民家庭"因学致贫"现象的理论阐释及对策[J].调研世界,2009(6):14-17.

[39]王力平.风险与安全:个体化社会的社会学想象[J].新疆社会科学,2013(2):118-123.

[40]彭庆红,邵艳军.当代青年职工价值观的特征及影响因素分析——基于北京市1908名青年职工的调查[J].中国青年研究,2013(5):68-72,31.

[41]徐慧,张建新,张梅玲.家庭教养方式对儿童社会化发展影响的研究综述[J].心理科学,2008(4):940-942.

[42]佘双好. 家庭因素对大学生毕业分配的影响[J]. 青年研究，1993(5)：30-33，24.

[43]李雪菲，曾正德. 家庭成员及其期望对大学生择业观的影响[J]. 科教导刊，2011(21)：216-217.

[44]李原. 工作家庭的冲突与平衡：工作—家庭边界理论的视角[J]. 社会科学战线，2013(2)：180-188.

[45]蔡禾. 企业职工的权威意识及其对管理行为的影响——不同所有制之间的比较[J]. 中国社会科学，2001(1)：119-129.

[46]唐昆雄，杨斌. 大众传媒与当代大学生职业价值观的相关性研究[J]. 思想教育研究，2007(2)：61-63.

[47]魏永强. 论网络批判的泛政治化倾向[J]. 南通大学学报(社会科学版)，2017(2)：149-153.

[48]靳敏. 我国大学生就业支持政策供需分析[J]. 中国青年研究，2014(6)：82-86.

[49]赵劲. 建立大学生创业支持体系的场域路径分析[J].. 教育与职业，2014(27)：123-125.

[50]徐明. 当代青年社会保障问题及对策研究[J]. 中国青年研究，2017(3)：55-61.

[51]钱海婷. 民营中小企业员工社会保障问题的成因分析[J]. 理论导刊，2007(4)：88-90.

[52]贺来. "共同理想"与"个人理想"：划界与一致——对"共同理想与个人理想"关系的前提性思考[J]. 吉林大学学报(社会科学版)，2016(6)：116-122.

[53]祖嘉合. 论当代大学生社会共同理想的教育和引导[J]. 思想理论教育导刊，2012(7)：50-54.

[54]沈壮海. 爱岗、敬业、诚信、友善：公民的价值准则[J]. 湖北社会科学，2014(10)：177-180.

[55]揭芳. 从"友爱"到"友善"——儒家友德与社会"个体化"的道德问题救治[J]. 云南社会科学，2015(2)：40-46.

[56]林幸福. 回顾与展望：15 年来我国教师职业精神研究述评[J]. 中国职业技术教育，2016(15)：81-86.

[57]康雁冰. 论家风的实质及发展价值[J]. 教育与教学研究，2015(12)：58-61.

[58]石冠峰，王爱华. 领导—成员匹配、家庭情感支持与员工创造力激发

[J]. 天津财经大学学报,2016(10):39-47.

[59]朱磊. 毕业大学生租住"城中村"现象的调查与思考——基于郑州市10个"城中村"471份问卷的分析[J]. 中国青年研究,2009(10):49-55.

[60]孟宪范. 家庭:百年来的三次冲击及我们的选择[J]. 清华大学学报(哲学社会科学版),2008(3):133-145.

[61]徐安琪. 家庭价值观的变迁特征分析[J]. 中州学刊,2013(4):75-81.

[62]陈雯. 理性失衡与现代家庭风险[J]. 长白学刊,2009(2):115-119.

[63]乔健,钱俊月. 对民营企业工会建设问题的思考[J]. 中国人力资源开发,2010(10):83-87.

[64]李源潮. 以改革创新精神加强非公企业党的建设[J]. 党建研究,2012(4):6-12.

[65]孙其昂,邱建中,董岗彪. 新形势下企业思想政治工作展望——上海调研思考[J]. 唯实,2003(8-9):129-132.

[66]郑朝静. 大学生志愿精神培育研究——以福建省为例[D]. 福州:福建师范大学,2012.

[67]逯改. 传媒社会责任的伦理审视[J]. 兰州学刊,2007(9):149-152.

[68]孙丽园. 初就业大学生的生存贫困及社会保护[J]. 中国青年研究,2013(11):71-76.

五、外文文献

[1]PLATO. The Repulic[M]. Cambridge: Harvard University Press, 1935.

[2]RAWLS J. A Theory of Justice[M]. Cambridge: Harvard University Press, 1971.

[3]ARISTOTLE. Politics[M]. Cambridge: Harvard University Press, 1932.

[4]JASPERS. Man in the Modern Age[M]. London: Routledge & Kegan Paul Ltd., 1951.

[5]SENNETTR. The Culture of New Capitalism[M]. Heaven: Yale University Press, 2006.

[6]POLANYI K. The Great Transformation: The Political and Economic Origins of Our Time[M]. Boston: Beacon Press, 2001.

[7]MARCUSE H. One Dimensional Man: Studies in the Ideology

Advanced Industrial Society[M]. London: Routledge & Kegan Paul Ltd., 1968.

[8] MANIN B. The Principles of Representative Government [M]. Cambridge: Cambridge University Press, 1997.

[9]ARENT H. The Human Condition[M]. Chicago: The University of Chicago Press,1958.

六、报纸网络文献

[1]新华网. 2015 年中国高校毕业生将达 749 万[EB/OL].(2014-12-04)[2015-10-22]. http://edu.people.com.cn/n/2014/1204/c1053-26150760.html.

[2]程曦.《2015 年白领生存质量报告》显示:90 后找工作最看重工作环境[EB/OL].(2015-08-25)[2015-10-22]. http://www.gog.cn/zonghe/system/2015/08/25/014505901.shtml.

[3]新华网. 中国上班族压力调查 80 后被指主力[EB/OL].(2013-07-13)[2015-10-26]. https://health.qq.com/a/20130713/003633.htm.

[4]中国每年 60 万人过劳死　评:社会家庭和自我压力[EB/OL].(2013-07-12)[2015-10-27]. http://finance.cnr.cn/jjpl/201307/t20130712_513045368.shtml.

[5]中国新闻周刊. 调查称 6 成 80 后上班族经常加班　已成“过劳死”主力[EB/OL].(2013-07-15)[2015-10-27]. https://v.youku.com/v_show/id_XNTgyNjg3MzI4.html.

[6]搜狐新闻. 80 后压力报告:八成月薪未过万　十有其三在啃老[EB/OL].(2014-10-30)[2015-10-29]. http://news.sohu.com/20141030/n405601224.shtml.

[7]何驰. 中国 80 后生存现状调查|人艰不拆　累觉不爱[EB/OL].(2016-07-04)[2017-05-02]. https://www.sohu.com/a/101065054_198937.

[8]高顿教育. 企业需要帮助员工缓解职场压力[EB/OL].(2014-05-13)[2016-06-07]. https://m.gaodun.com/guihua/83479.html.

[9]长沙晚报. 机器人代替人工　企业三年 50 万工人仅剩下 5 万[EB/OL].(2014-09-05)[2015-10-22]. http://www.chinanews.com.cn/cj/2014/09-05/6565962.shtml.

[10]天涯社区. 很迷茫,不知道自己要做什么[EB/OL].(2013-04-20)[2015-10-22]. http://bbs.tianya.cn/post-no20-392938-1.shtml.

[11]史来赏鉴. 靠卖猪肉发家的陆步轩，捐9亿母校含泪演讲：对不起，我给母校丢了脸！[EB/OL]. (2020-07-25)[2020-10-15]. https://baijiahao.baidu.com/s?id=1673088213415937044&wfr=spider&for=pc.

[12]观察者. 盖洛普称中国员工敬业度仅6%全球最差 美国领先[EB/OL]. (2013-11-08)[2015-10-22]. https://www.guancha.cn/america/2013_11_08_184201.shtml.

[13]京华时报. 富士康回应全总违法加班指责：结论草率[EB/OL]. (2015-02-04)[2015-10-26]. http://news.sohu.com/20150204/n408476970.shtml.

[14]庄怡. 节目中销售员称卖5000元高价课程给月薪2000环卫工，遭全场灭灯[EB/OL]. (2017-06-12)[2018-04-05]. http://www.guancha.cn/society/2017_06_12_412910_s.shtml.

[15]人民网强国论坛. 当代中国青年价值观报告[EB/OL]. (2013-05-06)[2015-05-12]. http://www.people.com.cn/n/2013/0506/c347407-21382834-15.html.

[16]第39次《中国互联网络发展状况统计报告》[EB/OL]. (2017-01-22)[2018-05-12]. http://www.cnnic.net.cn/hlwfzyj/hlwxzbg/hlwtjbg/201701/t20170122_66437.htm.

[17]新华社. 习近平：在同各界优秀青年代表座谈时的讲话（全文）[EB/OL]. (2013-05-04)[2015-10-12]. http://www.gov.cn/ldhd/2013-05/05/content_2395892.htm.

[18]洛阳网—洛阳日报. 郭明义：家风对我影响巨大（讲家史、立规矩、正家风、传家训）[EB/OL]. (2016-06-16)[2018-05-07]. http://news.lyd.com.cn/system/2016/06/16/010732414.shtml.

附录一　大学生员工职业理想调查问卷

亲爱的朋友：

您好！感谢您抽出宝贵的时间参与本次问卷调查，此问卷旨在了解企业大学生员工对职业生活的看法和评价。此问卷不记名，仅用于本研究使用，我们将对统计资料严格保密，答案没有正确、错误之分，44 道题答完约需要 10—15 分钟，您的看法对本研究非常重要，谢谢您的支持！

1. 您的性别：A. 男　　B. 女

2. 您的年龄________

3. 您进入目前单位的时间________

4. 您的政治面貌

A. 共产党员　　B. 共青团员　　C. 群众　　D. 民主党派　　E. 其他

5. 您的文化程度

A. 大学专科　　B. 大学本科　　C. 研究生及以上程度

6. 您所在企业的性质

A. 国有企业　　B. 民营企业　　C. 外资企业　　D. 其他

7. 您所在企业所属的行业类别为

A. 服务行业　　B. 加工制造业　　C. 房地产建筑行业　　D. 高新技术行业

E. 其他行业

8. 您的用工性质

A. 劳动合同　　B. 劳务派遣　　C. 人事代理

9. 您的工作岗位职务

A. 一线工人　　B. 普通职员　　C. 基层管理人员

D. 一般经理或部门负责人　　E. 企业高级管理人员

10. 您目前月薪收入

A. 1001—2000 元　　B. 2001—3000 元　　C. 3001—5000 元

D. 5000—8000 元　　E. 8000—10000 元　　F. 10000 元以上

11. 如果将社会收入群体从上至下分为五层，您认为自己处于

A. 上层　　B. 中上层　　C. 中层　　D. 中下层　　E. 下层

12. 您的家庭所在地

A. 一线城市　B. 非一线省会城市　C. 地级城市　D. 县镇城市

E. 农村

13. 您所读的大学属于

A. 985 高校　B. 211 高校　C. 一般普通高校　D. 职业技术院校

E. 专门院校

14. 大学您所学的专业

A. 文科　B. 理科　C. 工科　D. 农学　E. 医科　F. 其他

15. 您父母的职业是

A. 国家机关党群组织及企业事业单位负责人　B. 专业技术人员

C. 党政企事业单位一般工作人员　D. 商业服务业人员

E. 农、林、牧、渔、水利业生产人员　F. 生产运输设备操作人员及有关人员

G. 军人　H. 其他

16. 您是否清楚自己的爱好

A. 是　B. 否

17. 对自己的性格特征您是否了解

A. 完全了解　B. 基本了解　C. 一般　D. 了解较少

E. 完全不了解

18. 您目前所从事的职业是否符合您的职业理想

A. 非常符合　B. 基本符合　C. 一般　D. 符合较少

E. 完全不符合

19. 您认为职业的意义在于

A. 赚钱谋生　B. 服务社会　C. 实现自我价值

D. 获得较高的社会地位　E. 其他

20. 您希望将来从事的职业领域

A. 党政机关　B. 科研教育医疗等事业单位　C. 国有大中型企业

D. 外资企业　E. 民营企业　F. 自主创业　G. 其他

21. 当前的社会环境下,您选择职业最看重的因素有哪些(可多选)

A. 薪酬待遇　B. 工作地点　C. 未来发展空间　D. 社会地位

E. 符合个人兴趣　F. 专业是否对口　G. 工作稳定程度

H. 工作环境舒适　I. 其他

22. 您认为理想的职业最重要的是

A. 具有挑战性的工作任务　B. 能充分发挥人的特长

C. 较为宽松的工作环境　　D. 人际关系和谐顺畅　　E. 收入稳定

F. 其他

23. 如果从事一份自己不热爱的职业，您会

A. 慢慢适应　　B. 设法跳槽　　C. 得过且过，无所谓　　D. 其他

24. 您在选择职业时，最倾向于听取意见的对象(多选)

A. 自己　　B. 父母　　C. 好友　　D. 老师　　E. 新闻媒体　　F. 配偶

G. 其他

25. 如果地域、条件、收入都不理想，但适合自己职业发展，您会

A. 欣然接受　　B. 犹豫不决　　C. 果断放弃

26. 您是否会选择到条件艰苦的地方就业

A. 会选择　　B. 不会选择　　C. 从没考虑过

27. 要成为一名出色企业员工或职业经理人，您觉得应当具备哪些条件(可多选，并按照因素的重要程度排列)

A. 专业技术精湛　　B. 职业道德高尚　　C. 不随波逐流

D. 健康身心素质　　E. 其他

28. 当社会需要和自己的职业选择发生矛盾时，您会

A. 为了生活接受社会需要　　B. 坚持等待自己喜欢的工作

C. 先就业再择业　　D. 继续深造　　E. 其他

29. 如果目前职业社会地位不高但待遇很理想，您愿意从事吗

A. 愿意　　B. 不愿意　　C. 无所谓，能找到工作就行

30. 如果所选择的职业能发挥您的特长，待遇不太理想，您愿意从事

A. 愿意　　B. 不愿意　　C. 无所谓，有工作就行

31. 您最理想的工作地点是

A. 国内大城市　　B. 沿海经济发达城市　　C. 边远地区

D. 内陆中小城　　E. 家乡

32. 您会选择继续求学深造的理由包括哪些？请按照重要顺序排序

A. 继续深造可以使自己的专业知识更精深

B. 更高学历可以获得更高的经济收入

C. 可以改变专业，从而脱离目前职业岗位

33. 在重新求职时，如果有意向单位给您的薪水达不到您期望的水平，您会

A. 放弃，重新选择　　B. 先签约，干着再说　　C. 推迟签约，观望一下

D. 不好说

34. 在企业的工作和生活中，您是否有自己明晰的职业目标

A. 有明确长远的职业目标　　B. 有清晰短期的职业目标

C. 职业目标模糊 D. 没有职业目标

35. 大学的职业生涯规划和就业指导课程对您的职业选择是否有指导作用

A. 有　B. 没有　C. 作用不明显

36. 您认为在民营企业工作，劣势在于

A. 工作时间长　B. 无节假日　C. 加班不给工资　D. 工作压力大

E. 工作不稳定

37. 您认为在民营企业工作，优势在于

A. 同事关系简单　B. 上升空间较大　C. 经济收入较高　D. 其他

38. 你对当前所在企业是否满意

A. 满意　B. 基本满意　C. 不满意　D. 很不满意　E. 说不清楚

39. 您对目前的职业岗位是否满意

A. 满意　B. 基本满意　C. 不满意　D. 很不满意　E. 说不清楚

40. 您通过哪种途径选择职业

A. 人才市场　B. 社会关系　C. 猎头公司　D. 网络招聘

E. 报纸电视　F. 自我推荐　G. 朋友介绍　H. 企业校园招聘

41. 您觉得自己主要面临哪些压力

A. 买房的压力　B. 赡养父母的压力　C. 抚养孩子的压力

D. 婚姻的压力　E. 升职加薪同事关系等职场压力　F. 其他

42. 您觉得造成目前生活现状的主要原因是什么，请按照重要顺序排序

A. 城市生活成本高　B. 来自家庭和社会压力　C. 缺乏公平竞争环境

D. 职场的钩心斗角　E. 工资水平过低　F. 自身能力的缺乏

G. 其他

43. 您觉得对您的职业价值取向和职业态度影响最为明显的是

A. 企业制度和文化　B. 家庭环境和父母教养　C. 国家政治经济政策

D. 社会现实状况　E. 传统文化习俗　F. 其他

44. 您将来愿意从事的工作岗位

A. 收入高，工作紧张努力可能失业

B. 收入很高，工作很紧张，需全力以赴，不胜任会被解雇

C. 收入不高，但工作轻松

附录二　访谈提纲

1.被访者的性别、年龄、学历、职业岗位、家庭情况等基本信息。

2.您是如何到当前企业工作的？当前职业是否符合您的预期，您是否喜欢目前的工作？

3.您选择职业时注重职业的哪些因素？职业收入、职业地位和职业声望、工作环境、就业地点、工作稳定等，其中最重要的因素是什么？

4.在选择未来职业时，您是自己做主，还是听从别人的意见？主要听取哪些人的意见？

5.您当前面临哪些方面的压力，您对目前工作满意吗？

6.您的业余生活方式有哪些，平时关心时政新闻和国家大事吗？

7.您工作的动力来自哪些方面？您是如何看待个人发展和社会需要的关系？

8.您是否有创业的想法，您认为创业需要哪些条件支持？

9.如果选择跳槽，跳槽的主要原因是什么？

10.您认为在民营企业影响职位晋升的因素有哪些？

11.企业的党委工会是否关心员工成长，维护员工权益，平时注重对员工进行思想政治教育吗？

12.您是否在意工作环境？

13.您对未来发展有何打算？您认为实现职业理想需要具备哪些条件？自身要具备哪些条件，企业和社会应提供哪些方面的支持？

附录三　访谈材料整理

S1　陈某访谈材料整理

访谈对象：陈某，男，24岁，本科，江西省吉安市永新县人，党员，曾在Y集团从事生鲜销售，后离职到某民营企业从事银饰品销售工作，未婚，父母为农民。

访谈时间：2014年12月20日　　地点：某茶馆

问：您是如何到当前企业工作的，当前职业是否符合您的预期目标？

陈：2013年我毕业后通过校园招聘到Y集团做销售，干了8个月就离开了，现在义乌一家企业做销售，目前工作还好，我还是比较喜欢做销售的。

问：选择职业时，您优先会考虑哪些因素？

陈：考虑的因素很多，比如自己是不是喜欢，是不是有利于自己的发展，工作地点在哪里，当然，关键还是看职业带来的经济收入，现代社会收入低了没法生活。

问：您当前的收入多少？

陈：目前从事销售工作，收入主要有基本工资和销售提成两大块。其中，基本工资3000元左右，从事销售这个行业的，如果仅依靠工资，生活是很困难的。销售提成一般按产品纯利润的15%。

问：公司给你们提供食宿吗？每月开支大概是多少？主要用在哪些方面？每月可以节余多少？

答：公司是不提供食宿的，这方面要靠自己来解决。目前来说，工资主要用在房租、吃饭以及服装等日常生活方面。在义乌这个小城市，房租单间每月平均500元左右，但房租一交至少是半年或一年，而且是一次性付清。不存在租住2或3个月的事。吃饭早餐一般按3—5元，中餐、晚餐各10元的话，平均每天吃饭一项要花25元左右，这样每月吃饭要开支750元。手机通信费每月150元左右，公交通勤100元，再加上买衣服等其他消费，每月开销很大。不过男孩子在服装消费方面不高，买几套衣服轮换着穿，可以对付几年。义乌是全国小商品市场集散地，T恤每件50元左右，对付一下就可以了。不像女孩子，在服装、化妆品方面开销很大。如果不算购买服装的话，每月开销在1500元左右，如果手紧一些的话，可以节余1300元至1500元。做销售的，每月收入不固定。但就怕同学或熟人来找你玩，来一次的话，基本上每月工资就花光了。以后还要面临谈女朋友、结婚、买房买车、子女教育、父母赡养、自己养老等一系列现实问题，这些都需要钱，而且是无法回避的。所以，现在只有拼命工作、拼命挣钱，才能保证在城市生活下去，才能实现这些目标。再说，我目前的公司也没有为员工购买“五险一金”，这种现象在义乌很普遍，所以，还要考虑为自己交社会养老保险或买份商业保险，无疑这些都需要钱。

问：您是否想到个人创业问题？

陈：暂时没有考虑，以后有钱了再说吧。

问：对于未来您有什么样的想法，不打算回老家发展吗？

陈：以后不打算再回到县城工作、生活了。最理想的是地级城市。小城市工作机会太少，找到理想的工作比较困难，不利于个人和下一代的发展。再说，小城市开放程度低，人际关系复杂，找工作靠社会关系，而大城市相对公平，就业机会也多，工资高，找到理想的工作相对容易。在大城市定居生活，也可以为下一代提供更好的资源和发展机会。但是，大城市生活压力太大，房价高，生活成本高，希望将来能够在沿海城市或家乡的地级市定居下来，这样生活压力相对较小，发展机会也多，生活幸福。还有就是面子问题，如果读了大学，再回到家乡县城或农村，不但自己脸上无光，还会有损家人的颜面。同村的老少爷们儿即使当面不说，背后也指指点点，他们会说，小 X 白念了那么多年的书，还不如同村的小 Y，人家小学没毕业，在省城里当大老板，做大生意，有车有房，娶了老婆，还有大学生为他打工。与这些没有多高文化水平的成功人士相比，感到一种莫名的失落感，觉得读书上大学真的没有啥现实价值，尤其是农村出来的孩子，浪费了父母的血汗钱，浪费了自己的青春，看不到向上流动的希望，到头来还是给别人打工。与在北京、上海等大城市工作的同学相比，也感到心里空空的，有一些忧伤，他们收入高，有“五险一金”，生活相对有保障。

问：公司有党委工会吗？

陈：现在工作的公司规模不大，没有党组织。

S2　钱某访谈材料整理

访谈对象：钱某，男，23 岁，本科，未婚，安徽省黄山市人，在 Y 集团从事食品销售，2015 年 3 月离职创业，父母为农民。

访谈时间：2015 年 3 月 6 日　　地点：某茶馆

问：工作之外，您的娱乐方式是什么？

钱：我喜欢打篮球，但公司没有组织、没有场地，每月工作 28 天，也没有太多时间休闲娱乐，精神生活就是上网，看的内容很杂，新闻、娱乐节目、电视剧、电影都看，主要还是看微博，重大的新闻里面都有，(全国)两会重大新闻也关注。

问：你怎么突然想到创业的呢？是自己主动的还是听取了别人的建议？

钱：创业主要还是自己的想法，同学影响因素也有一些。现代社会是风险社会，风险越大，也就意味着机会越多。如果在Y集团继续做下去，我还是一个普通员工，升迁机会很小。我的领导每月工资也就6000元到7000元，每月要还房贷3000元，结婚后还要养孩子，买房买车，生活压力很大，而这些都是我不久就要面临的事。依照目前的收入，我何年何月才能完成。

问：创业的动机和目的是什么？

钱：创业的动机是渴望创造更大的物质财富，获得个人经济上的成功，最终目的是为了个人和家庭过上幸福生活，为了使自己和家人生活得更体面一些。现代社会是物质社会，人们都很现实，衡量一个人的成功也不像以往看社会地位、学历，在体制内或体制外上班，现在就是看你有没有钱，有钱了你在别人眼里就是成功人士，否则，就什么也不是。如果大学毕业几年后，依然买不起房和车，结不起婚，没钱、没房，哪个女孩愿意嫁给你的。这样，你在别人眼里就是一个失败者。同时做自己喜欢的事，也有激情、有责任心，即使失败了也不后悔。

问：对于创业，你家人是什么态度？

钱：我的父母是安徽黄山农村人。黄山自古就是徽商发源地，有着浓厚的商业氛围。父母虽然是农民(目前父亲在外打工，母亲务农)，文化程度不高，但他们都比较开明，对我的选择很支持。他们也并不认为花了那么多钱供我读完大学，然后抛弃工作，大学就白读了。包括我个人，也并不认为大学白读了，虽然有时候大学学的专业未必和将来自己从事职业相匹配，但是，大学里培养出来的思维能力、人际交往能力等对走向社会后还是有很大帮助的，尤其对于创业，大学期间积累的人脉关系在关键时候都会派上用场。

问：创业面临的风险和失败，你心里是否有过考虑？

钱：创业不是贸然的、盲目的和草率的，前期已经做了充分准备工作，有社会资源，有资金，也有经验，那边的朋友已经着手准备了，公司目前处于起步阶段。

问：你的职场偶像是谁？

钱：我比较崇拜马云，他是我们草根阶层的偶像。马云白手起家，没有显赫的家庭背景，也没有复杂的社会关系，依靠自己的奋斗，一步步把企业做大、做强，解决了国内那么多人的就业，他是我学习的榜样，也是我创业的动力。

S3　张某访谈材料整理

访谈对象：张某，女，33岁，专科，江苏省南京市人，财务会计，已婚。

访谈时间:2014 年 11 月 8 日　　地点:某茶馆

问:您认为在民营企业人际关系如何?

张:我觉得民营企业的人际关系比较冷漠,员工之间情感淡薄,这一点与国有企业差别很大。我的先生在一家国企上班,先生的父亲患病去世后,公司里许多同事发短信、打电话或写纸条劝慰他,说些“人死不能复生”之类的话进行安慰。公司工会还派人代表公司带一些抚慰金前往他的家乡吊唁。就是在我先生的父亲住院期间,公司部门领导亲自到医院探望,这让我的先生非常感动,感受到企业的关怀和温暖,感到企业就像家一样,同事亲如一家人。另一件事使我感触深刻的是,先生的一位同事下班后在公司门口开车撞了人,得知消息后,公司其他同事都主动捐款援助,帮助肇事员工共渡难关。而在民营企业,平时上班、下班回家,除了因为工作上的事情,同事之间很少有人在一起交流。即便生活上遇到什么困难,部门领导也会不过问,自己也不想对外人说,因为没有人会关心你的事。国企员工的待遇也比民营企业好得多,尽管有的民营企业工资高,但福利待遇远不如国有企业,无论是保险、住房公积金都比国有企业甚至外资企业要少得多,一般的民营企业还没有住房补贴。我的先生在国企上班,月薪近万元,公积金自交 900 元,公司交 900 元,住房补贴 1700 元。民营企业没有保障,缺乏职业安全感,上级领导特别是老板的一句话或心情高不高兴,说让你走,你就立即走人,没有商量的余地。我的一位女同事怀孕了,想请假休息,领导就是不同意,没办法只好照常上班加班,后来流产了,部门也没有按照国家法律规定的时间批准休假,就让她休息一个月,她实在无法忍受,后来就主动辞职了。体制内和体制外单位真的差别很大。

问:您平时业余生活都做些什么?

张:在民营企业工作比较忙,我们做销售财务的,每月还要到下面分公司出差一些时间。除了工作之外,就是在家里教育孩子,如果星期天不加班的话,陪孩子爬爬山,逛逛公园。

问:您对目前的工作满意吗,有没有想到换一份工作?

张:对这份工作还是蛮喜欢的,毕竟做这么多年了,有一些感情的。改行对于我来说是很困难的,不满意的就是在 Y 集团工资不高,管理太严了,工作不稳定,我从毕业到现在已经有 10 多年了,工资还没有超过 5000 元。Y 集团工作环境好,离家近,20 分钟步行就到家了。我是一个女性,文凭又不高,只能做一些财务核算方面的事情,别的也不会。我也想跳槽,但是没有勇气。我的一位同事上个月被集团优化后,大哭了一场,不舍得离开公司。后来她到华润苏果做财务,职务上升到主管了,工作时间宽松,不用每天打卡,上午 9 点半到公司也没有事，有特殊情况，还可以临时调休。工资也从在Y集团的4000元多点，涨到了8000多元，翻了一番，我很羡慕她。但我就是不敢迈出这一步，再说，机遇也很重要。

问：您平时关心政治吗？

张：关心谈不上，就是晚上回家看看电视，了解一点国内外大事，我先生比较关心，他喜欢看时政新闻。

问：您的压力主要来自哪些方面？比如生活、工作方面。

张：生活上就是养育孩子成本太高，城市生活开支大，物价高，还有就是每个月要给老人一些零用钱。好在我和先生买房子比较早，赶在2008年以前，那时候每平方米4000元多一点，现在这个地段都每平方米15000元了，如果是现在，买房肯定很吃力了。工作方面，就是绩效考核，如果工作任务不饱满或者考核不好的话，收入会受到很大影响。

问：对于未来工作，您有什么打算？

张：就是干好今天的工作，走一步说一步吧。未来谁也说不准。过好今天的生活，把孩子教育好，家庭幸福，家人健康就是我的愿望。

S4 汪某访谈材料整理

访谈对象：汪某，男，27岁，硕士，江西省瑞昌市人，从事人事管理，未婚。

访谈时间：2014年10月20日　　地点：某茶馆

问：当前工作是否符合您的职业预期？

汪：大学时想的过于单纯、纯粹，现实与理想差距很大。人常说，理想很丰满，现实很骨感，这个比喻真的很形象，也很真实。比如读大学时想当个教师，想象着教师就是教书育人，职业神圣高尚，而真正当了老师之后，才发现现实生活中的教师与想象的完全不是那么不一回事。要受现实很多因素制约，比如要搞课题，要发学术论文，要评职称，要做出一番成绩赢得同行尊重，获得更高的名声和地位。这样做老师就不是以前单纯的教书育人或做学术了，而且充满功利色彩。但现行体制环境又迫使他不得不这样做，学校要对他进行考评。我大学读的是人力资源管理专业，理论上人力资源管理有六大模块，而我所在的企业人力资源工作就招聘这一个模块，公司人力资源部门百分之九十的时间都花费在招聘上，对于人员的后期培训则不重视。许多人员来了一段时间后不适应，或者因为公司没有兑现当初的承诺就走掉了，特别是一些优秀人才流失，这对公司的发展很不利。为此，自己心里也感到内疚，总觉得好像把别人骗过来似的。但现实工作就是这样，又必须按照公司要求来做，这到底是理论对呢，还是实际对呢？

有时候真的搞不懂。

问:您选择职业主要注重哪些因素?

汪:主要看职业能不能满足个人的发展,当然薪酬待遇也必须要考虑的。能有一份稳定的工作和收入更好,至于工作地点,我想最好不要距离家乡太远,远了回趟家不容易。尤其是在民企工作,不好请假。

问:您当前面临哪些方面的压力,对目前的工作满意吗?

汪:压力主要还是来自经济方面和工作方面。工资不高,以后要买房子、结婚等一系列问题,工作上主要是企业经常性加班,对目前工作情况谈不上满意,还行吧。

问:谈到了加班,您对加班有什么看法?

汪:我个人认为加班很正常,是可以接受的。中国很少有民营企业不要求员工加班的,企业就是有没有支付员工加班费的区别。对于我们毕业不久的大学生来说,加班有时也是个好事,反正家也不在这里,下班后宅在公寓,还不如到办公室里加班,处理自己白天没有完成的工作;也可以利用加班时间学习业务知识,熟悉公司文化和管理制度,并借机向领导学习,这对提高自己的业务技能有很大帮助。有没有加班费,我认为并不太重要。至于加班时间的长短,如果在工作日,加班 2 小时以内是可以接受的,但是在周六、周日加班,如果不给加班费,这是不能接受的。

问:您的业余生活方式有哪些,您平时关心时政方面的消息吗?

汪:平时就是上上网、喝酒,周末偶尔与朋友逛逛街、看电影或约会之类的事情。上网主要通过手机上网,浏览的内容比较复杂,主要关注一些娱乐八卦、选秀、招聘信息等,对于国内外时政新闻也了解一下,但不是很关心,这或许与个人的兴趣有关。因为个人觉得政治与自己的生活联系不紧密。现在看问题比较理性,我对政治不热心,也不冷漠,应该属于中性吧。

问:您是如何看待个人的社会责任的?

汪:现在人们很少想到社会责任,都在追逐金钱,哪里给的钱多,人就到哪里就业。至于对国家和民族应尽的责任,我认为,只要不违法乱纪就行了,现代社会,还能够做啥呢。

问:您是如何看待个人发展与社会需要之间的关系?

汪:我认为,如果个人发展不危害社会,肯定优先满足自己需要,只要我的发展不妨碍别人,我就会考虑自己。如果社会需要,但是不能满足自己的需要、不能生存,我是会不去的。现在社会没有给我安全感。如果给我未来一个预期,我会答应的。预期就是职业规划或者一个承诺,比如说,工作 5 年或 10 年给我的经济待遇能够让我在城市里买得起一套房子，结得起婚，养得起孩子。在均衡个人需求和社会需要的问题时，我首先要考虑个人的需求问题。

问：您认为在民营企业影响职位晋升的因素有哪些？

汪：民营企业主要看业绩，论资排辈、熬年头，讲关系这方面没有国有企业明显。领导器重也很重要，能赢得领导的信任对个人的发展是很重要的。中国人都是讲求关系的，有人的地方就有江湖。还有，机遇和运气也很重要的。

问：您是否在意工作环境？

汪：对工作环境不太挑剔，一般都可以了。

问：您对未来发展有何打算？您认为实现职业理想需要具备哪些条件？

汪：现代社会变化太快了。对于未来，我内心也充满矛盾。尽管我学的是人力资源管理专业，但这个职业岗位发展空间狭小，我以前想创业，没条件，家里人也不支持。原打算回家乡承包土地，搞农业。现在想做销售，因为销售如果做好，将会带来更多的经济收入。我也报考过公务员，尽管我并不喜欢公务员，但是职业稳定，至少后半辈子没太大的风险。在民营企业，最大的就是没有职业安全感，不是企业倒闭没饭吃，就是工作不力被裁员。我想要实现个人的人生目标，首先个人要勤奋努力，要敬业，还要靠机遇、运气，至于企业和社会，主要创造一个公平竞争的制度环境。现代社会，阶层都基本固化了，穷的越来越穷，富的越来越富。官二代、富二代一出生就比穷人的孩子起点要高，在职业竞争中，占有优越的社会资源，更容易成功。企业提供激励平台，帮助员工制定职业规划，指导他们成长，社会创造良好的社会环境，我认为就行了。

S5 程某访谈资料整理

访谈对象：程某，男，25 岁，本科，江苏省句容市人，未婚，2013 年入职 Y 集团从事技术岗位工作。

访谈时间：2014 年 10 月 12 日　　地点：某茶馆

问：你是如何看待民营企业加班现象的？

程：我不愿意加班，但是在民营企业没有办法。我们部门经常加班到夜里 11 点，长期下去势必影响个人健康。加班原因无非有两条，一是从自己来说，就是多学点东西。二是没有办法，上级领导要求加班，完成工作任务。从周一到周五，每天下班很晚。只有周六或周日和朋友一起逛逛街，买些生活用品。

问：目前工作是否符合您在大学的职业预期？

程：没有，大学时期一腔热血，理想报国，现在就比较理性务实。我对自己的职业发展还是有计划的。读大学时就报考各种班、各种证，为就业做准备。

问：您是否想过自主创业？

程：现在创业也不容易，就业的成功机会并不多。首先创业需要一定成本，需要一定的资金和社会资本，在一个行业有一定的资金、关系和市场，创业才可能成功。资金和社会关系，对于刚出校门的大学生来说，都比较困难，如果家庭富裕，父母在资金上给予支持还好，即便创业失败，也不至于走投无路。再说市场也很难找。现在市场比较规范透明，不同于改革开放初期，市场混乱可以钻空子，只要胆大，基本上可以成功，以前好多暴发户，他们没什么文化，就是靠运气、靠胆量发家致富的。现在时代不同了，如果以前没有经验，创业成功几乎为零。还有，创业跟所学专业也有很大的关系，不是所有的专业都适合创业。比如做销售和服务行业的一般创业比较容易成功，因为他们整天在跑市场，见客户，目光敏锐，对市场信息变化把握比较准确。而像我们做建筑工程技术的，不适合自己创业。我认识的两个同事，他们先后从公司辞职后，一个办了建筑装修公司，可惜今年经济形势不好，找不到市场，没活干，就要破产了。另一个是因为资金周转跟不上，资金链断裂，去年就不干了。办一个公司不容易，要管理和养活一帮子人，前期要垫资一大笔资金，还要有良好的社会关系，如果产品卖不出去，就只有等着破产了。

问：对于在国有企业还是民营企业就业，您是否在意？

程：现在的大学生对于在国企或私企上班不是很注重，注重的是企业的规模、效益、口碑以及企业所在的城市。当然，这也不能一概而论，有的喜欢稳定，有的喜欢冒险。现在最富有的人是跑市场的人，在市场东跑西跑的人。现代人说白了，就是一切向钱看。有了钱基本上就有了一切。好多人在国企待了七八年也跳出来了，他们在国企把该学的制度和技术都学到了，就跳出来，到民营企业挣钱。国企的管理制度比较成熟，私企制度规范性不够，私营企业员工的流动性特别大，一部分是员工不适应企业环境和企业文化，另一个原因是企业一旦遇到经济形势不好，首先对人员进行优化。现代人的就业观念转变了，不再像以前那样死盯着国企、事业单位。无论民营企业还是外资企业，只要给的薪水高，年轻人都愿意去。去年我参加公务员考试，就发现这样一个有趣现象，报考公务员的更多的是女性，男生较少，男生喜欢跑市场，喜欢做一些高风险高收入的职业。现在考公务员的一般多是官员家庭或者家庭条件较好的大学生。家里人希望工作稳定、体面，不用操心住房、车子等一系列现实问题。而农村出来的大学生，家庭经济条件不是很好，一般不愿意考公务员，一是因为公务员竞争力太大，考上的机会很渺茫；二是即便考上，也没有钱买房子、结婚等。再说，现在公务员工资透明，收入也不高，不像以前那样有吸引力了，现代社会没有钱玩不起来，工作就是为了更好地生活。

问:您认为民营企业人际关系如何?

程:人与人间关系很简单,除了工作上的关系,工作之外,私下交流不多。现在很多企业和员工之间缺乏相互信任。企业主不信任员工,员工不信任企业主。企业一方认为,员工冲着钱而来的,企业支付了员工薪酬,员工理应全力为企业服务,在他们眼里,员工就是为他们不断赚钱的工具。员工一方则认为,自己不过是出卖劳动力换取工资的雇员,老板给多少钱,自己就干多少活,谈不上对企业的忠诚和热爱。能尽力干好自己的事,对得起老板发的那份工资就不错了。

S6 曹某访谈资料整理

访谈对象:曹某,女,29 岁,大专,曾在某国企做过销售,后在 Y 集团某分公司从事网络销售工作,江苏省南京市人,已婚,父母是公司职员。

访谈时间:2014 年 9 月 6 日　　地点:某咖啡馆

现在年轻人对国企或民企就业并不在意,我觉得能在 Y 集团这样全国 500 强民营企业上班很自豪,在朋友面前提起来也很有面子,父母对我目前情况也很满意。以前我在移动通信公司上班,在那里待了 5 年,职位一直没有升迁,国有企业晋升名额很少。在基层,国企的圈子文化不明显,在中层比较明显。国有企业人际关系比较复杂,民营企业就相对简单多了。国有企业编制内外员工的待遇差别很大,而弄个编制又很难,移动通信公司里像我这样没有编制的女孩子有不少。在民营企业的最大缺点就是职业不稳定,心里不够安全,工作压力大。国有企业员工的压力也很大,我们做销售服务的,收入和奖金都直接与业绩挂钩,业绩考核也很严格,并不像一些人说的那样,国有企业员工很清闲,没事干,混日子。女性就业受歧视,我很珍惜这次工作机会,将来也不打算到国有企业就业,因为国有企业一般没有编制,有的国有企业还不如民营企业。只要工作环境好、收入高,在哪里干都一样。

S7 吕某访谈材料整理

访谈对象:吕某,男,32 岁,硕士,江苏省淮阴市沭阳县人,未婚,Y 集团某分公司人力资源部门总经理助理。

访谈时间:2015 年 1 月 6 日　　地点:某茶馆

问:父母对你的成长及未来的发展有什么影响?

吕:小时候生活在农村,母亲是农民,没有啥文化,她性子急,对我们兄妹要求严格,尤其对子女的教育很重视。父亲是镇政府的一名普通职工,属于临时工之后转正的，那个时代这种情况比较常见。在家庭中，母亲比较强势，父亲属于不管事的那种，对我们的成长关心不多，父亲还要上班，因此，教育子女的任务都落在母亲身上。小时候，母亲就告诉我要好好学习，她经常拿讨饭的例子来吓唬我，说不好好读书，将来就去要饭吃。记得有一次我逃课，母亲操起做饭的刀装着样子要砍我，我吓得哭叫着跑开了。但最终也没拗过她，乖乖地跑去上学啦。现在想起来她肯定不会拿刀真的砍自己的孩子，但那时候却以为是真的，那一幕我一直没忘记。也正是因为母亲的严格要求，我和弟弟都研究生毕业并留在省城工作，弟弟在国有银行上班。父母常以我们兄弟为骄傲。就工作来说，母亲对我在民营企业颇为不满，他们认为，在民营企业工作不稳定，风险大，为此，我毕业前些年一直在考公务员，主要是参加国考和本省地方公务员考试，我不想考外省的，因为多数省份经济赶不上江苏发达。就是本省的县城、乡镇基层公务员，我也不愿报考。前年我考得最好，省国资委的，笔试第二名，招 4 人，可惜面试太差，最终没有被录取。去年，被提拔为部门总经理助理，月薪 8000 多元，加上各项补贴，也近 1 万元了，再算上年终奖，每年到手有 17 万元。父母看到我收入高了，当然，与弟弟相比还是少了一些，他们也不再说什么了。眼下，就是催我快找女朋友结婚，我弟弟都有孩子了，我还单身。前不久有同事介绍一个，可是女孩在外地（合肥），大专毕业，在平安银行做小额贷款，收入开始不怎么好，现在有了稳定的客户群，收入好多了。可是，父母就是不同意，横挑鼻子竖挑眼，主要说女孩子没一份正式工作，在他们看来，在民企做销售的只是个临时工，不算正式工作。他们眼里，只有在体制内的单位就业，才算一份正式体面的工作。以前他们操心我的工作，现在关心我的婚事。家里也帮我介绍了几个，有银行上班的，有医院护士，但不是相貌太差，就是年龄显老，总之，没合适的。以前，父母老拿我和弟弟比较，说实在的，没提总经理助理以前，我逢年过节都不敢回家。一怕家人说，二自己混得不好，不如弟弟，回去没面子。弟弟工作稳定，事业有成，收入高，地位高，而且毕业后很快就找好对象，弟妹在一个单位上班，人长得也很漂亮，然后，买房、买车、结婚、生子，一系列的人生问题解决得很漂亮。而我呢，一样都没有解决，虽说工资收入比以前高了很多，但这是民营企业，老板看你不顺，一句话就把你打发了。总经理助理又怎么样，换一家企业一样得从头做起。

问：工会能够维护员工的权益吗？

吕：民营企业的工会就是一个形式，实质上发挥不了什么作用。再说，相当一部分民营企业工会领导人多数由出资人的家人或者亲戚来担任，他们怎么会站在工人一方、代表员工利益和资方博弈呢？劳资双方的利益本身就是对立的，当然也有统一的一面。他们往往是替老板说话，而不是代表员工说话。至于你说的人事劳动社会保障局，他们是政府机构，和企业主的关系非常微妙复杂，一般企业主在重大节日时都会拜访他们，和他们搞好关系，希望得到他们对企业的关照。这种政商关系勾连下，怎么能指望他们严格执行国家的法律制度呢。再说，他们相当一部分在退休之后，往往被企业聘用为高管，为企业效力，发挥余热。当然，这种现象从党的十八大以后得到遏制，这是好现象。民营企业无论在财务报表和员工的工资报表上，一般都有两本账。人事劳动部门如果来查的话，一般都提前打招呼的，企业的人事部门就把符合劳动法规定的账本递交上去，从形式上看不出一点破绽。即使有问题，核查人员也装作没看见，因为他们的领导在他们来之前就已经交代好了。还有就是，民营企业员工缺少维权意识，民营企业员工之间团结意识较差，人与人之间关系比较冷漠，除本部门以外，部门之间的员工很少沟通，有时甚至因利益关系而发生矛盾，本部门内的员工关系也很复杂，缺少关爱沟通团结，这当然也是现代社会的共相。因此，他们一旦利益受损很少团结起来，为争取共同利益而斗争，他们之间的关系就像中世纪的农民。当然，也不排除有部分员工有着较强的维权意识，运用法律武器，通过劳动仲裁来维护自己的合法权益。但这毕竟不多见，再加上个人力量过于渺小，基于时间、精力等成本考量，以及中国传统文化以和为贵的价值观的影响，个人和企业主博弈很难取得优势的。最要命的是，特别是近两年，由于受中国宏观经济结构调整的影响，在飞速发展 30 年后，中国经济处于下滑阶段，宏观经济低迷、用工成本升高、消费市场疲软，一部分民营企业出于维持生存和发展的需要，大幅度裁员，压缩用工成本，而教育产业化以来，每年高校都把数百万大学毕业生推向市场，劳动力市场供大于求，这种情势下，一般员工希望有一个相对稳定的工作就不错了。出于安全求稳定的心态，对于企业一些不合理的规章制度也只好无条件地接受，因为他们明白，他们没有和企业主博弈的资本。

问：您认为实现个人理想需要哪些条件的支持？

吕：个人要勤奋敬业，首先，职业态度要端正，这是前提。其次，还要坚持，这一点也很关键，一个人没有毅力想成功是不容易的。还有个人素质和能力，这是必备条件。运气和机遇也很重要。至于企业方面，企业要提供一个好的平台，比如激励机制。社会方面就是提供一个良好的社会环境，公平竞争。近些年国家虽然经济上取得令世人瞩目的成就，经济总量全球第二，但是却忽视了文化建设和道德建设。各大媒体、网站、电视台都为了经济效益不顾自身肩负的社会责任，报道一些乌七八糟的东西，某某影星出轨了，某某恋爱了，某某何时订婚结婚了，等等，要不然就是某人赚了好多钱，动不动就是中国千万富豪又上升了多少人,某某财富又升值多少,位居富豪排行榜多少名,要么再就是某某官员被情人举报,等等,这对青年人的价值观是怎样的引导啊,除了诱导追求财富、名声、女色、享乐和个人成功外,还有什么呢?眼下中国人特别浮躁、功利,崇尚财富,官员失德,富人奢靡享受,媒体推波助澜,社会风气和文化环境极差。一些富人企业家缺少公益心,不知道回馈社会、回馈员工,而政府还给他们一些人大代表、政协委员政治光环,反过来,他们用政治资本来获取更大的经济利益。有的富人还教子不严,儿子动辄炫富、骂人,恣肆妄为,居然还有那么多粉丝关注他,围着他转。真的搞不懂现代年轻人是怎么想的。国内某电视台综艺节目,一群节目主持人在台上搞笑,找一些娱乐影星打趣逗乐,没文化、没思想,个个年收入几百万元,引起台下一帮粉丝哄笑。还有些影星歌星吸毒、嫖娼,如果不整顿一下文化市场,这样下去,不知道中国的未来会是什么样。

S8 郑某访谈材料整理

访谈对象:郑某,女,23岁,本科,江苏省徐州市人,从事房地产销售,2015年5月9日离职,父母为个体户。

访谈时间:2015年3月3日　地点:某咖啡馆

我工作一遇到困难就想购物,而且不止一次,是接二连三的购物,明知道这些物品也不是生活的必需品,但看了就想买,欲望很强烈。事实上,我的工资并不高,从理性的角度是不应该买这些东西的,但在购买过程中我就有一种快感,我很享受这种快感。我知道这种行为并不理智,这也是自我心理调适的一种方式吧。不但我这样,周围的同事也是这样。一个同事在淘宝天猫网店买了一件羽绒服,他买了退、退了再买,来来回回折腾了多次,问他为什么?他说,买得不满意,实际上,他就是享受这个过程。他工作中一犯错,领导就骂他,挨骂后就想发泄,发泄方式就是购物,买了再退货,折腾别人,这可能是一种心理补偿吧。

上大学时想法过于天真,对现实社会考虑得过于单纯简单,不够周到、成熟。真正踏入社会进入职场后,才感到现实生活与以前在学校所设想的生活差别很大。目前打算离职,主要是因为想继续读研深造,为将来谋求一份更理想的职业,最好将来在金融行业或者政府部门工作,最理想的是到金融部门。现在进国有银行等金融单位,要求的门槛很高,一般要求硕士研究生以上。至于辞职深造,一方面是自己的想法,因为目前从事的职业和自己的大学专业不对口,如果长期在民营企业待下去,专业也就荒废了,而且这个企业也没有像当初校园招聘时所承诺的那样,对我们大学生的职业发展给予明确规划指导。趁着年轻,没有结婚,没有负担,继续读研,以后到国企金融行业上班,或者当个公务员。另一方面这也是父母的希望。父母认为在民营企业给别人打工不可靠,也没有面子,父母希望将来我能考上公务员,公务员收入有保障,工作稳定,社会声望高,适合女孩子。我如果实在考不上公务员,就尽量到国有企业上班,国有企业稳定,福利待遇好,而且工作体面。民营企业并不重视我们刚毕业的大学生,给我们的工资很低,说我们没有经验。而且民营企业也不稳定,经济形势不好时就首先想到裁员,一旦裁员,新来的首当其冲,这次辞职正好遇到企业裁员风潮,所以就主动提出离职申请了,比以后被逼辞职,面子上和心理上要好受一些。离职后先借住江宁的一个亲戚家,准备考研。

至于对未来职业的选择和想法,我认为对未来职业选择一定要慎重,因为将来工作和生活联系紧密,工作就是生活。工作形成的圈子,如朋友圈、熟人圈,这对自己未来职业发展很重要。下一份工作一定要慎重选择,因为跳槽的成本很大。目前在民营企业同事关系相处得还好,在地产集团下面一个项目做行政工作,部门员工不多,也就 10 多个人,同事关系简单,加上都是刚毕业不久的年轻人,年龄、学历背景都差不多,大家相处得比较融洽。

我的一个表姐在上海华泰证券工作,今年 30 岁了,还准备今年攻读博士学位,因为她发现硕士学位在职业竞争中不具有优势,职业发展空间很小,压力大。她打算博士毕业后进高校任教,她认为高校教师工作稳定,环境好,压力小,教教课,做做学术,而且还有寒暑假。

我对民营企业认同感不高,入职将近一年,始终没有找到对企业的归属感。因为企业对我们的成长关心不够,很少有人对我们自身的职业发展给予明确的帮助和指导。同时,在民营企业总有一种不安全感,这种不安全感不仅仅是企业可能因为经营不善会破产倒闭,还有就是职业地点和工作岗位不确定,今天在南京,明天或下个月不知道被派到哪个城市从事何种岗位的工作。企业在招聘时说的是一套,实际上实行的又是一套。

S9　夏某访谈材料整理

访谈对象:夏某,女,29 岁,大学本科,江苏省南京市人,已婚,从事公共关系工作。

访谈时间:2014 年 10 月 15 日　　地点:某茶馆

问:选择职业时您主要考虑哪些因素?对未来,您有什么打算?

夏:主要考虑的是家庭因素和职业稳定。以前我在一家国内知名民企工作,那里的薪水待遇不差,福利也比现在的公司要好得多。晚上加班回家,通勤费用公司全部报销,不回家的话,可以免费入住公司公寓。节假日福利补助也好。之所以离职是因为出于家庭因素的考虑。我是基层管理人员，原公司要求6天工作日，工作到晚上10点，等回到家已经很晚了，没有时间和精力照顾孩子，这样下去对孩子的教育成长十分不利，所以我选择主动离职。目前这家公司，虽然福利待遇不比以前公司，但除了因工作需要加班外，每天可以正常上下班，这样我就有时间教育和辅导孩子。我在人力资源部门负责员工关系，很喜欢目前这个岗位，工作也有热情，现在就是希望工作稳定，家庭经济收入主要靠自己的先生，挣钱养家自古以来就是男人的事。对于未来职业发展，自己也没有太高的期望，养活自己就可以了。但我对自己的能力还是充满自信的，即使公司倒闭，我也不担心害怕，我还年轻，相信凭借自己的能力还是能够找份工作养活自己的。

S10　窦某访谈材料整理

访谈对象：窦某，女，27岁，已婚，本科学历，宁夏回族自治区固原市人，在Y集团从事人事行政工作。

访谈时间：2014年12月26日　　地点：某咖啡馆

在我的成长过程中父母对我的影响很大。我来自农村，农村出来的孩子比较能吃苦、爱面子，自尊心较强，但同时也很自卑。如果在城市混得不好的话，一般过年是不愿意回家的。我好多来自农村的同事过春节都不回去。如果混得好的话，就不一样了。我一个表哥，在国内一家比较知名的电器公司做技术高管，一般职位做到这个层面，公司都会给他们配发企业股份，待遇很好。企业一般不会让这些人才流失的，他们是企业的骨干。我不太注重金钱，这与我小时候父母对我的教育有关。父母虽然都是农民，知识水平不高，但他们勤劳善良，乐于助人。小时候，父母就教育我要勤劳自立，努力工作，踏实做事，不要三心二意。即使现在我离开了家乡和父母，成立了自己的小家庭，父母也经常打电话教育我，要热爱工作、尊重上级和同事，要忠诚企业，努力地把自己的工作做好，让领导看得起自己，对得起公司给的工资。

现在90后大学生员工很难管理，他们个性突出，有时候真的不知道他们到底想要什么。金钱吧，他们也追求，但没有80后那么明显，80后正面临结婚、买房子、生孩子等一系列人生问题，压力很大。90后刚毕业参加工作，父辈还年轻，家庭有一定经济基础，所以他们对钱不是十分在乎。做事情要符合他们的兴趣和心情，就是我高兴，我乐意。与80后相比，他们更有主见，也更愿意表达；70后、80初的那群大学生员工，做事情比较谨慎，做人比较谦虚、低调，尊重领导、善于合作。90后大学生员工有些我行我素，直率坦诚，敢于直接向领导提出自己的观点和意见。如果领导意见与自己不合，或者挨了上级批评，或者不知道出于什么原因，他们说辞职就辞职，对工作一点儿也不留恋，不像70后对企业那么忠诚。90后消费能力也很强，消费观念超前，尽管刚毕业不久，他们的收入平均水平不高（当然，也有高收入的），花钱却很大方。我们部门的90后，人手一部苹果6plus，其余人员除部门老总外，用的还是华为、中兴。那一部手机6000多元，而他们的收入不过3000元，买了这部手机，要两个月不吃不喝才行。他们基本上是"月光族"，有的还是"啃老族"。他们这一代平均人手都有好多张信用卡，而我们80后一般也有那么几张，但不是很常用，70后更少了，这个群体办卡的都很少，70后群体消费观念比较保守，量入为主。80后、90后就不同了，有钱没钱都要消费。我想这和他们成长的环境有一定关系。

S11 梅某访谈材料整理

访谈对象：梅某，女，24岁，大学本科，山东省济南市人，从事酒店管理服务工作，未婚，父母是国家公职人员。

访谈时间：2015年1月8日　　访谈地点：某茶馆

到Y集团工作纯属偶然。大学期间和父母一起到南京旅游，感到这个城市充满了人文气息，有山有水有城有林，环境优美，市民友善，城市文明程度高，这次旅游的经历给我留下美好的印象，心想大学毕业以后一定要来到这座城市工作、生活、安家，扎根这座城市。当时，就把想法告诉了父母，他们觉得我是头脑发热，一时冲动，学生时代天真的想法，也就笑着答应了。毕业后，看到Y集团招聘空乘服务人员，服务商务机，待遇丰厚。我就瞒着父母报名、面试，结果就被录用了。父母知道我要来南京工作，心里很不是滋味，尤其是母亲比较反对，因为我是独生女，父母希望我留在济南，在他们身边工作，这样方便照顾我，怕我在外边受委屈，不适应。反过来，等到他们老了，我也可以照顾他们。当时，父母已经为我找好了一份银行的工作，环境和待遇都很好。可是，我执意要来南京，父母没有拗过我，只好答应了。谁知道，来到Y集团后，就把我分配到黄山高尔夫旅游酒店，说是暂时的，公司的大学生都要到分公司锻炼，不久就调回南京。谁知道，半年过去了，没把我调回南京，却又把我调到了安徽九华山公司的酒店，尽管这两个地方的环境都很美，但我还是想回南京，回到我喜欢的空乘职业。今年3月，公司终于把我调回了南京，可还是在酒店集团，没有把我分到航空公司，这令我很不满意。出来一年多了，父母很想念我，让我回济南工作。我也在外面漂泊累了，这次回去，东航济南分公司招空乘服务人员，我也报名了，父母那边也在找关系疏通，估计录取不是问题，我学的就是这个专业，自身条件还好，这一点我是很自信的。Y集团这边我正在办离职手续。

S12 魏某访谈材料整理

访谈对象：魏某，男，26 岁，2010 年大学本科毕业，江苏省徐州市人，未婚，目前在 Y 建设集团从事行政工作。

访谈时间：2014 年 12 月 20 日　　地点：某茶馆

大学读的国际贸易和经济专业，原想毕业以后到企业从事外贸工作，毕业后发现，理想和现实差距很大，工作由不得你。之前，在徐州一家经营建材的小企业做管理工作，后来，觉得企业行政岗位没有技术含量，没有竞争力、生命力，可替代性强，这样的工作谁都能做，长期下去对自己未来发展很不利。看到企业财务人员工作较好，有一定的技术特长，就利用业余时间参加了会计师培训班，考了会计师证。后来企业倒闭也就离开了那家公司。考虑到苏北的经济相对落后，就业机会不多，就来到省城发展，通过社会招聘来到 Y 集团。因为近年来房地产从业人员待遇高，就业机会也多，于是就报名参加建造师培训班，争取近期把建造师证考下来。现在经济形势不好，公司正大规模裁员，即使被解雇，有几个证件在手，加上有大企业工作的经历，找工作也不会太难。趁着年轻，多学习一些，才不会被社会淘汰，将来无立足之地。

S13 李某访谈材料整理

访谈对象：李某，男，28 岁，本科，江苏省南京市人，从事技术岗位工作，已婚。

访谈时间：2014 年 12 月 26 日　　访谈地点：某茶馆

我 2008 年本科毕业后就到了南京一家国有企业工作，在那里老老实实待了 6 年。我学的是材料工程专业，在国企从事技术岗位，专业也对口。国有企业不同于民企，论资排辈，职务逐级上升，前面有那么多的老人在排队，年轻人想熬出头很不容易。国有企业工资固定、透明，等级分明，每一级别享受什么样的待遇，制度上写得清清楚楚。国有企业人情关系太重，如果上面没有人替你罩着，为你说话，即使你很有能力，职位晋升也困难。国有企业人际关系也比民企复杂，讲究“圈子文化”，如果站错了队，想发展不太容易。除了少数垄断性国有企业外，一般国有企业员工的纯工资收入并不比民营企业高，就是住房公积金、住房补贴等福利待遇比民营企业要好一些。另外，国有企业严格按照国家规定，员工假期、带薪休假都有保证，国有企业制度规范、管理成熟，这些都是多数民营企业不能比的。个人认为，在国有企业还是在民营企业上班，这并不重要，关键看哪个给的工资高、待遇好，个人发展有前途，工作顺心，这些才是最重要的。再说现在是市场经济,国有企业也在改革,也不存在铁饭碗了。

S14 冯某访谈材料整理

访谈对象:冯某,男,28岁,硕士,山东省临沂市人。

访谈时间:2015年3月12日　　地点:Y集团员工休息室

冯某原是Y集团某分公司人事科长,2010年硕士毕业到Y集团工作。2012年父亲不幸遭遇车祸。为了照顾父亲,他无奈选择了离职,随后在山东淄博与朋友合伙开了一家餐饮店,兼做外卖。因为他的妻子在淄博一家职业技术学院工作,开业第一年,生意颇有起色,经营得顺风顺水,小有斩获。然而好景不长,到了2014年8月份,随着国家宏观经济低迷,冯某的餐饮店也受到了影响,生意惨淡,顾客减少。2015年以来,每月扣除房租、水电等开支费用后所剩无几。这次从南京办事回去,打算把店转让出去,这样实在无法维持下去了。幸亏家里每月还有妻子4000多元的固定收入,依靠它来维持家庭的开支。这些年委屈了妻子,连一件像样的衣服都没舍得买(谈到这里他的声音有些哽咽)……

当问他为什么不转行,做服装或别的行业时,他摇了摇头说,传统行业在今年都不行。他家餐饮店旁边的好多店面都关掉了。现在交通便利,物流发达,网店对实体行业冲击很大。现在是互联网时代,年轻人喜欢网上消费,淄博市服装实体店近两年来消失了一半,不久还要有一些服装店关门。这两年生意越来越难做了。问他下一步如何打算,他说暂时还没考虑好,对未来做什么很迷茫。

S15 尹某访谈材料整理

访谈对象:尹某,女,29岁,大学专科,安徽省马鞍山市人,从事人事行政工作,已婚。

访谈时间:2014年12月14日　　地点:某咖啡馆

我自大专毕业后就在Y集团工作,在公司已经10年了。从普通职员一步步熬到部门总经理助理的位置,算得上一名资深员工。我和先生是外地人,由于公司不允许"三缘"关系存在,无奈我的先生离职去了上海,两人过起了牛郎织女般的生活。后来有了孩子,就把孩子送回安徽老家交公婆抚养,自己每月回去探望孩子。眼看孩子一天天长大,考虑到他的未来,我狠狠心就在公司附近租了房子,把孩子从公婆那里接过来上学。由于白天要上班,晚上还经常加班,公公也从老家赶过来帮助照看孩子。由于工作认真、踏实,深受公司领导赏识,有不少企业向我发出邀请,但都被我谢绝了。原因是,如果到新的公司担任更高的职务,将会投入更多的时间和精力,承担更大的责任,这样就更没时间照顾孩子。

同时，新的企业也需要重新适应，领导和同事关系需要重新磨合，这一切都充满了不确定性，万一不适应新的企业，或者自己能力不及，再回到原公司也就不那么容易了。现在最需要的是职业稳定，对一个女人来说，工作换来换去很辛苦。有的同事辞职后，还不如在Y集团的待遇，现在很后悔。

S16 韦某访谈材料整理

访谈对象：韦某，男，32岁，硕士，河南省周口市人，在Y集团从事行政工作，已婚。

访谈时间：2014年12月16日　　地点：某茶馆

我目前月工资收入税前5100元。加上工龄工资、周六半天加班工资，最多不到5500元，扣除每月的互助金、水电费这些杂七杂八的支出800多元。每月实际到手也就4700元。如果考核分数低，或者该月基本出勤天数少，比如2月份，到手工资也就只能拿到4500元左右。每月生活费大概900元，加上电话费200元，通勤费150元，偶尔买些衣服，和朋友聚餐，每月节余3000元就不错了。我住在公司集体宿舍，幸好不用在外面租房子住，虽然条件艰苦一些，但每月可以多节约一些钱。家属在老家教书，家乡教师的工资很低，也就2000多元，去年又刚在老家县城买了房子，付了首付，多年的积蓄花了个精光。我和刚毕业的90后不同，还要供孩子读书，还房贷，生活压力很大。

后 记

民营企业大学生员工职业理想是一个崭新的问题。在本书撰写过程中，虽然查阅了大量文献，并通过参与观察、问卷调查、访谈等方式进行了实证调查，收集了很多第一手材料，但由于受本人的知识结构和能力的限制，就有关问题的探讨还是初步的，有很多不足之处有待完善和深化思考。

民营企业大学生员工具体化和明确化的问题。本书是在宽泛意义上考察民营企业大学生员工的，尽管在访谈等实证研究过程中对不同职业岗位的大学生员工有过分类，但这还不够。民营企业有不同的行业类别，例如，食品加工行业、机械制造行业、房地产建筑行业、证券金融行业、新兴电子科技行业等，不同行业类别的企业中，大学生员工所扮演的角色、所起到的作用是不一样的。他们在不同规模和行业类别的民营企业所处的职业岗位不同、职业待遇不同和职业体验不同等，这必然会影响他们对民营企业的整体认知，以及对职业岗位的认知，影响到他们的职业价值取向和未来发展道路的选择，影响到他们在工作中的职业态度、职业情感和职业信念。如果仅以某一类或几类民营企业大学生员工作为研究样本，研究样本局限性不免有以偏概全之嫌。因此，有待于对不同行业类别、不同规模的民营企业大学生员工深化和细化研究，全面呈现民营企业大学生员工职业理想的面貌特征。

对于职业理想的“家族概念”需要进一步的厘清。本书提出职业理想是自我意识、价值目标和精神信念的统一体。在研究中主要还把职业理想作为一种奋斗目标和价值取向来呈现，而对于职业理想作为一种对职业的信念或信仰则探讨不足。在当前学界研究中，职业观、职业价值观、职业理想、职业信念、职业信仰以及职业精神等方面研究不够具体、深入，在实践领域经常混用，概念之间缺乏明晰的界定，有些概念内涵滑动、外延模糊，需要明确的边界划分。因此，关于职业理想的“家族概念”有待在后续研究中作进一步思考。

不同社会体制下的大学生员工职业理想比较研究有待深化。尽管本研究对国有企业和民营企业大学生员工在职业选择、职业价值追求等方面进行比较，但尚显粗泛。企业组织是大学生员工工作的微观环境。不同社会体制下的企业组织因产权归属、管理制度和运作机制等方面的差异，必然会对组织中的个体价值观的生成以及其职业价值取向产生不同的影响，从这个意义上来说，民营企业和国有企业大学生员工职业理想比较研究是一个值得探索的新课题。

民营企业大学生员工和体力型员工职业理想比较研究。与非知识型员工相比，大学生员工群体最大的特点在于知识性。作为接受过高等教育的青年群体，他们具有青年群体的共性，也具有群体自身的特性。一般意义上讲，大学生员工群体比体力型员工（尤其是青年农民工群体）有着更高层次的利益需要和精神需求，人生目标更理想、宏大。但这只是一种理论假设，缺乏大量的实证材料证明。因此，有待于加强民营企业大学生员工和体力型员工职业理想比较研究。